UTB **2824**

Eine Arbeitsgemeinschaft der Verlage

Böhlau Verlag · Wien · Köln · Weimar
Verlag Barbara Budrich · Opladen · Farmington Hills
facultas.wuv · Wien
Wilhelm Fink · München
A. Francke Verlag · Tübingen und Basel
Haupt Verlag · Bern · Stuttgart · Wien
Julius Klinkhardt Verlagsbuchhandlung · Bad Heilbrunn
Mohr Siebeck · Tübingen
Nomos Verlagsgesellschaft · Baden-Baden
Orell Füssli Verlag · Zürich
Ernst Reinhardt Verlag · München · Basel
Ferdinand Schöningh · Paderborn · München · Wien · Zürich
Eugen Ulmer Verlag · Stuttgart
UVK Verlagsgesellschaft · Konstanz, mit UVK/Lucius · München
Vandenhoeck & Ruprecht · Göttingen
vdf Hochschulverlag AG an der ETH Zürich

REINER RUFFING

Philosophie

UTB basics

Wilhelm Fink Verlag

Vom selben Autor: *Einführung in die Geschichte der Philosophie, Paderborn 2004. Einführung in die Philosophie der Gegenwart*, Paderborn 2005.

Bibliografische Information der Deutschen Nationalbibliothek

Die Deutsche Nationalbibliothek verzeichnet diese Publikation in der Deutschen Nationalbibliografie; detaillierte bibliografische Daten sind im Internet über http://dnb.d-nb.de abrufbar.

Printed in Germany.
Einbandgestaltung: Atelier Reichert, Stuttgart
Herstellung: Ferdinand Schöningh, Paderborn

UTB-Bestellnummer: ISBN 978-3-8252-2824-8

Durch das Staunen (thaumázein) haben die Menschen
jetzt wie auch zuerst
zu philosophieren begonnen (...)

Aristoteles
Metaphysik 982b

Inhaltsverzeichnis

Vorwort

Der vorliegende Band der Reihe UTB basic führt in die Fragestellungen der Philosophie ein. Der Aufbau orientiert sich zunächst an den klassischen Themen Logik, Erkenntnistheorie, Metaphysik/Ontologie, Ethik, Ästhetik, Geschichte der Philosophie um dann in einen Abriss zur Philosophischen Anthropologie, Philosophie des Geistes, der Geschichte der Philosophie sowie den Methoden und Richtungen der Gegenwartsphilosophie überzugehen. Das Buch setzt keine besonderen Vorkenntnisse voraus: Zusammenfassungen, Merksätze, Zitate und kurze Definitionen erleichtern die Lektüre der philosophischen Theorien. Alle Fachbegriffe werden grundlegend erklärt, die Übungsaufgaben am Ende der Kapitel sollen dazu anregen, die Inhalte zu vertiefen. Unter dem Stichwort *Erläuterung* sind kritische Stellungnahmen zu den wichtigsten Argumentationen erörtert, so dass sich der Leser objektiv über die jeweiligen Ansätze informieren kann. Literaturangaben und Lektüreempfehlungen ergänzen diese Einführung in das Studium der Philosophie.

Das Wort *Philosophie* stammt aus dem Griechischen *philosophia* und setzt sich aus den beiden Ausdrücken *philos* (Freund, Liebhaber) und *sophia* (Weisheit) zusammen. Es bezeichnet sowohl eine denkerische Tätigkeit als auch ein Forschungsgebiet und eine bestimmte Lebenseinstellung von Menschen, die *philosophoi* (Philosophen) sind.[1] Schon Pythagoras (um 580-500) und Heraklit von Ephesus (um 540-480) sollen die Bezeichnung *Philosophie* bzw. *Philosoph* verwendet haben. Platon begreift im Dialog *Symposion* die Philosophie als die Liebe zur Weisheit. Fragen nach dem Sinn des Seins, dem Grund der Existenz, den allgemeinen Strukturen der Wirklichkeit und der Geschichte gelten allgemein als philosophische Fragen. Nach Immanuel Kants berühmter Bestimmung lässt sich *„das Feld der Philosophie"* auf die folgenden Leitfragen bringen: *„1) Was kann ich wissen? 2) Was soll ich tun? 3) Was darf ich hoffen? 4) Was ist der Mensch?"*[2] Als Forschungsgebiet unterscheidet sich die Philosophie von den Einzelwissenschaften, weil sie nicht nur

---

1 Vgl. Horn, Christoph, Rapp, Christof (Hg.), Wörterbuch der antiken Philosophie, München 2002, S. 339.

2 Kant, Immanuel, AA IX, 25 (Logik, Einleitung IV) vgl. KdrV, A 805/B833)

einen bestimmten Wirklichkeitsbereich, sondern das Ganze, seine Bedingungen und Gründe in den Blick bekommen will. So befasst sich z. B. die Biologie mit den Lebewesen oder die Physik mit den Bewegungsgesetzen der Materie, während die Philosophie nach den universalen Zusammenhängen, den tiefen Gründen, Ursachen und Sinnbezügen fragt.

Seit ihren Anfängen kam es in der Philosophie zu verschiedenen Schulbildungen.[3] In der griechischen Antike hatte Pythagoras in Unteritalien eine philosophische Schule gegründet. Berühmt wurde die platonische Akademie und Aristoteles' Lykeion in Athen. Weitere antike Philosophenschulen waren die Schulen der Stoiker, Epikurs und der Skepsis[4]. Während im Mittelalter die Klöster und seit dem 12. Jahrhundert die Universitäten (Paris, Köln, Bologna, Neapel) Orte der philosophischen Betätigung wurden, konnte sich die neuzeitliche Philosophie vom Patronat der Kirche lösen: Descartes, Leibniz, Locke verdienten ihren Lebensunterhalt im Dienst des Adels oder Königshäusern, bis Immanuel Kant im 18. Jahrhundert erster namhafter Philosophieprofessor wurde. Heute ist die Philosophie überwiegend an den Universitäten lokalisiert. Schule, Volkshochschulen, Sommerakademien, Medien (Fachzeitschriften, Internet), Bibliotheken, Akademien und Stiftungen sind darüber hinaus unverzichtbare institutionelle Grundlagen für das Studium der Philosophie. Eine neuere Entwicklung ist die freiberufliche *Philosophische Praxis*[5] und das *Philosophische Cafe*[6], in denen aus einem Beraterverhältnis heraus bzw. im Meinungsaustausch philosophische Bildungsprozesse stattfinden können.

---

[3] vgl. Macho, Thomas, Institutionen philosophischer Lehre und Forschung, in Martens, Ekkehard, Schnädelbach, Herbert (Hg.), Philosophie, Ein Grundkurs, Reinbek bei Hamburg 1985, S. 578ff.

[4] Einen Überblick zur Diskussion um die Skepsis bieten Grundmann, Thomas, Stüber, Karsten, (Hg.) Philosophie der Skepsis, Paderborn 1996.

[5] Achenbach, Gerd. B., Die reine und die praktische Philosophie, Wien 1983.

[6] Werder, Lutz von, Das philosophische Cafe – ein kreativer Weg zur Philosophie, Milow Berlin 1998.

Logik

1.

Unter Logik – *griech. logiké (techné) Kunst der Unterredung; logikos: die Rede/ die Vernunft* – versteht man die Lehre von den Prinzipien des formalen bzw. folgerichtigen Schließens[1]. Sätze wie „*Es regnet jetzt und es regnet jetzt nicht*“ sind widersprüchlich (unlogisch) und von vorneherein falsch. Die Logik formuliert Elementarbedingungen für das, „*was man überhaupt mit Aussicht auf Wahrheit behaupten kann oder nicht.*“[2] Sätze wie „*Ein Haus ist ein Haus*“ oder „*Junggesellen sind unverheiratete Männer*“ sind immer richtig, weil sie Tautologien (*griech. tauton-dasselbe)* bzw. analytische Sätze sind, bei denen das Prädikat im Subjekt (Junggeselle) enthalten ist. Solche Sätze sind richtig, enthalten jedoch im Gegensatz zu synthetischen Urteilen keine weiteren gehaltvollen Informationen. Die Unterscheidung zwischen analytischen und synthetischen (zusammensetzenden) Urteilen findet sich – im Rekurs auf Leibniz' *Monadologie* §33 – bei Immanuel Kant:

analytische und synthetische Urteile

Zitat

> „Z. B. wenn ich sage: alle Körper sind ausgedehnt, so ist dies ein analytisch Urteil. (...) Dagegen, wenn ich sage: alle Korper sind schwer, so ist das Prädikat etwas ganz anderes, als das, was ich in dem bloßen Begriff eines Körpers überhaupt denke. Die Hinzufügung eines solchen Prädikats gibt also ein synthetisch Urteil.“[3]

Einen logischen Schluss zu ziehen bedeutet die Anerkennung der Wahrheit oder Falschheit einer Aussage aufgrund der Wahrheit oder Falschheit anderer Aussagen. Welche Folgerungen sind aufgrund einer gegebenen Menge von Prämissen *(von. Lat. prae, vorher, voraus mittere, senden)* gültig? Die Prämissen haben die Schlussfolgerungen zur Folge bzw. die Schlussfolgerungen gehen aus den Prämissen hervor. Für Thomas Nagel (geb. 1937) besitzen

---

1 Tugendhat, Ernst, Wolf, Ursula, Logisch-semantische Propädeutik, Stuttgart 1983, S. 10.

2 Martens, Ekkehard, Schnädelbach Herbert (Hg.), Philosophie. Ein Grundkurs, Reinbek bei Hamburg 1985, S. 483.

3 Kant, Immanuel, Kritik der reinen Vernunft Bd.1, in Werkausgabe Band III, Herausgegeben von Wilhelm Weischedel, Frankfurt am Main 3. Auflage 1977, S. 52f, A 6f.

die Gesetze der Logik und der Mathematik eine von psychischen und kulturellen Faktoren unabhängige Gültigkeit.

Zitat

„Wir dürfen einräumen, dass wir Produkte der biologischen Entwicklung und von Umwelteinflüssen sind, kontingent ausgebildete Lebewesen (...) Aber keiner dieser Gedanken kann sich unter die Gedanken schieben, dass 2 plus 2 = 4, dass die Kontraposition (lat. contrapositio – die Gegenüberstellung R.R.) eine gültige Form der Implikation[4] ist oder dass das Produkt jeder endlichen Menge von Primzahlen plus 1 durch keine von ihnen ohne Rest teilbar ist.“[5]

Syllogismus

Erste Grundlegungen der Logik finden sich in Aristoteles' Organon (= Instrument, fasst die Kategorienschrift, De Interpretatione, Analytica Priora, Analytica Posteriora, Topica, De Sophisticis Elenchiis zusammen). Aristoteles fand heraus, dass die Logik ein wichtiges Instrument zur Prüfung der formalen, nicht inhaltlichen Gültigkeit von Schlüssen liefert. Die beiden *Prämissen* eines *Syllogismus* (von griech. *syllogizesthai zusammenrechnen, das, was sich aus einem logos, d. h. einer Zusammenstellung von Aussagen ergibt*[6]) lassen sich zwar nicht beweisen, sicher ist jedoch die *Konklusion (lat. con-, mit, claudere schließen, abschließen)*, die aus den Prämissen erfolgt. In seiner reinen Form wird der *Syllogismus* von *Aristoteles* so formuliert: *Wenn a vom ganzen b und b vom ganzen c ausgesagt wird, so muss auch a notwendig vom ganzen c ausgesagt werden.* Zum Beispiel: *Alle Menschen sind sterblich. Sokrates ist ein Mensch. Sokrates ist sterblich.* Weiter formulierte Aristoteles den *Satz vom ausgeschlossenen Widerspruch*, der besagt, dass es unmöglich ist, dass ein und demselben Seienden zum gleichen Zeitpunkt und in derselben Hinsicht eine Bestimmung zukommt und nicht zukommt. Es ist unmöglich, dass ein Urteil zugleich wahr und nicht wahr ist. *Aristoteles' Prinzip vom ausgeschlossenen Dritten* beinhaltet, dass es keine dritte Möglichkeit zwischen Wahrheit und Falschheit einer

---

4 Die logische Schlussform der Implikation ‚*Wenn p, dann q*' ergibt die Kontraposition ‚*Nicht q*' *impliziert* ‚*Nicht p*', *zum Beispiel: Wenn es regnet, wird die Straße nass. Die Straße ist nicht nass, also regnet es nicht.*

5 Nagel, Thomas, Das letzte Wort, Aus dem Englischen übersetzt von Joachim Schulte, Stuttgart 1999, S. 87.

6 Horn, Christoph, Rapp, Christof (Hg.), Wörterbuch der antiken Philosophie, München 2002, S. 411.

Aussage gibt. Daher kann von der Wahrheit eines Urteils auf die Falschheit des ihm kontradiktorisch entgegengesetzten Urteils geschlossen werden und umgekehrt.

Weiterentwickelt wurde die Logik in der Philosophenschule der *Stoa* (Name leitet sich von einer bunten Säulenhalle ab, die im alten Athen als Treffpunkt für Philosophen diente – *stoa poikilé = bunte Säulenhalle)* und von den Logikern im Mittelalter z. B. Peter Abälard (1079-1142) sowie der neuzeitlichen sogenannten Logik von *Port Royal* (1662). Gottfried Wilhelm Leibniz (1646-1716) gab mit seinem Konzept einer allgemeinen formalen Sprache wichtige Impulse zur Entwicklung der Logik. Schöpfer der modernen Logik ist der Jenaer Mathematiker und Philosoph Gottlob Frege (1848-1925). Es lässt sich zwischen *Aussagenlogik, Prädikatenlogik* und (der hier nicht weiter ausgeführten)[7] *Modallogik* unterscheiden.

Merksatz

„In der Aussagenlogik werden etwa zweistellige Aussagenverknüpfungen, die wir umgangssprachlich durch ‚und', ‚oder', ‚wenn' , ‚dann' usw. ausdrücken, präzise definiert. Ist doch die Umgangsprache selbst in solchen elementaren logischen Funktionen nicht eindeutig. So weiß man bei einem ‚oder' vielfach nicht, ob es ausschießend oder nicht ausschließend verwendet ist. Die Quantoren- oder Prädikatenlogik gestattet uns, die Urteilsqualität universeller ‚alle' Aussagen und partikulärer ‚einige' Aussagen logisch exakt zu fassen."[8]

Aussagenlogik | 1.1

Die Aussagenlogik beschäftigt sich mit der Frage, in welchen logischen Beziehungen sich Sätze untereinander befinden und wie sich diese in einer Symbolsprache formalisieren lassen. Dabei stehen Buchstaben wie p, q, r für ganze Sätze; zum Beispiel: Es regnet, Die Tasche ist braun usf. Einen Sachverhalt ausdrückende Aussagen können wahr oder falsch sein, je nachdem, ob der entsprechende Sachverhalt besteht oder nicht. Wahr (W) oder falsch (F) sind die Wahrheitswerte einer Aussage. Um die Wahrheitswerte von verknüpften Aussagen zu überprüfen, gibt es Zeichen (Junktoren) für die logischen Beziehungen unter den Sätzen, weshalb die Aussagenlogik auch *Junktorenlogik* genannt wird. Junktor

Die wichtigsten Möglichkeiten Aussagen *logisch* miteinander zu verknüpfen sind: die *Konjunktion*, angezeigt durch den *Konjunktor*

7 zur Modallogik vgl. Zoglauer, Thomas, Einführung in die formale Logik für Philosophen, 2. Auflage, Göttingen 2002, Kapitel 8.

8 Liske, Michael-Thomas, Logik in Griffke, Franz, Herold, Norbert (Hg.), Philosophie, Problemfelder und Disziplinen, Münster 1996, S. 140.

(∧) (entspricht dem *„und“* – z. B. Er lernt Englisch und Französisch, die *Disjunktion*, angezeigt durch den *Disjunktor* (V), (entspricht dem *„oder“* im Sinne „oder auch“ – z. B. Er lernt gern Englisch oder Mathematik), die *Exklusion*, angezeigt durch den *Exklusor* (/) (schließt aus, dass beide Teilsätze zugleich wahr sein können, sie können aber beide falsch sein – z. B. Er ist Katholik oder Protestant), die *Kontrajunktion*, angezeigt durch den *Kontrajunktor* (><) (entspricht dem sprachlichen „oder“ im Sinne von „entweder oder“ – z. B. Die Katze lebt oder sie ist tot) und die *Implikation*, angezeigt durch den *Implikator (auch Subjunktor bezeichnet) →,* (entspricht dem sprachlichen wenn – so, oder wenn – dann) z. B. Wenn es regnet, dann wird die Straße nass.[9] Das Negationszeichen ¬ dreht die Wahrheitswerte um. Wenn zum Beispiel der Satz: *„Bonn ist die Hauptstadt der BRD“* mit p symbolisiert wird, dann steht für *„Es ist nicht der Fall, dass Bonn die Hauptstadt der BRD“* ist das Zeichen -p. Sätze wie Befehle, Meinungen, Glaubensäußerungen, die keinen Sachverhalt ausdrücken, fallen aus der Aussagenlogik heraus.

Merksatz

„Die Logik vergleicht nicht Sätze mit der Realität. Dies ist Sache der Erfahrung bzw. der Wissenschaften. Sie spricht über Sätze und deren Beziehungen untereinander. Sie fragt z. B. wann ergibt die Verknüpfung zweier einfacher Aussagen, deren Wahrheitswerte bekannt sind, eine wahre komplexe Aussage?“[11]

Die zentrale Frage der Aussagenlogik lautet: *„Wie hängt der Wahrheitswert der durch Verknüpfung entstehenden neuen Aussage ab vom Wahrheitswert der verknüpften Aussagen?“*[10] Um dafür ein Instrumentarium zu liefern stellte Ludwig Wittgenstein (1889-1951) sogenannte Wahrheitstafeln für Aussageverbindungen auf. Dabei werden die Wahrheitswerte (w = wahr und f = falsch) der Einzelaussagen durchgespielt. Immer gilt es zu beachten, dass eine falsche Aussage wie *„Adenauer war Bundespräsident“* nicht einfach nur falsch ist, sondern einen Wahrheitswert, in diesem Fall f, besitzt.

Wahrheitstafel

Werden nun zwei Sätze p und q durch einen logischen Operator zu einem komplexen Satz verbunden, dann erhalten wir vier Bewertungen. Im Beispiel der Konjunktion *„Er lernt Französisch und Eng-*

---

[9] vgl. Liessmann, Konrad, Zenaty, Gerhard, Vom Denken, Einführung in die Philosophie, Wien 1996, S. 44ff.

[10] Kamlah, M., Lorenzen, P, Logische Propädeutik, Mannheim, 2. Auflage 1973, Neudruck 1990, S. 153.

[11] Hauk, Freimut, Lust an der Erkenntnis, Grundlagen der Philosophie, a. a. O., S. 240.

lisch“ bestehen vier Kombinationsmöglichkeiten mit folgender Wahrheitstafel: 1. Er lernt Französisch und Englisch (w). 2. Er lernt Französisch und nicht Englisch (f). 3. Er lernt nicht Französisch und lernt Englisch (f). 4. Er lernt nicht Französisch und nicht Englisch (f). Es ergibt sich die folgende Wahrheitstafel:

p	q	p Λ q
w	w	w
w	f	f
f	w	f
f	f	f

Implikation

Die Implikation (Subjunktion) ist die gängigste Form des Schließens. Der Satz „*Wenn es regnet, wird die Straße nass*“ lässt sich mit p → q umschreiben und in einer Wahrheitstafel darstellen. Offenbar wird die Subjunktion falsch, wenn ihr vorderster Satz wahr und die Aussage falsch ist, wenn es also regnet und die Straße nicht nass ist.

p	q	p → q
w	w	w
w	f	f
f	w	w
f	f	w

Die ersten beiden Schlüsse bereiten keine größeren Schwierigkeiten. Zu erläutern ist jedoch der positive Wahrheitswert im „ex-falso-Fall“ in der dritten Zeile. *Es regnet nicht und die Straße ist nass.* Bei der Implikation gilt nämlich formallogisch, dass man aus einem falschen Vordersatz alles Beliebige folgern kann (ex falso sequitur quodlibet).

Erläuterung

„Das Problem der Implikation besteht nun darin, dass sie an sich nur festlegt, dass die Gesamtwahrheit einer Aussagenverknüpfung F (falsch) ist, wenn die erste Aussage wahr und die zweite Aussage falsch ist: ‚Wenn Wien die Hauptstadt von Österreich ist, dann ist 4 eine Primzahl‘ ist eine falsche Implikation, ‚Wenn 4 eine Primzahl ist, dann ist Wien die Hauptstadt von Österreich‘ aber eine richtige. Bei der formallogischen Implikation besteht kein inhaltlicher Zusammenhang zwischen den Sätzen. Wenn ich aber Sätze mit einem inhaltlichen Zusammenhang verwende, dann gelten durchaus die Sätze der Implikation: Ich kann also von einem falschen Vordersatz auf etwas Richtiges (‚Wenn alle Schüler dumm sind, dann ist der Schüler xy auch dumm‘),

Erläuterung

ich kann aber nie aus einem wahren Vordersatz korrekt auf etwas Falsches schließen (‚Wenn alle Menschen sterblich sind, dann ist der Mensch Sokrates unsterblich'). Die Scholastiker des Mittelalters hatten diesen Sachverhalt schon durchschaut und so formuliert: ‚Ex falso sequitur quodlibet, verum sequitur ex quodlibet' – Aus einer falschen Aussage kann alles Beliebige gefolgert werden, und eine wahre Aussage kann aus einer beliebigen Voraussetzung folgen."[12]

1.2 | Prädikatenlogik

Während in der Aussagenlogik Sätze als Ganzes formalisiert werden, untersucht die Prädikatenlogik die innere Struktur und die Reichweite von Aussagesätzen, das heißt, welche Quantoren (wie „alle", „zumindest einer", „mehrere", „einige" usw.) vorkommen. Im Unterschied zur klassischen Begriffslogik des Aristoteles werden in der Prädikatenlogik die Begriffswörter selbst als Prädikate ausgedrückt, z. B. der Begriff Mensch als die Eigenschaft *„Ein-Mensch sein"*. Subjekte lassen sich mit kleinen Buchstaben (q, b, c,) und Prädikationen wie *„ist ein Priester"*, *„ist größer als" „ist weise"* mit Zeichen wie P, Q, R für einstellige Attribute symbolisieren. Beispiel: Als Subjekt sei a = Apfel und als Prädikate seien R = rot und G = wohlschmeckend gegeben. Dann kann so formalisiert werden: Der Apfel ist rot = R(a), der Apfel schmeckt gut = G(a). Beide Aussagen lassen sich dann so verknüpfen: R(a) Λ G(a) = *Der Apfel ist rot und schmeckt gut.* Die Prädikatenlogik dient dazu, komplexere Sätze durch die Verwendung von Symbolen präzise zu analysieren. Im *Prädikatenkalkül* sollen durch korrekte Symbolisierungen der logischen Beziehungen Unbestimmtheiten vermieden werden.

Quantor

Während Eigennamen und Begriffswörtern Individualkonstanten (a, b, c) zugeordnet werden, bezeichnen Quantoren (auch Quantifikatoren genannt) Redeteile wie „alle" = Allquantor (wird mit dem Zeichen Λ dargestellt) oder „Es gibt" = Existenzquantor (wird mit V oder mit einem umgedrehten E (∃) symbolisiert). Weitere Quantoren geben generelle Ausdrücke der Sprache wie „kein", „einige" symbolisch wieder. Gottlob Frege hatte das Urteil *Alle Deutschen sind Logiker* so umformuliert *Es gilt für jedes x: wenn x ein Deut-*

[12] Liessmann, Konrad, Zenaty, Gerhard, Vom Denken, Einführung in die Philosophie, Wien 1996, S. 46.

scher ist, ist x ein Logiker. Wenn nun D mit *ist Deutscher* und L mit *ist Logiker* abgekürzt wird, ergibt sich folgende Symbolisierung. Λ x (Dx $\rightarrow$ Lx). Das gegenteilige Urteil *Kein Deutscher ist Logiker* hätte demnach die folgende Form Λx (Dx $\rightarrow$ -Lx). Auf dieser einfachen Ebene der Umschreibung mag die Symbolisierung als umständlich erscheinen, man möge jedoch bedenken, dass bei komplexen Satzstrukturen die Formalisierung (bei einiger Übung im Lesen der Symbole) zu einer Klärung führen kann, die sonst kaum möglich wäre.

Logische Schlussformen | 1.3

Induktion und Deduktion

Bei den logischen Schlussformen sind *induktive* von *deduktiven* Schlüssen zu unterscheiden. Bei der *Induktion* – (*von lat. inducere, hinführen)* schließt man von Einzelfällen auf ein allgemein gültiges Gesetz. Sie kommt in zwei Varianten vor[13]: a) als Prognose, Beispiel: Bisher ging die Sonne jeden Morgen auf. Also wird sie auch morgen früh aufgehen und b) als Verallgemeinerung, Beispiel: Kupfer leitet Strom, Eisen leitet Strom, Silber leitet Strom usw., folglich leiten alle Metalle Strom. Der britische Philosoph David Hume (1711-1776) meinte, dass alle induktiven Schlüsse lediglich auf Gewohnheit und nicht auf der Vernunft beruhen.

Als Gegenteil zur Induktion wird bei der Deduktion – *(von lat. deducere, herleiten)* das Besondere formallogisch vom Allgemeinen abgeleitet. Mit der Konklusion kommt in deduktiven Schlüssen keine neue Information hinzu, die nicht schon in den Prämissen vorhanden war.

Merksatz

„Deduktive Schlüsse sind logisch zwingend; sie gelten mit strikter Notwendigkeit und absoluter Gewissheit. Man sagt auch: Deduktive Schlüsse sind Vernunftschlüsse im Gegensatz zu induktiven Schlüssen, die lediglich auf Erfahrung beruhen."[14]

Gibt es eine Möglichkeit Induktions- und Deduktionsschlüsse produktiv miteinander zu verbinden? Im Falsifikationstheorem – so der österreichisch-britische Philosoph Karl R. Popper (1902-1994) – sei der Vorteil der Induktion (informationserweiternd) mit dem Vorteil der

[13] Vgl. Zoglauer, Thomas, Einführung in die formale Logik für Philosophen, 2. Auflage, Göttingen 2002, S. 57.

[14] Ebenda, S. 58.

Deduktion (logisch zwingend) zu vereinen. Eine Hypothese oder Vermutung sei laut Popper durch Beobachtungen niemals ganz zu *verifizieren*, lasse sich aber durch Gegenbeispiele logisch wirksam *falsifizieren*.

Die folgende Übersicht enthält einige stichwortartige Erläuterungen zu den wichtigsten logischen Schlussformen:

Erläuterung

Petitio principii – (lat. Beanspruchung des Beweisgrundes) Hierbei handelt es sich um einen Beweis*fehler*, da die Konklusion als Prämisse gebraucht wird, das heißt, man setzt das voraus, was bewiesen werden soll. Man begibt sich in einen *circulus vitiosus – (lat., fehlerhafter Zirkel)* = Zirkelschluss. Beispiel: Jedem Menschen Redefreiheit zu erlauben muss dem Staat von Vorteil sein, weil es von großem Interesse ist, dass jeder seine Meinung sagen kann. *Infiniter Regress* – unabschließbarer Prozess im Begründen, spielt zum Beispiel bei dem philosophischen Problem des Selbstbewusstseins eine Rolle, das Selbst beobachtet seine Handlungen und sich selbst: Wer beobachtet?

Satz vom ausgeschlossenen Widerspruch: Es ist nicht zugleich p und nicht –p der Fall. *Tertium non datur*: Es ist p der Fall oder p ist nicht der Fall.

Modus ponens (lat. modus Art und Weise, pono – setzen, legen). Ein gültiges Argument der Form: p also q, Wenn p und wenn q, falls p, dann q. Beispiel: Aus der Voraussetzung: *Wenn es regnet, wird die Straße nass*, lässt sich der Schluss ziehen: Es regnet. Also ist die Straße nass.

Modus tollens (lat. tollo-aufheben). Ein Argument von der Form entweder oder, entweder p oder q,: p; also nicht q. Wenn gilt: wenn p, dann q, und nicht q, dann gilt: nicht (–p). Beispiel: Aus der Voraussetzung: Wenn es regnet, ist die Straße nass und die Straße nicht nass ist, lässt sich folgern, dass es nicht regnet.

Analytische Aussagen: z. B. Junggesellen sind unverheiratete Männer. Bei einer analytischen Aussage genügt es, die Wortbedeutung zu verstehen um zu wissen, ob die Aussage wahr oder falsch ist.

1.4 | Logische Paradoxien

Ein wichtiges Forschungsgebiet in der Logik sind die sogenannten *Paradoxien (griech. Paradoxon, Gegenmeinung)*. Bei einer Paradoxie handelt es sich um eine Argumentation, die einerseits wohlbegründet, jedoch andererseits widersprüchlich bzw. mit den üblichen Meinungen nicht in Einklang zu bringen ist. Berühmt sind die Paradoxien des Zenon von Elea (490 -?), die zeigen sollen, dass es keine Bewegung gibt.

Zenons Paradoxien:

a) Achill und die Schildkröte: Achill und eine Schildkröte veranstalten einen Wettkampf, wer am schnellsten ist, wobei Achill der Schildkröte einen Vorsprung gewährt. Achilles kann die Schildkröte nie überholen, denn erst muss er die Stelle erreichen, von der aus diese startet. Die Schildkröte hat sich aber dann in der Zwischenzeit ein kleines Stückchen vorwärts bewegt.
b) Der fliegende Pfeil: Der fliegende Pfeil steht in Wirklichkeit still, denn zu jedem Zeitpunkt befindet er sich an einer bestimmten Stelle. Er bewegt sich nicht dort, wo er ist, und auch nicht dort, wo er nicht ist. Er bewegt sich deshalb gar nicht.

Semantische Paradoxien

Semantische Paradoxien haben mit Widersprüchen semantischer (auf die Bedeutung abzielender) Begriffe, vor allem in Bezug auf den Begriff der Wahrheit zu tun.

a) Der Kreter Epimenides behauptet: *„Alle Kreter sind Lügner“*, wobei hinzuzufügen ist, dass die Kreter in der Antike als notorische Lügner galten. Lügt er oder sagt er die Wahrheit? Kürzeste Variante dieser Paradoxie: *„Ich lüge!“* Wahr oder falsch?
b) Angenommen ein Text, in dem folgender Satz markiert ist: *„Der im Text markierte Satz ist unwahr“*. Dies führt zu folgender unangenehmen Konklusion: *„Der im Text markierte Satz ist unwahr“* ist wahr genau dann, wenn *„Der im Text markierte Satz ist unwahr“* unwahr ist.
c) Aus einem Brief des Philosophen Karl. R. Popper: *„Bitte senden Sie mir diese Karte wieder zurück, tragen Sie aber vorher „ja“ oder ein beliebiges anderes Zeichen in das leere Rechteck links von meiner Unterschrift ein, wenn Sie Grund zur Annahme haben, dass ich bei Erhalt der Karte dieses Rechteck noch leer vorfinden werde.“* Ihr ergebener K. R. Popper.

Mengentheoretische Paradoxien tauchen beim Begriff *Die Menge aller Mengen (enthält sie sich oder nicht?)* auf.

a) In einer großen Bibliothek gibt es einen Buchkatalog, der alle anderen Kataloge und Bücher der Bibliothek auflistet. Enthält dieser Katalog nun auch sich selbst oder nicht? Gibt es einen Katalog aller Kataloge?

b) Aufgabe an einen Kartographen: *„Entwerfen Sie eine Karte eines Hauses mit Grundstück, die so detailliert ist, dass sie auch alle Details der auf dem Gartentisch liegenden Karte des Hauses vermerkt!“*

Beim *Sorites-Paradoxon (lat. sorites = logischer Schluss)* folgt auf eine Kette von unanfechtbaren Behauptungen eine offenkundig falsche Schlussfolgerung. Zum Beispiel ist ein Haufen Steine immer noch ein Haufen, wenn man einen davon entfernt und so fort. Nach dieser Logik wäre nach Abzug aller übrigen Steine einer oder gar kein Stein immer noch ein Haufen.

Pragmatische Paradoxien beinhalten einen Widerspruch zwischen demjenigen, der etwas behauptet und dem, was behauptet wird, zum Beispiel: a) *„Es regnet, aber ich glaube das nicht.“* b) Jemand behauptet: *„Ich existiere nicht!“*

1.5 | Wahrheitstheorien

Die Frage nach den Kriterien der Wahrheit ist ein wesentliches Grundlagenproblem in der Philosophie. Dabei wird zwischen der Korrespondenztheorie, der Kohärenztheorie, der Konsensustheorie und der Pragmatischen Wahrheitstheorie unterschieden.

1.5.1 | Korrespondenztheorie der Wahrheit

Grundlegend für die Korrespondenztheorie der Wahrheit ist Aristoteles' berühmte Definition: *„Zu sagen nämlich, das Seiende sei nicht oder das Nicht-seiende sei, ist falsch, dagegen zu sagen, das Seiende sei und das Nicht-seiende sei nicht ist wahr“*[15] Demnach besteht die Wahrheit einer Aussage darin, mit der Wirklichkeit übereinzustimmen. Vertreter der Korrespondenztheorie der Wahrheit sind neben Aristoteles, Thomas von Aquin (Veritas est adaequatio intellectus et rei, De Veritate, q. 1, a.1,) Immanuel Kant (Übereinstimmung der Erkenntnis mit ihrem Gegenstand, KrV, B82), Bertrand Russell, Ludwig Wittgenstein. So einleuchtend die Korres-

Veritas est adaequatio intellectus et rei

[15] Aristoteles, Metaphysik, Hamburg 1994, 1011b26f., S. 122.

pondenztheorie der Wahrheit auch ist, so enthält sie die Schwierigkeit, wie man die behauptete Übereinstimmung zwischen Erkenntnis und Wirklichkeit feststellen kann. Wie ist die Wirklichkeit unabhängig davon, was wir über sie sagen, denken und wissen können?[16] Als ehemaliger Vertreter der Korrespondenztheorie formulierte Ludwig Wittgenstein das Problem folgendermaßen: „*Ich sagte immer, die Wahrheit sei eine Beziehung zwischen dem Satz und dem Sachverhalt, konnte aber niemals eine solche Beziehung ausfindig machen.*"[17]

Wegen dieser Schwierigkeiten entwickelte der polnische Logiker und Mathematiker Alfred Tarski (1902-1983) eine *semantische* – das heißt, nicht mehr direkt an die Wirklichkeit gekoppelte, sondern sprachabhängige – Korrespondenztheorie der Wahrheit. Für Tarski ist ein Satz dann wahr, wenn es sich so verhält, wie der Satz sagt, zum Beispiel: *„Schnee ist weiß" ist genau dann wahr, wenn Schnee weiß ist.* Das klingt trivial und doch kann Tarski mit dieser Formulierung zwei verschiedene Sprachebenen, eine *Objektsprache* (Satz in den Anführungsstrichen) und eine *Metasprache* unterscheiden, um dann Regeln zu formulieren, wie wir in einer logisch exakten Sprache mit den Begriffen ‚wahr' und ‚falsch' umzugehen haben.[18]

Kohärenztheorie der Wahrheit 1.5.2

Gemäß der Kohärenztheorie ist die Wahrheit 1. kontextabhängig, 2. nicht für immer und 3. nur im System gültig. Die Wahrheit einer Aussage resultiert nicht aus dem Vergleich mit der Wirklichkeit, sondern mit der Logik anderer Aussagen. Behauptet jemand, er habe seinen Urlaub im Stockholmer Wüstenklima verbracht, scheint irgendetwas nicht zu stimmen. Ausgehend von vorläufigen Annahmen entstehen nach der Kohärenztheorie verbesserte Theorien, indem die logischen Widersprüche beseitigt und Begriffe modifiziert werden. Vertreter der Kohärenztheorie der Wahrheit sind Otto Neurath und Nicholas Rescher (geb. 1928). Neurath hat für den Erkenntnisprozess das berühmte Bild vom Umbau eines Schiffes auf offener See geprägt:

---

16 Vgl. Willaschek, Marcus (Hg.), Realismus, Paderborn 2000.

17 Zit. nach Kutschera, Franz v., Sprachphilosophie, München 1975, S. 74.

18 vgl. Zoglauer, Thomas, Einführung in die formale Logik für Philosophen, 2. Auflage, Göttingen 2002, S. 28.

Zitat

„Wie Schiffer sind wir, die ihr Schiff auf offener See umbauen müssen, ohne es jemals in einem Dock zerlegen und aus besten Bestandteilen neu errichten zu können."[19]

Definition

„Kohärenz heißt: Verträglichkeit, Vereinbarkeit mit anderen Aussagen, Widerspruchsfreiheit. Wahrheit ist ein zusammenhängendes, abgeschlossenes systematisches Ganzes."[20]

1.5.3 | Konsensustheorie der Wahrheit

Nach der Konsensustheorie der Wahrheit ist eine Aussage dann wahr, wenn sie nach einer gründlichen Diskussion allgemein akzeptiert wird (diskursiver Konsens). Als Vertreter der Konsensustheorie gibt es für Jürgen Habermas *„(...) ohne Intersubjektivität des Verstehens keine Objektivität des Wissens."*[21] *„Die Idee der Wahrheit (...) lässt sich nämlich allein am Vorbild der idealisierten, in herrschaftsfreier Kommunikation erzielten Übereinstimmung bilden."*[22] Konsens sei ein Wahrheitskriterium, an dem unter den Bedingungen des nachmetaphysischen Denkens kein Weg vorbei führe, da ein ontologisches, das heißt im Sein verankertes, Kriterium für die Richtigkeit einer Aussage nicht zu erkennen sei. Deshalb komme in der Philosophie alles darauf an, sich über die Voraussetzungen eines wahrhaften Diskurses Gedanken zu machen.

In einem *herrschaftsfreien Diskurs* ohne Druck und Einschränkungen werde schließlich der *zwanglose Zwang* des besseren Argu-

---

[19] Neurath, Otto, Gesammelte philosophische und methodologische Schriften, Band 2 , HPT, Wien 1981, S. 579, hier zit. nach Zoglauer, Thomas, a. a. O, S. 32.

[20] Zoglauer, Thomas, Einführung in die formale Logik für Philosophen, a. a. O., S. 31.

[21] Habermas, Jürgen, Um uns als Selbsttäuscher zu entlarven, bedarf es mehr, Das Ich ist zwar sozial konstruiert, aber deshalb noch keine Illusion: Warum die Hirnforschung einen Kategorienfehler macht, wenn sie uns die Freiheit abspricht, in FAZ, 13. 11. 2004, S. 36.

[22] Habermas, Jürgen, Theodor W. Adorno, Urgeschichte der Subjektivität und verwilderte Selbstbehauptung, in ders., Politik, Kunst, Religion, Stuttgart 1978, S. 43.

mentes den Ausschlag für die Wahrheit geben. Dem Argument, dass Endlosdiskussionen keineswegs Wahrheit verbürgen, begegnet Habermas, dass es ihm zunächst einmal darum gehe, die Kriterien einer *idealen Sprechsituation* herauszuarbeiten. In der *idealen Sprechsituation* pflegen die Teilnehmer einen Diskurs, in dem es präzise um die Sache geht und in dem alle von dem Problem betroffenen Teilnehmer die gleichen Chancen haben wertende und konstative (feststellende) Sprechakte zu verwenden. Zwar ist eine solche Annahme kontrafaktisch, aber nicht desto weniger wirksam, weil ohne die Annahme, dass Diskussionsteilnehmer auch wirklich meinen, was sie sagen, schon von vorneherein jede Diskussion sinnlos sei.

Zitat

„Nicht jeder faktisch erzielte oder zu erzielende Konsensus kann ein zureichendes Kriterium für die Wahrheit von Sätzen sein. Sonst können wir einen falschen von einem wahren Konsens, oder Meinungen mit naivem Geltungsanspruch von Wissen nicht mehr unterscheiden. Wahrheit schreiben wir nur den Sätzen zu, von denen wir kontrafaktisch annehmen, dass ihnen jedes zurechnungsfähige Subjekt zustimmen müsste, wenn es seine Meinungen nur lange genug in uneingeschränkter und zwangloser Kommunikation prüfen könne."[23]

Pragmatische Wahrheitstheorie 1.5.4

Im Zuge des amerikanischen Neopragmatismus (Richard Rorty, Charles M. Taylor) hat die pragmatische Wahrheitstheorie, wonach sich wahre Theorien durch ihren Erfolg und ihre Nützlichkeit auszeichnen, an Bedeutung gewonnen. In den Worten von William James, eines Begründers des Pragmatismus, ist das Wahre *„nicht anderes als das, was uns auf dem Wege des Denkens vorwärts bringt, so wie das Richtige das ist, was uns in unserem Benehmen vorwärts bringt."*[24] Der Neopragmatist Richard Rorty spricht in Bezug auf die Wahrheit von Gedanken und Theorien völlig wertneutral einfach nur von verschiedenen Vokabularien und Sprachspielen, die sich im Laufe der Geschichte einander ablösten. *„Interessante Philosophie*

[23] Habermas, Jürgen, Luhmann, Niklas, Theorie der Gesellschaft oder Sozialtechnologie, Frankfurt 1982, S. 223.

[24] James, William, Der Wahrheitsbegriff des Pragmatismus, in Martens, Ekkehard, Pragmatismus ausgewählte Texte von Ch. S. Peirce, W. James. F. C. S. Schiller, J. Dewey, Stuttgart 1975, S. 177.

ist nur selten eine Prüfung der Gründe für oder wider eine These. Gewöhnlich ist sie explizit oder implizit Wettkampf zwischen einem erstarrten Vokabular, das hemmend und ärgerlich geworden ist, und einem neuen Vokabular (...)"[25] An der pragmatischen Wahrheitstheorie formuliert Thomas Zoglauer die folgende Kritik.

Zitat

„Die Gleichsetzung von Wahrheit und Erfolg klingt zwar plausibel, birgt aber auch große Gefahren in sich: Denn auch eine Lüge kann erfolgreich und nützlich sein! Es gibt viele wissenschaftliche Theorien, die außerordentlich erfolgreich waren, aber dennoch falsch sind: Man denke etwa an das Ptolemäische Weltbild oder die Phlogistontheorie in der Chemie. Umgekehrt kann aber auch eine zunächst erfolglose Theorie später zu neuem Leben erwachen und zu einer allgemein akzeptierten Lehrmeinung werden. Wir sollten uns daher hüten, Wahrheit blindlings mit Erfolg gleichzusetzen."[26]

Literatur

Gloy, Karen, *Wahrheitstheorien, Tübingen und Basel 2004*

Heller, Gerhard, *Grundkurs Philosophie Bd. 3, Denken, Sprache, Wissenschaft, 2. Auflage, München 1995*

Liessmann, Konrad, Zenaty, Gerhard, *Vom Denken, Einführung in die Philosophie, Wien 1996*

Martens, Ekkehard, Schnädelbach, Herbert *(Hg.), Philosophie Ein Grundkurs, Reinbek bei Hamburg 1985*

Read, Stephen, *Philosophie der Logik, Eine Einführung, Hamburg 1997*

Savigny, Eike von, *Grundkurs im logischen Schließen, Übungen zum Selbststudium, 4. Auflage, München 1976*

Tetens, Holm, *Philosophisches Argumentieren, Eine Einführung, München 2004*

Toulmin, Stephan, *Der Gebrauch von Argumenten, Kronberg i. Ts. 1975*

Tugendhat, Ernst, Wolf, Ursula, *Logisch-semantische Propädeutik, Stuttgart 1983*

Weimer, Wolfgang, *Logisches Argumentieren, Stuttgart 2005*

Zoglauer, Thomas, *Einführung in die formale Logik für Philosophen, 2. Auflage, Göttingen 2002*

Übungsaufgaben

1. Unterscheiden Sie zwischen analytischen und synthetischen Urteilen!
2. Erläutern Sie die Begriffe Aussagen- und Prädikatenlogik!

---

[25] Rorty, Richard, Kontingenz, Ironie und Solidarität, Frankfurt am Main 1992, S. 30.

[26] Zoglauer, Thomas, Einführung in die formale Logik, a. a. O., S. 30.

Übungsaufgaben

3. Was versteht man in der Logik unter Quantoren bzw. Quantifikatoren?
4. Erläutern Sie eine von Zenons Paradoxien!
5. Was versteht man beim Syllogismus unter den Begriffen *Prämisse* und *Konklusion!*
6. Was ist eine *Petitio principii?*
7. Unterscheiden Sie zwischen der Korrespondenz- und der Kohärenztheorie der Wahrheit!
8. Welches Argument spricht gegen die pragmatische Wahrheitstheorie?

2. | Erkenntnistheorie

Die Erkenntnistheorie *(Epistemologie griech. episteme – Kenntnis, Wissen, Wissenschaft und griech. logos – Vernunft Sprache)* beschäftigt sich mit den Bedingungen und Möglichkeiten der menschlichen Erkenntnis. *Was heißt Wissen? Wovon können wir wissen? Woher stammt unser Wissen? Wie lässt es sich begründen?*, sind die grundlegenden Fragen der Erkenntnistheorie.

Von Anfang an haben sich Philosophen mit erkenntnistheoretischen Fragen befasst, zum Beispiel Platon in den Dialogen *Menon, Theaitetos* und *Politeia* und Aristoteles in seiner *Metaphysik.* Berühmt ist Sokrates' Ausspruch *Ich weiß, dass ich nichts weiß,*[1] der jedoch nicht relativistisch verstanden werden darf, sondern als Aufforderung Erkenntnisse immer weiter zu verbessern. Eine schwerwiegende Attacke gegen die Möglichkeit objektiver Erkenntnis formulierte der antike Skeptiker Sextus Empiricus (2. Jh. n. Chr.). *Sextus* listete zehn Argumentationsfiguren, die sogenannten *Tropen* (*tropoi, wörtl. Wendungen*) auf: z. B. *Unterschiedlichkeit der Lebewesen, Verschiedenheit der Menschen, verschiedene Beschaffenheit der Sinnesorgane, verschiedene Umstände usw.*, die beweisen sollten, dass kein Urteil gewiss sein kann. So bewirke *„die Verschiedenheit der wichtigsten Körperteile, und besonders der zum Urteilen und Wahrnehmen geschaffenen (...), größte Unverträglichkeit der Vorstellungen (...)“*[2] und selbst die Dinge zeigten sich in einer anderen Umgebung jeweils anders, z. B. sei *„unser Körper, von Wasser umgeben, leicht, von Luft umgeben, schwer.“*[3]

Skepsis

Im Unterschied zur Antike und zum Mittelalter, als die Erkenntnisfrage eng mit religiösen, ethischen und naturphilosophischen Fragestellungen verbunden war, bekommt die Erkenntnistheorie erst in der Neuzeit einen autonomen Stellenwert. Bevor man direkt auf Wissen über das Sein oder die Natur abziele, müsse man sich zunächst einmal über die Struktur unseres Erkenntnisvermögens klar werden. René Descartes' Forderung nach klarer und deutlicher

---

1 Platon, Die Apologie des Sokrates, in Platon, Sämtliche Werke in 8 Bänden, eingeleitet von Olof Gigon übertragen von Rudolf Rufener, Zürich und München 1974, Bd. II, S. 217.

2 Sextus Empiricus, Grundriß der pyrrhonischen Skepsis, eingeleitet und übersetzt von Malte Hossenfelder, Frankfurt a. M. 1968, S. 104.

3 Ebenda, S. 122.

– *clare et distincte* – Erkenntnis gipfelte in dem Spruch *cogito ergo sum – ich denke also bin ich* und gilt als der Beginn der neuzeitlichen Philosophie. *Lockes* Hauptwerk der *„Essay über den menschlichen Verstand“*, erschienen im Jahr 1689, stellte zum ersten Mal die reine Erkenntniskritik in den Vordergrund. Locke kritisierte die metaphysische Spekulation und verfolgte das Ziel wie ein Vorarbeiter (Under-labourer) *„einen Teil des Schuttes zu beseitigen, der den Weg zur Erkenntnis versperrt.“*[4]

Die neuzeitliche Erkenntnistheorie teilt sich in die beiden Hauptrichtungen des *Empirismus* und des *Rationalismus.* Empiristen *(griech. empeiria, Erfahrung)* wie Locke, Berkeley, Hume behaupten, dass unser Wissen im Wesentlichen aus Erfahrung stammt. Die Rationalisten *(von lat. ratio, Vernunft)* – Descartes, Leibniz – vertreten die gegenteilige Position, dass Wissen im Wesentlichen auf apriorischen *(lat. vom Früheren her)* Verstandesstrukturen (Fähigkeit logische Schlüsse zu ziehen, Kalkulationen vorzunehmen) beruht.

Empirismus | 2.1

Nach Lehre des Empirismus *(von griech. empeira: Erfahrung)* stammt alles Wissen aus der Erfahrung: Die menschlichen Sinne seien gleichsam die Pforten zur Welt. Der Verstand sei von Geburt an ein leerer Behälter, *tabula rasa*, ein leeres Blatt bzw. eine unbeschriebene Tafel. Im Laufe der Zeit werde er inhaltlich durch Sinneseindrücke, Ideen, Vorstellungen gefüllt. Deshalb hat Karl R. Popper den Empirismus als *Kübeltheorie der Erkenntnis*[5] bezeichnet. Dass Vorstellungen und Anschauungen aus Erfahrung stammen, leuchtet ein, doch wie entstehen Begriffe, zum Beispiel ein Begriff wie „Tisch“? John Locke (1632-1704) erklärt dies durch Abstraktionsprozesse: *„Dies Verfahren nennen wir Abstraktion; dadurch werden alle allgemeinen Ideen des Geistes gebildet (...)* Es besteht in *„der Trennung einer Idee von allen anderen Ideen, die sie in ihrer realen Existenz begleiten.“*[6]

---

4 Locke, John, Versuch über den menschlichen Verstand, 2 Bd., übersetzt und eingeleitet von C. Winckler, Hamburg 1981, S. 11.

5 Popper, Karl R., Objektive Erkenntnis, Hamburg 1973, S. 369.

6 Locke, John, Versuch über den menschlichen Verstand, Band 1 Übers. Von C. Winckler, Hamburg 1981, S. 186f.

Definition

„Gemäß der Abstraktionstheorie erwerben wir empirische Begriffe, indem wir bestimmte Gegenstände (...) miteinander vergleichen, die Verschiedenheiten außer Acht lassen (von ihnen ‚abstrahieren') und die gemeinsamen Merkmale zu definierenden Merkmalen des neuen Begriffs machen, den wir auf diese Weise empirisch erwerben."[7]

Wir lernen verschiedene Einzelexemplare von Tischen kennen. Merkmale wie groß, klein, aus Holz, aus Guss, alt, neu usw. werden ausgeblendet, um bestimmte gemeinsame Wesensmerkmale als „Tischheit", zum Beispiel, dass es sich jeweils um eine *Abstellplatte* handelt, zu begreifen. Doch stimmt diese Herleitung?

Erläuterung

Gegenstände lassen sich in vielerlei Hinsicht betrachten, so kann man einen Stuhl, eine Autohaube, einen Eimer als Tisch benutzen, warum sollte man also nicht auch Autohaube und Eimer als Tische bezeichnen? Infolgedessen kann nach Peter Baumann *„(...) die Abstraktionstheorie nicht das erklären (...), was sie Empiristen zufolge erklären soll: wie man nämlich überhaupt zu empirischen Begriffen gelangt, ohne bereits irgendwelche Begriffe zu besitzen."*[8]

angeborene Ideen

Descartes' Lösung des Abstraktionsproblems *„Es gibt einige angeborene Ideen!"* (z. B. die Idee der Kausalität, Zahlen, Logik) bestritt John Locke. Alle Ideen seien durch Erfahrung erworben. Gäbe es angeborene Ideen, müssten sie Kindern mehr einleuchten als Erwachsenen, was nicht der Fall sei.

John Locke (1632-1704)

Einfache und komplexe Ideen nach Locke

Die aus der Erfahrung erworbenen *einfachen Ideen* werden nach Locke vom Verstand durch Vergleiche, Verbindungen, Abstraktionen usw. zu *komplexen Begriffen* (z. B. Metall, Pflanze) zusammengefügt. Locke unterschied Ideen, die durch äußere Sinnesempfindungen wie Geschmack, Geruch, Klang, Anblick Tastsinn – *sensation* – entstehen und Ideen, die durch die innere Selbstwahrnehmung und durch die Akte des Denkens, Glaubens, Erinnerns, Zweifelns, Hoffens usw.

---

7 Baumann, Peter, Erkenntnistheorie, Stuttgart 2002, S. 226.

8 Ebenda.

hervorgerufen werden: *reflection*. Ideen wie Freude, Schmerz, Liebe und Hass erhalten wir sowohl durch *Sensation* als auch durch *Reflexion*. Ob jedoch diese Operation die Dinge in ihrem Wesen *wirklich* treffe, entziehe sich unserer Kenntnis. Locke suchte im Gegensatz zu den Rationalisten Descartes oder Leibniz nie nach Gewissheit, sondern „nur" nach möglichst plausiblen Argumenten.

Primäre und sekundäre Qualitäten

Unter den Sinneswahrnehmungen unterschied Locke zwischen *primären* und *sekundären* Qualitäten, primäre Qualitäten haften den äußeren Dingen als solchen an, zum Beispiel „Gestalt" und „Dichte" (Festigkeit) eines Schneeballs, während seine Farbe „grauweiß" und seine „Kälte" zu den sekundären Qualitäten gehörten. Farbe und Kälte seien Eigenschaften, die der Schneeball in uns bewirke, hafteten ihm aber nicht erkennbar an. Unsere Ideen der primären Qualitäten ähneln nach Locke den entsprechenden Gegenständen, während die sekundären Qualitäten keine sichtbare Entsprechung in der Natur haben.

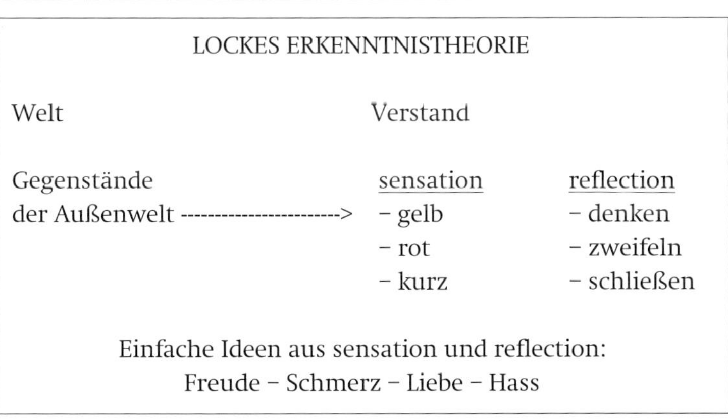

Abb 1

George Berkeley (1685-1753)

Solipsismus

Lockes Empirismus wurde von George Berkeley bis hin zum Solipsismus *(von lat. solus ipse, ich allein – nur die eigenen Bewusstseinserlebnisse zählen)* fortgeführt. Berkeley verwirft den Unterschied zwischen primären und sekundären Qualitäten. Dass Ausdehnung, Gestalt, Dichte oder Zahl den Dingen als solchen eigen, während Farbe, Geschmack und Geruch nur subjektive Empfindungen seien, war für Berkeley reine Spekulation. Für

Berkeleys Idealismus ist Sein gleich Wahrgenommensein: *esse est percipi.*

David Hume (1711-1776)

Einen besonders einflussreichen Beitrag zur empiristischen Erkenntnistheorie lieferte David Hume. Hume nannte Bewusstseinsinhalte *perceptions* (Auffassungen, Wahrnehmungen). Diese wurden von ihm noch einmal in Eindrücke (impressions) und Ideen, Vorstellungen (ideas) unterschieden. *Eindrücke* – sowohl innere als auch äußere (Schmerz, Baum) – seien heftiger und intensiver in unserem Geist als die ihnen nachgebildeten *Ideen.* Alle Ideen seien letztlich auf solche Eindrücke zurückzuführen. Menschen benutzten ihre Einbildungskraft um Ideen zu kombinieren, woraus Fehlurteile und Missdeutungen entstehen könnten. Begriffe wie *Substanz, Kausalität, Gott* seien Termini, die man nicht auf Eindrücke (impressions) zurückführen könne. Auf diese Weise gelangt Hume zu einer grundlegenden Kritik an den Begriffen der Induktion und der Kausalität. Zwischen zwei Ereignissen, die wir als kausal verbunden begreifen, fänden wir nicht den nötigen Eindruck (*impression)* um ihre – *„notwendige Verknüpfung"*[9] – dingfest machen zu können. Bei einem Billardspiel[10] sähen wir zwar, wie eine Billardkugel die andere treffe und sich diese fortbewege, doch nicht das eigentliche Scharnier oder *„das letzte Prinzip"*[11] – wie Hume formuliert – zwischen zwei aufeinanderfolgenden Naturereignissen: *„Wir kennen allerdings nicht die Art, in der Körper aufeinander wirken; ihre Kraft oder Energie ist gänzlich unbegreiflich."*[12] Nur aus *Gewohnheit* folgerten wir, dass sich die Kugeln in dieselbe Richtung bewegen werden wie beim letzten Mal. Im Induktionsschluss wird aufgrund einer Reihe von Einzelfeststellungen empirisch-statistisch auf einen allgemeinen Sachverhalt geschlossen. Doch genau genommen, können noch so viele Einzelbeobachtungen keinen allgemeingültigen Schluss verbürgen. Noch so viele Sonnenaufgänge in der Vergangen-

---

[9] vgl. Hume, David, Eine Untersuchung über den menschlichen Verstand, herausgegeben von Raoul Richter, Hamburg 1973, Siebenter Abschnitt.

[10] vgl. Hume, David, Eine Untersuchung über den menschlichen Verstand, a. a. O., S. 85ff.

[11] Hume, David, Eine Untersuchung über den menschlichen Verstand, a. a. O., S. 86.

[12] Hume, David, Eine Untersuchung über den menschlichen Verstand, a. a. O., S. 88.

heit können nicht beweisen, dass morgen die Sonne aufgehen wird. Humes Induktionskritik hat Kant maßgeblich zu seiner transzendentallogischen Wende in der Erkenntnistheorie veranlasst.

Rationalismus

2.2

Rationalisten (von lat. ratio: Vernunft, Verstand) – Hauptvertreter René Descartes, Baruch de Spinoza, Gottfried Wilhelm Leibniz – finden in der Vernunft bzw. im Verstand die wichtigste Erkenntnisquelle. Erkenntnisse werden im Wesentlichen aus intellektuellen Leistungen hervorgebracht. Gegen Lockes These von der Tabula rasa des menschlichen Geistes bei der Geburt argumentierte Leibniz, dass es zwar nichts im Verstand gebe, das nicht von den Sinnen in ihn hineingekommen sei, außer jedoch dem Verstand selbst: *„excipe: nisi ipse intellectus“*[13]. Wenngleich Ideen nicht direkt angeboren seien, so doch der Verstand selbst mit seinen Dispositionen (Strukturen).

Merksatz

„Der Rationalismus will alle Erkenntnis – eingeschlossen die von Gegenständen der Erfahrung, insoweit diese einer streng rationalen Betrachtung zugänglich sind – aus erfahrungsfreien, notwendig für wahr zu haltenden Prinzipien begründen.“[14]

René Descartes

Am Beispiel einer brennenden Kerze versuchte René Descartes zu zeigen, dass man bei der Erkenntnis mit den Sinnen allein nicht weiterkomme. Denn nach und nach ändere sich die Form des Wachses bis hin zu einem undefinierbaren Klumpen. Doch trotz solcher Veränderungen in der Sinneswahrnehmung redeten wir immer noch von Wachs.

Zitat

„Ich (würde), was das Wachs ist, nicht richtig beurteilen, wenn ich nicht der Meinung wäre, dass es (...) mehr Verschiedenheiten zulässt, als ich jemals in der Einbildung umfasst habe. Es bleibt mir also nichts übrig als zuzugeben, dass ich, was das Wachs ist, gar nicht die Einbildung habe, sondern nur im Denken erfassen kann.“[15]

---

13 Leibniz, Gottfried Wilhelm, Nouveau Essais II 1, § 2 in: Sämtliche Schriften und Briefe Hg., Von der Preussischen (später: Deutschen) Akademie der Wissenschaften zu Berlin, weitergeführt von der Akademie der Wissenschaften der DDR. Darmstadt, (später: Leipzig, zuletzt Berlin) 1923 ff., A VI 6, S. 111.

14 Scheidt, Friedrich, Grundfragen der Erkenntnisphilosophie Historische Perspektiven, München 1986, S. 177.

15 Descartes, René, Von der Methode des richtigen Verstandesgebrauchs und der wissenschaftlichen Forschung, Hamburg 1960, S. 104.

Nach Descartes erlangen wir alles wirkliche Wissen über die Ratio (Rationalismus) und nicht über die Sinne. Er spricht von angeborenen Ideen, Konstruktionen und geometrischen Mustern (Gottesidee, Idee der Kausalität, Zahlen, Logik), mit denen wir die Welt in einem Netz von vorgegebenen Begriffen zu erfassen versuchten. Erkennen vollziehe sich nach Regeln, Wissenschaft sei methodisch kontrollierte Erkenntnis, wobei die Mathematik den Leitfaden biete. Weiterentwickelt haben die rationalistische Erkenntnistheorie der Mitbegründer der Infinitesimalrechnung Gottfried Wilhelm Leibniz (1646-1716) sowie Baruch de Spinoza (1632-1677), der eine innere Logik in allem Geschehen postulierte. Aktuell gehen Noam Avram Chomsky und Jerry Fodor in ihrer Erkenntnistheorie von angeborenen rationalen Konzepten aus. Chomsky (geb. 1928) spricht von einer angeborenen Tiefenstruktur von Grammatik, die es erlaube, bei geringem Input eine Vielzahl von richtigen Sätzen zu generieren (generative Transformationsgrammatik) und Jerry Fodor (geb. 1935) behauptet, es gebe eine angeborene *Sprache des Geistes*.

2.3 | Kritizismus

In seinen drei Kritiken – *Kritik der reinen Vernunft, Kritik der praktischen Vernunft, Kritik der Urteilskraft* – unterzog Immanuel Kant die Quellen und Grenzen der menschlichen Erkenntnis einer genauen Prüfung.

Definition

Kritizismus (abgeleitet aus dem Begriff Kritik vom griech. kritiké (téchne) = Kunst der Beurteilung)[16]

Unter den Vorgaben des Empirismus und Rationalismus, die Gegenstandswahrnehmungen als gegeben voraussetzen, ist nach Kant kein angemessener Begriff von der Erkenntnis zu entwickeln.

[16] vgl. Draken, Klaus u.a., Philosophieren, Einführung, Anthropologie, Erkenntnistheorie, Bamberg 2005, S. 239

Zitat

„Wenn die Anschauung sich nach der Beschaffenheit der Gegenstände richten müsste, so sehe ich nicht ein, wie man a priori von ihr etwas wissen könne; richtet sich aber der Gegenstand (...) nach der Beschaffenheit unseres Anschauungsvermögens, so kann ich mir diese Möglichkeit ganz wohl vorstellen."[17]

Kopernikanische Wende

Deshalb fragt Kant in einer von ihm so benannten *Kopernikanischen Wende*[18] nach den Bedingungen (Kriterien), unter denen Erkenntnis überhaupt möglich ist = Transzendentalphilosophie. Transzendental ist diese Fragestellung *(tranzendental von lat. transcendere überschreiten, hinübersteigen)*, weil sie unabhängig von sozialen, psychologischen, physiologischen Faktoren nach den notwendigen Voraussetzungen unseres Wissens fragt. Gegen den Empirismus argumentiert Kant, dass zwar alle Erkenntnis mit der Erfahrung anhebe, aber nicht alle Erkenntnis aus ihr *stamme*. Erkenntnis entstehe aus der Verarbeitung der sinnlichen Erfahrung in Anschauung und Begriff. *„Gedanken ohne Inhalt sind leer, Anschauungen ohne Begriffe sind blind."*[19]

Merksatz

Nach Kant sind schon im Prozess der Erfahrung kognitive Leistungen wirksam. Ohne diese ursprüngliche synthetische Kraft des Verstandes müssten wir im Meer der Sinneseindrücke gleichsam ertrinken. Jürgen Habermas spricht in diesem Zusammenhang von Kants „‚weltbildender Vernunft' und (...) Konzeption eines Verstandes, der Gegenstände möglicher Erfahrung ‚konstituiert'."[20]

Raum und *Zeit* sind nach *Kant* reine Anschauungsformen, hinzu kommen *12 Verstandesbegriffe (Kategorien,* u. a. die von Hume in Frage gestellte Kausalität), ohne die es keine kohärente Erfahrungswelt und somit Erkenntnis gebe. So können wir *a priori (lat. vom Früheren her)* und gegen den Skeptizismus von Hume sagen, dass alle Gegenstände unserer Erkenntnis in Raum und Zeit erscheinen und in einem Kausalverhältnis zueinander geordnet sind. Die a priori Formen der Erfahrung ermöglichen nach Kant erst die Wissenschaften der Geometrie, der Mathematik und der theoretischen Physik, da wir *„nämlich von den Dingen nur das a priori erkennen, was*

---

[17] Kant, Immanuel, Kritik der reinen Vernunft 1, in Werkausgabe in 12 Bänden a. a. O., Band III (B XVI/XVII), S. 25

[18] Ebenda.

[19] Kant, Immanuel, Kritik der reinen Vernunft, a. a. O., (B 75), S. 98

[20] Habermas, Jürgen, Kommunikatives Handeln und detranszendentalisierte Vernunft, Stuttgart 2001, S. 9f

wir selber in sie legen.“[21] Was sich der Konstruktion unseres Erkenntnisapparates entzieht, gehört nach Kant zum – für uns unerkennbaren – *Ding an sich.* Das *Ding an sich* bestimmt Kant näher als einen *„transzendentalen Gegenstand“*, welcher zwar die Ursache unserer Vorstellungen ist, *„den wir aber gar nicht kennen, noch jemals einigen Begriff von ihm bekommen werden.“*[22] Zu Kants Unterscheidung zwischen der Welt der *Erscheinung – Phänomenon* – und der Welt des *Dings an sich – Noumenon (Begriff ohne Gegenstand)* führt Volker Gerhardt aus:

Zitat

„Der Sinn dieser Unterscheidung liegt auf der Hand: Erscheinungen sind Dinge in Raum und Zeit; wir nehmen sie unter den Bedingungen unserer Anschauung wahr und haben dementsprechend zu denken. Dinge an sich stehen außerhalb unserer sinnlichen Reichweite; sie kommen nicht in der menschlichen Anschauung vor. Streng genommen können wir daher auch gar nicht von ihnen sprechen. Um aber nicht vermessen zu sein und zu behaupten, es gebe gar nichts anderes als nur das, was in unserer raumzeitlichen Anschauung erscheint, ist es eine Frage der intellektuellen Redlichkeit, wenigstens deren Möglichkeit einzugestehen.“[23]

Abb 2

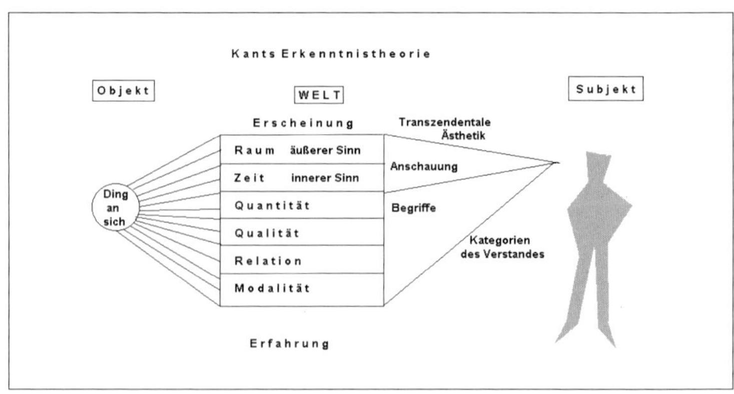

[21] Kant, Immanuel, Kritik der reinen Vernunft, a. a. O., Bd. 1, B XVIII, S. 26.
[22] Kant, Immanuel, Kritik der reinen Vernunft, a. a. O., Bd.2, S. 391 A 393.
[23] Gerhardt, Volker, Immanuel Kant, Vernunft und Leben, Stuttgart 2002, S. 158.

Kant wendet sich nicht prinzipiell gegen die Metaphysik, da es nun einmal zu unserer Natur gehöre, übersinnliche Fragen zu stellen. Die Ideen von der *Existenz Gottes*, der *Unsterblichkeit der Seele* und *der menschlichen Willensfreiheit* ließen sich jedoch weder beweisen noch widerlegen. Gott beweisen zu wollen (Anselm von Canterbury, Descartes) oder metaphysische Modelle (Leibniz' Monadologie) zu entwerfen, geht Kant zu weit. Nur eine Vernunft, die sich zu begrenzen weiß, schlägt nicht in Unvernunft um.

Erläuterung

Der erkenntnistheoretische Ansatz wurde im 19. Jahrhundert von Georg Wilhelm Friedrich Hegel und im 20. Jahrhundert von Martin Heidegger, Gottlob Frege und Ludwig Wittgenstein kritisiert. Zwischen beweisbarem Erfahrungswissen und spekulativer Metaphysik (*Kant*) zu unterscheiden, lehnte Hegel als zu formal ab, da Wissen aus Wissen resultiere, das sich immer weiter vorwärts bewege. Es sei falsch, aufgrund formaler Kriterien Wissen vom Irrtum unterscheiden zu wollen, vielmehr sei *„Die Wahrheit (...) die Bewegung ihrer an ihr selbst (...)"*[24] Das heißt, die Menschheit verfüge in jeder Phase ihrer Entwicklung über ein bestimmtes Wissen (These), das jedoch schon bald angezweifelt werde (Antithese), weil sich die Maßstäbe des Fürwahrhaltens veränderten. Dies führe zu einer Erweiterung oder zu einem Gegensatz zur ersten These, woraus als höhere Erkenntnis eine *Synthese* entstehe, die die Widersprüche zunächst einmal beseitige, bis es zu einem erneuten Zyklus komme (Dialektik). Heidegger attackierte die Dualismen der Erkenntnistheorie (Subjekt-Objekt, Logik-Erfahrung) von einem phänomenologischen und ontologischen Standpunkt aus. Wissen stamme nicht aus dem Zusammenspiel von Sinnlichkeit und Verstand, sondern entspringe einem ganzheitlichen Seinsverhältnis des Menschen in der Welt. Erkenntnistheoretiker wie Descartes und Kant würden das Individuum als Solisten begreifen, der erst Brücken zur Welt und anderen Menschen schlagen müsse. In Wirklichkeit sei jedoch jedes Individuum immer schon in eine Umwelt eingebunden und auf andere und anderes bezogen. *„Ein merkwürdiges und rätselhaftes Gebilde ist (...) Wahrgenommenheit, zum Objekt, zum Wahrgenommenen, in gewissem Sinne gehörig und doch nichts Objektives, zum Dasein und seiner intentionalen Existenz gehörig und doch nichts Subjektives."*[25] *„Sofern ein Mensch existiert, ist er als existierender schon in andere Menschen versetzt, auch dann, wenn faktisch keine anderen Menschen in der Nähe sind. Da-sein des Menschen, Da-sein im Men-*

[24] Hegel, Georg Wilhelm Friedrich, Phänomenologie des Geistes, in: Werke Bd. 3, a. a. 0., S. 47.

[25] Heidegger, Martin, Die Grundprobleme der Phänomenologie, Frankfurt am Main 2005, S. 97.

Erläuterung

schen heißt daher – nicht ausschließlich, aber unter anderem – Versetztsein in andere Menschen. (...) Denn Da-sein heißt: Mit-sein mit Anderen, (...) d. h. Mitexistieren.“[26] Aus sprachanalytischer Sicht hob Frege in Erkenntnisfragen das Primat der Sprachanalyse und der Logik hervor. Wenn man sich mit der Wahrheit von Aussagen befasse, dann geschehe dies in sprachlichen Argumentationen. Deshalb müsse man sprachliche Äußerungen genau auf ihren Aussagewert hin untersuchen. Ähnlich argumentiert Ludwig Wittgenstein im *Tractatus logico-philosophicus,* wenn er die erkenntnistheoretische Trennung zwischen Subjekt und Objekt und ihre Dingfixierung kritisiert: *„Die Welt ist die Gesamtheit der Tatsachen, nicht der Dinge.“(1.1) „Das denkende, vorstellende Subjekt, Subjekt gibt es nicht.“ (5.631)*

Kognitionswissenschaften

Wenn die Erkenntnistheorie gegenüber der Sprachanalyse und der existenzialistischen Seinsphilosophie zunächst in eine Defensive zu geraten schien, so ist neuerdings im Rahmen der interdisziplinär angelegten Kognitionswissenschaften[27] – wenn es zum Beispiel in der kognitiven Entwicklung des Kindes um das Stadium von Begriffsbildungen geht – eine deutliche Wiederbelebung erkenntnistheoretischer Fragestellungen festzustellen.

2.4 | Naturalisierung der Erkenntnistheorie

Neben der Philosophie beschäftigen sich zunehmend empirische Wissenschaften wie die Wahrnehmungspsychologie, die moderne Biologie, die Hirnforschung und die Computerforschung mit dem Problem des Wissenserwerbs und der Erkenntnis, so dass die Grenzen zwischen den Disziplinen zunehmend unschärfer werden. Dabei lässt sich eine deutliche Tendenz zu einer Naturalisierung der Erkenntnistheorie feststellen.

2.4.1 | Willard Van Orman Quine

Willard van Orman Quine (1908-2000) vertrat in seiner Studie *Wort und Gegenstand (1960)* die These, dass die Erkenntnistheorie zu-

[26] Heidegger, Martin, Die Grundbegriffe der Metaphysik, Frankfurt am Main 2004, S. 301.

[27] Gold, Peter, Engel, Andreas (Hg.), Der Mensch in der Perspektive der Kognitionswissenschaften, Frankfurt am Main 1998.

künftig in der Naturwissenschaft aufgehen werde. Sprachbedeutungen seien auf natürliche Reizeinwirkungen zurückführen. *„Denn die Bedeutung (...) ist das, was ein Satz mit seiner Übersetzung gemeinsam hat, und Übersetzung hängt (...) von Korrelationen mit nichtverbalen Reizen ab.“*[28] Statt nach abstrakten Bedeutungen fragte Quine nach dem konkreten Gebrauch von Sprache. Objektiv lasse sich nur die Korrelation von bestimmten Reizungen unserer Sinnesorgane – zum Beispiel bei der Wahrnehmung eines Hasen – und einem entsprechenden verbalen Verhalten feststellen. Wenn ein Sprecher eines uns unbekannten Stammes zu einem vorbeihuschenden Kaninchen *„Gavagai“* sagt, dann sei zu vermuten, dass der Ausdruck *„Gavagai“* ins Deutsche übersetzt *„Kaninchen“* heiße, weil damit auf den entsprechenden Reizeindruck reagiert werde. Damit meint Quine Sprache ganz ohne Verweis auf übersinnliche platonische Ideen, Gedanken und Sachverhalte aus dem natürlichen Lebenszusammenhang der Menschen heraus verstehen zu können. Quine strebte eine enge Zusammenarbeit zwischen Naturwissenschaft und Philosophie an, sodass die Grenzen zwischen beiden Disziplinen irgendwann einmal verschwinden würden. Gemäß seiner *naturalisierten Erkenntnistheorie* gibt es keinen Fixpunkt der Wahrheit; vielmehr sollte der Philosoph immer auf dem neuesten Stand der wissenschaftlichen Erkenntnis sein.

Naturalisierte Erkenntnistheorie

2.4.2 Evolutionäre Erkenntnistheorie (Lorenz, Vollmer)

Die evolutionäre Erkenntnistheorie – Konrad Lorenz (1903-1989), Gerhard Vollmer (geb. 1943) – stellt wie schon zuvor Nietzsche[29] die biologische Funktion des Erkenntnisapparates heraus. Nach Darwin ist Leben – im Unterschied zu Aristoteles' teleologischem (von griech. *telos – Ziel, Zweck, Vollendung)* Modell in der Biologie – ein ereignisoffener Prozess von genetischer Mutation und reproduktiver Selektion. Das menschliche Bewusstsein habe sich als biologische Notwendigkeit des Überlebens aus einem natürlichen Selektionsprozess heraus entwickelt.

---

[28] Quine, W.V. O., Wort und Gegenstand, Stuttgart 1980, S. 69.

[29] Vgl. Irrgang, Bernhard, Lehrbuch der evolutionären Erkenntnistheorie, Evolution, Selbstorganisation, Kognition, München 1993, bei Nietzsche den Aphorismus Grundfragen der Metaphysik im ersten Band von Menschliches, Allzumenschliches.

Merksatz

„Die Evolutionäre Erkenntnistheorie ist eine junge Disziplin, die philosophische und einzelwissenschaftliche Elemente miteinander verbindet. Sie geht von der These aus, dass Erkennen eine Gehirnfunktion und als solche zugleich ein Ergebnis der biologischen Evolution ist (...).“[30]

Dass wir gerade so erkennen, wie wir erkennen, erklärt sich Vollmer aus Anpassungsprozessen durch Versuch und Irrtum. Der Begriff der „Passung“ habe dabei drei Aspekte:

Zitat

„Erstens passt unser Erkenntnisapparat in dem Sinne auf die Welt, wie ein Werkzeug auf das Werkstück passt (...) in diesem Sinne passt das menschliche Auge zum Tageslicht (...) Zweitens ist Erkenntnis nützlich, indem sie nämlich für das Überleben einen Vorteil bietet. (...) Drittens (...) passen einige subjektive Strukturen sogar in dem Sinne auf die Welt, dass sie mit ihnen übereinstimmen (...) Beispielsweise sehen (rekonstruieren) wir die Dinge der äußeren Welt dreidimensional und wissen zugleich aus der Physik; dass sie wirklich dreidimensional sind (...) Erkenntnistheoretisch kann man jede subjektive Erkenntnis als eine Hypothese über die Struktur der Welt auffassen. Diese Hypothese ist – da biologisch oder gar genetisch bedingt – meist unbewusst und unkorrigierbar. Evolution ist also biologisch ein Prozess von Mutation und Selektion, erkenntnistheoretisch dagegen ein Prozess von Vermutung und Widerlegung, den vor allem Karl Popper betont (...)“[31]

Ein Problem der evolutionären Erkenntnistheorie ergibt sich aus der Frage, an was sich unser Organismus eigentlich anpasst. Das Weltbild der modernen Physik – zum Beispiel Einsteins Relativitätstheorie, Begriffe wie Raum-Zeit-Krümmung – entzieht sich weitgehend der Anschaulichkeit. Da Vollmer glaubt, dass die moderne Atom- und Elementarphysik die Welt objektiv beschreibt, müssten wir uns an etwas anpassen, das wir uns noch nicht einmal vorstellen können. Deshalb führt Vollmer neben den physikalischen Begriffen des Mikro- und Makrokosmos den Ausdruck

Mesokosmos *Mesokosmos* ein. *„Auf den Mesokosmos sind die Formen unserer Anschauung und unserer unmittelbaren Erfahrung geprägt.*

---

[30] Vollmer, Gerhard, Biophilosophie, Mit einem Geleitwort von Ernst Mayr, Stuttgart 1995, S. 108.

[31] Vollmer, Gerhard: Was können wir wissen Band 1. Die Natur der Erkenntnis, Stuttgart 1985 S. 35ff.

Mesokosmische Strukturen können wir uns anschaulich vorstellen; jedoch müssen wir damit rechnen, dass unser Anschauungsvermögen außerhalb dieses Bereiches versagt."[32] Mesokosmische Strukturen seien unseren Wahrnehmungen zugänglich und anschaulich, sie spielten in der Evolution des Menschen die wichtigste Rolle. Erst seit verhältnismäßig kurzer Zeit dringe die Forschung in die Mikrostrukturen und Makrostrukturen der Wirklichkeit ein.

Konstruktivismus (Maturana, Varela) | 2.4.3

Der chilenische Erkenntnistheoretiker und Biologe Humberto Maturana (geb. 1928) hat einen viel beachteten biologisch-konstruktivistischen Ansatz zum Verständnis von gedanklichen Systemen vorgelegt. Mit seinem Begriff der *Autopoiese* (griech. *Autos* und *poiein – Selbstgestaltung, Selbstorganisation, Eigenschaft von Systemen unter Beibehaltung ihrer Struktur sich selbst zu erneuern)* versucht er experimentell nachzuweisen, dass Wahrnehmungen und äußere Einflüsse für die Erkenntnis weniger bedeutsam seien als die innere Struktur eines Erkenntnisorgans z. B. die *„Konfiguration von Aktivitätszuständen im Nervensystem"*[33]. *„Als strukturdeterminierte Systeme sind wir von außen prinzipiell nicht gezielt beeinflussbar, sondern reagieren immer im Sinne der eignen Struktur."*[34] Unsere Vorstellungen – zum Beispiel von Farben – seien keine bloßen Abbilder, sondern aktive „Konstruktionen" unseres Gehirns, da sich experimentell zwar ein unmittelbarer Zusammenhang zwischen einer bestimmten Farbempfindung und einer Nervenreaktion, jedoch keiner zwischen der erwähnten Nervenreaktion und physikalisch messbaren Wellenlängen beweisen lasse. Zur Erläuterung der konstruktivistischen These werden oft sogenannte Vexierbilder benutzt – zum Beispiel der Hase-Enten-Kopf – in denen eine an sich gleichbleibende Abbildung nach einiger Betrachtungszeit völlig unterschiedliche Wahrnehmungen hervorrufen.

---

[32] Ebenda, S. 42.

[33] Maturana, Humberto R, Varela, Francisco, Der Baum der Erkenntnis, Die biologischen Wurzeln menschlichen Erkennens, 11. Auflage, Bern und München 1987, S. 27.

[34] Maturana, Humberto, Was ist erkennen?, München, Zürich 1994.

Zitat

„Die Erklärung, wie wir Farben sehen, ist nicht einfach, und wir können sie hier nicht im Detail anführen. Das Wesentliche in diesem Zusammenhang ist aber, dass wir, um das Phänomen des Farbensehens erklären zu können, aufhören müssen zu denken, dass die Farbe der von uns gesehenen Objekte durch die Eigenschaften des von ihnen ausgehenden Lichtes bestimmt ist. Vielmehr müssen wir uns darauf konzentrieren zu verstehen, auf welche Weise die Erfahrung von Farbe einer spezifischen Konfiguration von Aktivitätszuständen im Nervensystem entspricht, welche durch die Struktur des Nervensystems determiniert wird."[35]

Wie Maturana begreift der chilenische Kognitionswissenschaftler Francisco J. Varela (1946-2001) Wahrnehmung als *konstruktiven* und *aktiven* Prozess,[36] was nach dem Soziologen Peter Fuchs nicht impliziere, dass durch *Autopoiesis* eine eigene Seinsebene eingerichtet würde: *„Autopoietische Systeme sind keine Münchhausiaden. Sie sind in jedem Punkt an eine vorausgesetzte Welt gebunden, deren Kontinuum sie nur in der Hinsicht unterbrechen: im Moment der Autopoiesis."*[37] Maturana und Varela argumentieren evolutionstheoretisch, dass sich nämlich unsere Wahrnehmung nicht auf die Erscheinungen schlechthin, sondern auf überlebensfördernde Komponenten konzentriert. In den USA vertreten die österreichischen Emigranten Paul Watzlawick, Heinz von Foerster und Ernst von Glasersfeld den Konstruktivismus, der mitunter auch als *radikaler Konstruktivismus* bezeichnet wird. In Deutschland stehen der Bremer Neurobiologe Gerhard Roth, der Bielefelder Soziologe Niklas Luhmann und der Literaturwissenschaftler Siegfried J. Schmidt für ähnliche Positionen.

Autopoiesis

Erläuterung

Die Kognition als biologischen Vorgang im Sinne von Evolutionsvorteilen zu verstehen, sei – so wenden Kritiker des Biologismus in der Erkenntnistheorie ein – eine unzulässige Reduktion. Falsch sei es, wie der Darmstädter Philosoph Gernot Böhme ausführt,

---

[35] Maturana, Humberto R., Varela, Francisco J., Der Baum der Erkenntnis, Die biologischen Wurzeln menschlichen Erkennens, a. a. O., S. 27.

[36] Varela, Francisco J, Kognitionswissenschaft – Kognitionstechnik Eine Skizze aktueller Perspektiven, Frankfurt am Main 1990, Engel K. Andreas K und König, Peter, Das neurobiologische Wahrnehmungsparadigma in Gold, Peter und Engel, Andreas K., Der Mensch in der Perspektive der Kognitionswissenschaften, Franfurt am Main 1998, S. 175.

[37] Fuchs, Peter, Der Sinn der Beobachtung, Begriffliche Untersuchungen, Zweite Auflage 2004, S. 53.

Erläuterung

„eine an sich bestehende Struktur der Realität voraus(zusetzen) und, was noch schlimmer ist, (...) (zu) unterstellen, dass die Naturwissenschaft uns Auskunft über diese Realität geben könnte."[38] Der Marburger Philosoph Peter Janisch wirft der evolutionären Erkenntnistheorie einen unzulässigen naturwissenschaftlichen Zirkelschluss vor, wenn sie wahr-falsch Anpassungen an die Natur auf der Grundlage von Ergebnissen der Naturwissenschaften erklären. Statt Naturalisierung fordert er eine Kulturalisierung der Erkenntnis. Denn die Naturwissenschaften seien nur eine Form der Erkenntnis, die auf einem bestimmten kulturellen Hintergrund entstanden sind. *„Alle Menschen (...) sind schon Teilnehmer einer Handlungs- und Sprachgemeinschaft, deren Formen eine lange Entstehungsgeschichte, und zwar eine kultürliche, hinter sich haben."*[39]

Literatur

Baumann, Peter, *Erkenntnistheorie, Stuttgart 2002*

Baumgartner, Hans Michael, *Kants „Kritik der reinen Vernunft" , 4. Auflage, Freiburg, München 1996*

Bieri, Peter, (Hg.), *Analytische Philosophie der Erkenntnis, 4. Auflage, Weinheim 1997*

Böhme, Gernot, *Philosophieren mit Kant, Zur Rekonstruktion der Kantischen Erkenntnis- und Wissenschaftstheorie, Frankfurt am Main 1986*

Chisholm, Roderick M, *Erkenntnistheorie, Eingeleitet und übersetzt von Rudolf Haller, München 2004*

Gabriel, Gottfried, *Grundprobleme der Erkenntnistheorie von Descartes bis Wittgenstein, Paderborn 1993*

Janisch, Peter, *Was ist Erkenntnis, Ein philosophische Einführung, München 2000*

Kutschera, Franz von, *Grundfragen der Erkenntnistheorie, Berlin/New York 1982*

Ludwig, Ralf, *Kant für Anfänger, Die Kritik der reinen Vernunft, 6. Auflage, München 1999*

Maturana, Humberto R., Varela, Francisco J., *Der Baum der Erkenntnis, Die biologischen Wurzeln menschlichen Erkennens, 11. Auflage, Bern und München 1987*

Scheidt, Friedrich, *Grundfragen der Erkenntnisphilosophie Historische Perspektiven, München 1986*

Schneider, Norbert, *Erkenntnistheorie im 20. Jahrhundert, Klassische Positionen, Stuttgart 1998*

Lektüreempfehlungen

René Descartes, *Abhandlung über die Methode*

John Locke, *Versuch über den menschlichen Verstand, Einleitung*

Hume, David, *Eine Untersuchung über den menschlichen Verstand, Abschnitt II-VIII*

Kant, Immanuel, *Der Streit der Fakultäten, Erster Abschnitt, Anhang*

Immanuel Kant, *Kritik der reinen Vernunft, Vorreden, Einleitung*

Maturana, Humberto R., Varela, Francisco J., *Der Baum der Erkenntnis, Die biologischen Wurzeln menschlichen Erkennens*

---

[38] Böhme, Gernot, Einführung in die Philosophie, Weltweisheit, Lebensform, Wissenschaft Frankfurt am Main 2. Auflage 1997, S. 333.

[39] Janisch, Peter, Was ist Erkenntnis, Ein philosophische Einführung, München 2000, S. 107.

Übungsaufgaben

1 Worauf fußt Wissen a) im Empirismus und b) im Rationalismus?
2 Ordnen Sie folgende Philosophen jeweils den erkenntnistheoretischen Richtungen des Empirismus und des Rationalismus zu: John Locke, René Descartes, David Hume, Baruch de Spinoza!
3 Unterscheiden Sie primäre und sekundäre Qualitäten bei Locke!
4 Wie begreift Kant Raum und Zeit?
5 Was versteht Kant unter seiner *Kopernikanischen Wende* in der Erkenntnistheorie?
6 Was kritisierte Hegel am Ansatz der Erkenntnistheorie!
7 Erklären Sie den Begriff *Autopoiesis!*
8 Welche Einwände lassen sich gegen den Biologismus in der Erkenntnistheorie anführen?

Metaphysik/Ontologie | 3.

Das Wort *Metaphysik* bezieht sich nach weit verbreiteter Meinung zunächst auf diejenigen Bücher des Aristoteles, die von seinem Herausgeber Andronikos von Rhodos (um 70 v. Chr.) zufällig *nach (griech. meta)* den Büchern über die Natur *(griech. physis)* angeordnet wurden *(meta ta physika – nach der Physik)*. Erst später sei die Bezeichnung auf die darin enthaltene Thematik übergegangen. Sachlich bezeichnet Metaphysik jene philosophische Disziplin, die den Bereich der Erfahrungswirklichkeit überschreitet und sich mit den letzten Prinzipien beschäftigt. Man unterscheidet die *allgemeine* Metaphysik *(lat. metaphysica generalis)* der Seinsstruktur und die spezielle Metaphysik *(lat. metaphysica specialis)*, die sich in sogenannte Gebiets-Metaphysiken aufteilt: Lehren über Gott als die Ursache der Welt, Theorien über die Seele, kosmologische Entwürfe. Als Gegenstände der Metaphysik gelten insbesondere: das Sein und das Nichts, Freiheit, Unsterblichkeit, Gott, Leben, Kraft, Materie, Wahrheit, Seele, Werden, Geist, Natur. Immanuel Kant begriff *Gott, Freiheit, Unsterblichkeit* als die Grundfragen der Metaphysik. Metaphysische Fragen sind nach Kant der menschlichen Vernunft ihrer Natur nach zwar „aufgegeben"; beantworten könne man sie jedoch nicht, *„denn sie übersteigen alles Vermögen der menschlichen Vernunft."*[1]

Gott, Freiheit, Unsterblichkeit

Sein (Ontologie) | 3.1

In seiner Schrift *Metaphysik* stellt Aristoteles die ontologische Frage, welches *„das Seiende als solches" (to on he on)* ist.[2] Der Name Ontologie – Seinslehre – taucht freilich erst in der Neuzeit auf. Der Ontologie als erster Teil der Metaphysik geht es *„um die Grundstrukturen des Wirklichen und Nichtwirklichen auf einer ganz allgemeinen Ebene (...)"*[3]

1 Kant, Immanuel, Kritik der reinen Vernunft, Werkausgabe Band 3, Herausgegeben von Wilhelm Weischedel, Frankfurt am Main 3. Auflage 1977, Vorrede, S. 11.

2 Aristoteles, Metaphysik, übersetzt von Hermann Bonitz, Auf der Grundlage der Bearbeitung von Hector Carvallo und Ernesto Grassi neu herausgegeben von Ursula Wolf, Reinbek bei Hamburg 1994, 1003a S. 97.

3 Meixner, Uwe, Einführung in die Ontologie Darmstadt 2004, S. 9.

3.1.1 | Drei Bedeutungen von „ist"

Das Kopula *„ist"* kann in natürlichen Sprachen je nachdem eine Aussage über die Existenz, eine Beziehung zur Identität und eine Klassenzugehörigkeit zum Ausdruck bringen. Dabei ist von einer ontologischen Bevorzugung der Existenzbedeutung von „ist" auszugehen, da die Behauptung *„Sokrates ist ein Mensch"* naturgemäß voraussetzt, dass Sokrates existiert.[4] Die drei Bedeutungen von *ist* erläutert Bertrand Russell (1872-1970) anhand des Satzes: *„Der gegenwärtige König von Frankreich ist kahlköpfig"*. Dieser sei in drei Teilaussagen zu zerlegen: *1.) Es gibt einen gegenwärtigen König von Frankreich (Existenzbehauptung); 2.) Es gibt nur einen gegenwärtigen König von Frankreich (Einzigkeitsbehauptung) und schließlich 3.) die Prädikation, dass dieser König kahlköpfig ist.* In der Philosophiegeschichte behauptete Thomas von Aquin (1225-1274) eine Vorrangstellung der Existenz vor der Essenz. Man könne das Wesen (Essenz) von etwas beschreiben, ohne zu wissen, ob es tatsächlich existiert. Im Vergleich zu einem Wesen ohne Existenz (geflügelte Pferde, Einhörner) seien jedoch existierende Entitäten von ontologischem Vorrang. Für Thomas war der Aspekt der *Existenz* letzten Endes wichtiger als die „Washeit" einer Sache.

3.1.2 | Stoff und Form

Beim Begriffspaar Stoff *(Materie – griech. hyle)* und Form *(griech. eidos – Aussehen, morphe Gestalt)* handelt es sich um einen der wichtigsten Dualismen in der abendländischen Philosophie. Nach Aristoteles besteht das Wesen der Dinge in einer Verbindung aus Stoff

hyle und eidos

(griech: hyle) und Form *(griech: eidos).* Die Form sei immer an eine bestimmte Materie gebunden (Hylemorphismus), wie zum Beispiel ein Porzellanteller die Tellerform hat und aus Porzellan besteht. Die Materie bestimmte Aristoteles als etwas, das der Möglichkeit *(griech. dynamis)* nach verwirklicht *(griech. energeia)* werden kann. Charakteristisch bei Aristoteles ist die Höherbewertung der Form: Alle Materie strebe zu ihrer ideellen Vervollkommnung. Nur Gott sei reine Form. In dieser Bestimmung lag der Anknüpfungspunkt für die Integration des Aristoteles in die christliche Lehre (Albert der Große,

[4] Ferber, Rafael, Philosophische Grundbegriffe Eine Einführung, 4. überarbeitete und erweiterte Auflage 1998, S. 120f.

1200-1280,Thomas von Aquin). Das Seiende befindet sich Aristoteles zufolge in ständiger Bewegung:

Zitat

„Und Natur ist auch das Prinzip der Bewegung der natürlichen Dinge, den Dingen inwohnend entweder dem Vermögen (dynamei) oder der wirklichen Tätigkeit nach (entelecheia)."[5]

Mit der Denkfigur des Strebens alles Stofflichen zur Form bereitet Aristoteles den Boden für die europäische Geschichtsphilosophie (Augustinus, Hegel, Marx), wonach es ein Ziel (Telos) der Geschichte gibt.

Wesen und Erscheinung 3.1.3

Insbesondere findet sich bei Aristoteles die Unterscheidungen zwischen Erscheinung (Schein) und Sein (Wirklichkeit) bzw. Wesen und Erscheinung. Es hat ja nur den Anschein, dass der Tisch, auf dem ich schreibe, in sich unbeweglich ist. Ein Physiker wird jedoch erklären, dass der Tisch wie alle Materie aus einer Unzahl von Molekülen besteht. Die Moleküle selbst werden wiederum von Atomen gebildet, in denen Elektronen sich in ständiger Bewegung befinden. Das Prinzip vom Phänomen mit rationalen Überlegungen zum Wesen der Dinge vorzudringen lässt sich bis an den Anfang der abendländischen Philosophie zurückverfolgen. So erklärten die *milesischen Naturphilosophen* das Bleibende bzw. den Urgrund – *arché* – in den Erscheinungen als Naturstoff – z. B. das Wasser bei Thales von Milet (625-545), das *apeiron* (das Grenzenlose) bei Anaximander von Milet (610-545) und die Luft bei Anaximenes von Milet (585-525), während die Pythagoreer in der Zahl das intelligible *(von lat. intelligere, dazwischen lesen, erkennen)* nur vom Verstand erfassbare Weltprinzip erfasst zu haben glaubten. Demokrit von Abdera (470-370/360) verknüpfte die Lehre von der Bewegung und Vielfalt des Heraklit von Ephesus (550-475) mit der des Seins (Parmenides, 515-445). Für unsere Sinnesorgane seien die Dinge voneinander unterschieden, in Wirklichkeit bestünden sie jedoch aus Atomen, die im Raum umhergewirbelt würden (*Atomismus*). Wieder einen anderen

5 Aristoteles, Metaphysik, a. a. O., 1015a, S. 133.

Zugang zum Sein wählte Platon (428-347), der zwischen Phänomenen (Erscheinungen) und der *Idee* unterschied. Ein konkretes Pferd gehöre zu den Phänomenen, während die Idee (gr. idea) des Pferdes dasjenige Prinzip darstellt, was alle Pferde wesentlich zu Pferden mache.

3.1.4 Substanz und Akzidenz

Die Unterscheidung Substanz *(von lat. substantia, das Zugrundeliegende, Selbstständige)* geht auf Aristoteles (für Substanz benutzte er das griechische Wort *ousia*, Eigentum, Besitz, Ding) zurück. Die Substanz sei ein aus Stoff und Form Zusammengesetztes und bilde das Dauerhafte und Zugrundeliegende in allen Veränderungen. Gemäß der aristotelischen *Kategorienlehre* müssen zehn Grundbegriffe *(Kategorien griech: kategorein, aussagen)* unterschieden werden, mittels derer wir unsere Urteile fällen: *Substanz, Qualität, Quantität, Relation, Ort, Zeit, Lage, Zustand, Tätigkeit, Leiden.* Wenn wir etwas über die Welt aussagen wollen, müssen diese Kategorien in Erscheinung treten. So lässt sich über *Sokrates* sagen, dass er ein Individuum *(Substanz)* ist, eine bestimmte Größe hat (*Quantität),* der Lehrer von *Platon* ist *(Relation),* gestern (*Zeit)* in Athen *(Ort)* weilte, dort lehrte (*Tätigkeit*) und Philosoph (*Qualität)* ist usw. Im Vergleich zur Substanz (dem Zugrundeliegenden) bezeichnen die anderen Kategorien *Akzidenzien* (Hinzukommendes, Zufälliges), zum Beispiel die Röte eines Buches usw.

Merksatz

„Aristoteles Substanzkonzeption zielt im wesentlichen auf die Frage nach der Einheit eines Gegenstandes vor dem Hintergrund einer Mannigfaltigkeit von (aspekthaften) Bestimmungen."[6]

Für Aristoteles kann die Substanz der Dinge (z. B. ein selbstständiges Einzelding wie eine Rose) nur in ihnen selbst liegen (Substanzontologie), zwar seien auch Gattungen (Mensch, Pferd) Substanzen, jedoch nur in einem abgeleiteten Sinn (Zweite Substanz).

Substanzontologie

In der Neuzeit stellte René Descartes (1596-1650) den Begriff der Substanz auf eine neue Grundlage. Substanz sei, was zu seiner Existenz nichts anderes benötige. In diesem Sinn sei Gott die einzige Sub-

[6] Mittelstrass, Jürgen, Die aristotelische Metaphysik, in: Brandt, Reinhard, Sturm, Thomas (Hg.), Klassische Werke der Philosophie Von Aristoteles bis Habermas, Stuttgart 2002, S. 29

stanz. Descartes postulierte einen radikalen Dualismus zwischen einer geistigen *(res cogitans)* und einer materiellen Substanz *(res extensa)*, deren Zusammenwirken freilich bei ihm weitgehend ungeklärt bleibt. Baruch de Spinoza (1632-1677) spricht von nur einer Substanz (Gott bzw. die Natur – deus sive natura), die sich in unendlich vielen Attributen – u. a. Materie und Geist – äußere. Leibniz schließlich pluralisiert in seiner Monadologie das Substanzkonzept: Es gebe unendlich viele nichtausgedehnte, unteilbare und unvergängliche Monaden, die als letzte Einheiten fungierten. Im Empirismus und bei Kant kommt es in der Folge zu einer Aushöhlung des Substanzbegriffes: Von einer „Substanz" könne der Mensch keine Erfahrung besitzen.

Wirklichkeit und Möglichkeit 3.1.5

Mit seiner Unterscheidung von Möglichkeit (dynamis) und Wirklichkeit (energiea) bringt Aristoteles zum Ausdruck, dass den Dingen eine Bestimmung zukommt.[7] Dazu führt der Heidelberger Philosoph Heimo Hofmeister aus:

Zitat

> „Das Sein eines Dinges ist für Aristoteles grundsätzlich durch Bewegung bestimmt, und diese Bewegung ist der Übergang des Dinges aus seiner Möglichkeit dynamis (lat.: potentia) in seine Wirklichkeit, energia (lat.: actio und actus, dt. auch Wirksamkeit, Tätigkeit). Entstehen ist daher nicht Werden aus dem Nichts, sondern das Hervorgehen eines Dinges aus etwas, in dem es vorerst nur seiner Möglichkeit nach ist, in die Wirklichkeit. So ist die Eichel ihrer Möglichkeit (und nicht schon ihrer Wirklichkeit) nach Eiche."[8]

Dass die Gegenstände so werden, wie sie sind, dafür zieht *Aristoteles* vier Ursachentypen – seit dem Mittelalter lateinisch „causa" benannt – heran: 1. Formursache (causa formalis), 2. Zweckursache (causa finalis), 3. Wirkursache (causa efficiens) und 4. Stoffursache (causa materialis). Am Beispiel eines Hauses wären die Steine, Mörtel usw. die Stoffursache, während der Bauplan der Formursache

[7] Mittelstrass, Jürgen, Die aristotelische Metaphysik, in: Brandt, Reinhard, Sturm, Thomas (Hg.), Klassische Werke der Philosophie Von Aristoteles bis Habermas, Stuttgart 2002, S. 29.

[8] Hofmeister, Heimo, Philosophisch denken, Göttingen 1991, S. 78.

gleichkäme. Als Wirkursache kämen z. B. die Bauarbeiter, aber auch der Auftraggeber usw. in Betracht; Zweck oder Ziel des Gebäudes könnte es zum Beispiel sein in ihm zu wohnen, zu arbeiten usw. Insgesamt geht Aristoteles von einem Bestreben (telos) in den Substanzen aus. Zum Beispiel strebe der Baum nach Wachstum, der Stein danach zu fallen. Mit dem Begriff der *entelechie (griech. Vollkommenheit)* bezeichnet er den Moment, in dem alle Lebensmöglichkeiten eines Lebewesens verwirklicht sind. Dabei sei es die Bestimmung des Menschen, sich zu einem möglichst rationalen Wesen zu entwickeln. *„Alle Menschen streben von Natur (physei) nach Wissen (eidenai); (...).*[9]

Entelechie

3.1.6 Universalien

Aristoteles befand sich mit seiner Seinslehre in einem Gegensatz zu Platon. Platon zufolge existiert neben der Erscheinungsform der konkreten Dinge die den Einzelerscheinungen zugrunde liegende *Idee* dieser Dinge, also neben den vielen Einzelexemplaren der Rose gleichsam die Idee einer Urrose. Die Idee der Rose enthält nach Platon mehr oder höheres Sein als die Einzelrose. Aristoteles kritisierte diese Platonische Ideenlehre. Das den Rosen Gemeinsame ist nach Aristoteles nicht unabhängig von den Einzelexemplaren existent, sondern ihnen als deren Wesenskern immanent. Um das Sein der Allgemeinbegriffe entbrannte im Mittelalter der sogenannte *Universalienstreit.* (vgl.8.2.3) Haben Begriffe wie „Lebewesen" oder „Mensch" eine über die Individuen hinausgehende Realität? Kommt ihnen eine eigene Wirklichkeit oder sogar stoffliche Dinglichkeit zu? Gibt es die Menschheit als Kern in jedem Einzelmenschen oder wie ist das Verhältnis von Gattung und Exemplar zu denken? Es standen sich die *Realisten* und die *Nominalisten* gegenüber. Die *Realisten* glaubten an die Existenz einer Substanz Menschheit im Unterschied zu jedem einzelnen Menschen, während für die *Nominalisten* der Begriff Menschheit einem bloßen Wort oder Namen gleichkam und als solcher wie Schall und Rauch (*flatus vocis*) sei. Dabei befindet sich der Nominalismus vor der Schwierigkeit erklären zu müssen, *„wie ein Zeichen, das doch als solches nur ein konkreter Gegen-*

Universalienstreit

[9] Aristoteles, Metaphysik, übersetzt von Hermann Bonitz, Auf der Grundlage der Bearbeitung von Hector Carvallo und Ernesto Grasssi neu herausgegeben von Ursula Wolf, Reinbek bei Hamburg 1994, 1003a, S. 97.

stand ist, als allgemeines fungieren kann, ohne für ein etwas Allgemeines zu stehen.“[10] Eine vermittelnde Position nimmt der *Konzeptualismus* ein, wonach es die Universalien zwar nicht in der Wirklichkeit gibt, wohl aber in unserem Geist.

Seinsstufen

3.1.7

Aristoteles' abgestuftes Naturmodell, wonach es niedere und höhere Seinsregionen gibt, beeinflusste die gesamte abendländische Metaphysik. Der Mensch stehe in der Hierarchie über dem Tier, das Tier über der Pflanze usw. „*Man kann sich den Zusammenhang der aristotelischen Metaphysik als Pyramide vorstellen, deren Basis die bloße Materie und deren Spitze das Göttliche ist.*“[11] Insgesamt sei der Kosmos voller Kraft und Energie auf einen unbewegten Beweger (als reinem Geist *noeseos noesis*, Denker des Denkens) hin ausgerichtet. Aristoteles' Gottheit greift nicht direkt in das Weltgeschehen ein, sondern hält die Natur über seine geistige Anziehungskraft in Bewegung. In der Scholastik griff Thomas von Aquin die Idee des Stufenaufbaus allen Seins vermittels des aristotelischen Begriffspaares *Wirklichkeit* und *Möglichkeit* auf. Dem Stein werde die Form bloß von außen gegeben. Mit den Pflanzen und Tieren sei schon eine höhere Seinsstufe erreicht, da sie mehr Möglichkeiten verwirklichen könnten. Der Mensch sei dem Tier, das im Gegensatz zur *vegetativen* Seele der Pflanze über ein *sensitives* Vermögen verfüge, insofern überlegen, als seine *Geistseele* unsterblich sei.

Zitat

„Wer es nämlich sorgfältig bedenkt, der wird finden, dass sich die Verschiedenheit der Dinge stufenweise vollzieht: denn über den unbelebten Körpern wird er die Pflanzen finden, über diesen die vernunftlosen Tiere und über diesen die geistigen Substanzen; und er wird bei den einzelnen Wesen Verschiedenheit finden, insofern die einen vollkommener als die anderen sind, bis dahin, dass die höchsten Vertreter einer niederen Gattung der höheren Gattung nahe scheinen und umgekehrt.“[12]

---

[10] Tugendhat, Ernst, Wolf, Ursula, Logisch-semantische Propädeutik, Stuttgart 1983, S. 131.

[11] Röd, Wolfgang, Kleine Geschichte der antiken Philosophie, München 1998, S. 212.

[12] Thomas von Aquin, Summe gegen die Heiden, 3 Bände, Herausgegeben und übersetzt von Karl Allgaier, Darmstadt 1996, Bd. III, S. 97.

3.2 | Transzendenz

3.2.1 | Gott

Aristoteles glaubte aufgrund dessen, dass es in der Wirklichkeit stets Abstufungen eines Mehr oder Weniger, eines Größeren und Kleineren usw. gebe, auf ein absolutes Gut, einen höchsten Wert schließen zu können, auf die sich diese Rangordnungen beziehen. Wegen der Tatsache, dass Dinge ihre Bewegung wiederum anderen Dingen verdanken, schloss er, dass diese Bewegerreihe nicht unendlich sein könne und mit etwas beginnen müsse, das zwar alles andere bewegt, aber selbst nicht mehr bewegt wird. Dieser *Erste Beweger (griech. proton kinoun akineon; lat. primum movens)* sei mit Gott identisch. Aristoteles' Idee wurde zum Kernargument des sogenannten *kosmologischen Gottesbeweises*, in dem mittels eines kausalen Rückschlusses auf einen Schöpfergott geschlossen wird. Die Erfahrung zeige, dass alles Existierende eine Ursache hat, die wiederum die Wirkung einer anderen Ursache ist. Soll sich diese Ursachenkette nicht bis ins Unendliche fortsetzen[13], müsse es eine erste Schöpfungsursache = Gott geben.

Erster Beweger

Beim berühmten *„ontologischen Gottesbeweis"* des Anselm von Canterbury handelt es sich eigentlich um einen *logischen* Gottesbeweis, da er aus dem *Begriff* der Vollkommenheit Gottes dessen Existenz ableitet.

Erläuterung

Der *ontologische Gottesbeweis* (erst seit Kant so genannt) findet sich in Anselms Schrift Proslogion (Anrede), genauer im zweiten Kapitel. Nach Anselm muss sich der Mensch Gott als dasjenige denken, über das hinaus Größeres nicht gedacht werden kann: *quo nihil maius cogitari potest.*[14] Existierte Gott nur in den Gedanken, so ließe sich etwas Größeres denken, nämlich dass er auch in Wirklichkeit ist. Deshalb könne Gott ohne Widerspruch nicht als nicht-existierend gedacht werden. Anselms Gottesbeweis gilt als von Kant widerlegt, der meinte, dass 100 gedachte und 100 wirkliche Taler gleich vollkommen seien. Die Tatsache ihrer Existenz oder Nichtexistenz spiele sich – logisch auf einer anderen Ebene ab: „Sein" – so Kant – sei kein rea-

[13] Nach Adorno besaßen die Griechen keinen eigentlichen Begriff der Unendlichkeit, Adorno, Theodor W., Metaphysik, Begriff und Probleme, Frankfurt am Main 1998, S. 91.

[14] Anselm von Canterbury, Leben, Lehre, Werke übersetzt, eingeleitet und erläutert von Rudolf Allers, Wien 1936, S. 357.

Erläuterung

les Prädikat. Während etwa die Aussage *„Gott ist allmächtig"* analytisch wahr sei, weil die Allmacht sinnvoll zum Begriff Gottes gehöre, sei die Aussage *„Es gibt Gott"* als Existenzialsatz anders zu betrachten.

Im *teleologischen* oder *physikologischen* (von griech. *telos*, Zweck, *physis)* Gottesbeweis wird von der zweck- und gesetzmäßigen Ordnung der Natur auf einen Gott geschlossen, der diese wunderbare Ordnung gemäß einem Plan geschaffen haben muss. Der teleologische Gottesbeweis feiert in jüngster Zeit in den USA sein Comeback. Mit dem *argument from design* glauben die sogenannten *Kreationisten* mittels Vernunft von der zweckmäßigen Organisation der Organismen einen *obersten Designer* herleiten zu können. Das blinde Darwinsche Evolutionsprogramm allein könne nicht erklären, wie es zu derart raffinierten schöpferischen Systemen wie dem Sozialverhalten eines Bienenvolkes geschweige denn Geist und Moralverhalten kommen könne.

Erläuterung

Dem Kreationismus widerspricht die theoretische Biologie, die seit Darwin davon ausgeht, dass die Evolution der Arten aufgrund von zufälliger Mutation und natürlicher Selektion der unter den jeweiligen Konkurrenzbedingungen reproduktiv Erfolgreichsten erfolgt. Wenn ein allwissender Schöpfergott für die Evolution der Arten verantwortlich sei, ergebe sich zum Beispiel das Problem, weshalb es auch Arten gibt, die aufgrund ihrer Unangepasstheit und Mangelhaftigkeit aussterben.

Seele | 3.2.2

In vielen Religionen gibt es die Vorstellung, dass die Seele den Zusammenbruch des Organismus überlebe und sich nach dem Tod in eine andere jenseitige Welt begebe. Ursprünglich wurde die Seele als eine Art Hauch gedacht; als ein Lebensgeist, den Gott dem Menschen einblies. Seele bedeutete soviel wie Atem, Blut, Leben. Bei den Orphikern, Pytagoreern und Heraklit verfestigte sich diese Vorstellung zur Idee einer Seelenwanderung. Der Mensch besitze etwas Unsterbliches, nämlich seine Seele, die nach dem Tode des vergänglichen Leibes sich wieder mit dem ewigen Kosmos vereinige. Platon versuchte die Unvergänglichkeit der Seele zu beweisen. Eines seiner Argumente behauptet eine Wesensverschiedenheit von Geist und

Körper beim Erkenntnisvermögen, welches immer dann am besten sei, wenn es sich ohne sinnliche Einflüsse rein auf die Sache konzentriere. Wolfgang Röd fasst Platos Seelenlehre zusammen:

Zitat

„Die Organe, mit deren Hilfe wir wahrnehmen, sind zwar körperlich; die Seele, mit der wir wahrnehmen, muss dagegen unkörperlich und somit einfach und unteilbar sein. Wenn die Seele aber keine Teile hat, kann sie sich auch nicht in Teile auflösen, d. h. sie kann nicht wie der Organismus sterben."[15]

Im Dialog *Phaidon* führt Sokrates – kurz vor seiner Hinrichtung – diese Lehre im Beisein seiner Freunde aus. Die Seele denke am besten, *„wenn nichts (...) stört, weder Gehör noch Gesicht, noch Schmerz und Lust, sondern wenn sie soviel wie möglich ganz für sich ist, indem sie den Körper gehen lässt und soweit wie möglich ohne Gemeinschaft und Berührung mit ihm dem wirklichen Sein nachgeht."*[16] Es gehöre zum Wesen des Philosophen sich so wenig wie möglich um seinen Körper und so viel wie möglich um seine Seele und die Erkenntnis zu kümmern. Vom Körper gelöst werde er nach dem Tod die reine von keiner Körperlichkeit getrübte Wahrheit erkennen.

Während Aristoteles' Lehre von der Unsterblichkeit der Seele nicht ganz eindeutig ist – ein Weiterleben der *individuellen* Seele scheint er nicht gekannt zu haben – war es der Neuplatoniker Plotin, der in der Spätantike Platons Unsterblichkeitsthese aufgriff, sie aber unter dem Einfluss der Gnosis (vgl. 8.2.2) abwandelte. So sei die Seele ihrem Wesen nach unkörperlich, habe aber versucht aus ihrer Verschmelzung mit dem Kosmos auszutreten und sich mit dem menschlichen Körper zu verbinden. Indem sie sich individualisierte, sei sie zersplittert worden und deshalb sei der Mensch ein *„gefallenes Geschöpf"*, dessen Ziel darin bestehen sollte, zur ursprünglichen Einheit mit dem Kosmos zurückzukehren.

Im Zeitalter der Aufklärung nahmen naturalistische und skeptische Argumente in Bezug auf die Seele zu. David Hume meinte, dass

[15] Röd, Wolfgang, Kleine Geschichte der antiken Philosophie, München 1998, S. 146.

[16] Platon, Phaidon. Nach der Übersetzung von Friedrich Schleiermacher neu durchgesehen Stuttgart 1984, zit. nach Henke, W. D. u.a., Zugänge zur Philosophie, 1. Auflage, Berlin 1995, S. 138f.

er mit dem Gedanken an einen identischen Bezugspunkt im Leben nichts anfangen könne. In Kants Kritizismus lässt sich die Existenz einer metaphysischen Seele weder beweisen noch widerlegen und für Friedrich Nietzsche bedeutete Seelenforschung nichts andres als eine vertiefte Auseinandersetzung mit der Erinnerung. Seit dem 18. Jahrhundert ist der Seelenbegriff zugunsten des Begriffs der Subjektivität und der Empfindsamkeit in den Hintergrund geraten. Vollends ins Hintertreffen geriet die Lehre von der Seele mit der Vorherrschaft der sprachanalytischen Philosophie, wonach metaphysische Begriffe sinnlos seien. Selbst in der Psychologie ist heute kaum noch von der Seele die Rede. Moderne Versuche einen irgendwie gearteten „Seelenpunkt" im Gehirn auszumachen, können als gescheitert angesehen werden. Freilich stellt sich weiterhin die Frage, ob bestimmte Aspekte des menschlichen Innenlebens mit dem Seelenbegriff besser in den Blick geraten können als mit benachbarten Begriffen wie Subjektivität, Geist oder Bewusstsein.

Freiheit

3.2.3

Gemäß Karl Jaspers (1883-1969) ist der Mensch dadurch frei, dass er alle Gegenständlichkeit überschreitet (transzendiert). Er sei kein Objekt unter anderen, das vor allem unter dem Aspekt der Gewordenheit zu betrachten ist, sondern offen, seine Zukunft selbst zu gestalten. Im Gegensatz dazu glauben Deterministen, dass menschliches Handeln wie alles Naturgeschehen unter festen kausalen Notwendigkeiten bzw. Gesetzmäßigkeiten stehe. Entscheidungen basierten auf Ursachen (materieller, physiologischer, mentaler oder soziologischer Art).

Definition

Determinismus *(lat. determinare = begrenzen)* bezeichnet die gesetzmäßige Bestimmtheit allen Seins. So seien auch die Willensregungen des Menschen durch bestimmte Faktoren notwendig und kausal vorherbestimmt. Mithin sei Freiheit nur eine Illusion.

Autonomie

Der Streit um die Willensfreiheit drückt sich in der Frage nach der Autonomie *(griech. auto = selbst und nomos = Gesetz)* bzw. Heteronomie *(griech. hetero = fremd und nomos = Gesetz)* des Handelns aus. Das Problem der Freiheit des Willens hat eine lange philosophische Tradition. Aristoteles unterschied in der *Nikomachischen Ethik* zwischen unfreiwilligen und freiwilligen Handlungen. Freiwillige Handlungen seien solche, deren *„Ursprung im Handelndem selbst"* sind. Auch Epikur geht trotz der von Demokrit übernommenen Atomtheorie von der Willensfreiheit des Menschen aus. Im Bereich des Mikrokosmos sei nämlich nicht alles determiniert, so dass Abweichungen und Zufälle – als *„metaphysische Schlupflöcher"* – die Willensfreiheit des Menschen ermöglichten. Die *Stoiker (vgl. 8.1.4)* meinten, dass wenn wir auch keinen Einfluss auf den Lauf der Dinge hätten, es zumindest möglich sei, ihnen gegenüber eine vernünftige Einstellung zu entwickeln. Zwischen Mittelalter und Neuzeit stritten sich Erasmus von Rotterdam (1469-1536) und Martin Luther (1472-1553) um das Problem der Willensfreiheit. Wie Augustinus – Luther war Augustinermönch gewesen – leugnete Luther den freien Willen, da alles von Gottes unerforschlichen Ratschlüssen und seiner Gnade abhänge. Für Erasmus hingegen war der *freie Wille* fester Bestandteil seines Humanismus. Gott habe dem Menschen Verstand und einen freien Willen gegeben, damit er sich moralisch und sittlich bewähren könne.

Merksatz

Hobbes, Spinoza, Nietzsche schließen die Willensfreiheit aus, während sie Leibniz, Voltaire, Rousseau, Kant und Sartre postulieren. Jean-Jacques Rousseau beharrte auf seiner Intuition: „Kein materielles Wesen ist durch sich selbst tätig; ich aber bin es. Man kann es mir bestreiten, ich fühle es, und dieses Gefühl, das zu mir spricht, ist stärker als die Vernunft, die es bestreitet."[17]

Auf der Basis neurophysiologischer Experimente bestreitet heute der Bremer Gehirnforscher Gerhard Roth (geb. 1942) die Willenfreiheit. Ende der 70er Jahre hätten gehirntomographische Messungen des Amerikaners Benjamin Libet (geb. 1916) gezeigt, dass jeder bewussten Handlungsabsicht sogenannte neuronale Bereitschaftspotentiale vorausliefen, die zwar unbewusst seien, die man aber gleichwohl messen könne. *„Dies bedeutet, dass die aktuelle Entscheidung, etwas zu tun, unbewusst erfolgt."*[18] In den Worten des Kognitionswissenschaftlers Wolfgang Prinz heißt dies: *„Wir tun nicht, was wir wollen, sondern wir wollen, was wir tun."*[19] Laborer-

---

[17] Rousseau, Jean-Jacques, Emile oder Über die Erziehung, Paderborn 1972, S. 292.

[18] Roth, Gerhard, Das Gehirn und seine Wirklichkeit, Kognitive Neurobiologie und ihre philosophischen Konsequenzen, Frankfurt a. Main 1997, S. 307.

[19] Prinz, Wolfgang, Freiheit oder Wissenschaft, in: Cranach, Mario v., Foppa, Claus (Hg.), Freiheit des Entscheidens und Handelns. Ein Problem der nomologischen Psychologie, Heidelberg 1996, S. 86-103.

gebnisse hätten gezeigt, dass die Willensfreiheit Illusion sei. *„Für mich ist unverständlich, dass jemand, der empirische Wissenschaft betreibt, glauben kann, dass freies, also nichtdeterminiertes Handeln denkbar ist.“*[20] Wie Prinz vertritt der Frankfurter Neurophysiologe Wolf Singer die These vom *Selbstmodell als sozialem Konstrukt: „Mir scheint unser Selbstmodell wesentlich dadurch geprägt (..), dass wir in Dialoge eintreten können des Formats ‚Ich weiß, dass du weißt, dass ich weiß‘ oder ‚Ich weiß, dass du fühlst, wie ich mich empfinde‘ usw. Solche iterativen Spiegelungsprozesse könnten die Erfahrung vermitteln, ein autonomer Agent zu ein, der frei über sich verfügen kann.“*[21]

Gegen den Determinismus der Hirnforscher argumentieren die Philosophen Jürgen Habermas und Julian Nida-Rümelin[22], dass menschliche Freiheit als die spezifische Fähigkeit Gründe abzuwägen und dieser Abwägung entsprechend zu handeln zu begreifen sei. Nach dem Berliner Philosophen Peter Bieri begehe man einen Kategorienfehler, wenn man zum Beispiel künstlerische Leistungen wie das Verfassen eines Gedichtes mit den Mitteln der Neurophysiologie verstehen wolle. Wie Bieri hat Franz von Kutschera naturalistische Reduktionen des Körper-Geist-Problems als *„falsche Objektivität“* bezeichnet,[23] da sie die Kontextualität des Denkens nicht genügend berücksichtigten. Jürgen Habermas wirft dem Determinismus Dogmatismus vor: *„Der Reduktionismus, der alle mentalen Vorgänge deterministisch auf die wechselseitigen kausalen Einwirkungen zwischen Gehirn und Umwelt zurückführt und dem ‚Raum der Gründe‘ eine Kraft der Intervention bestreitet, scheint nicht weniger dogmatisch zu verfahren als der Idealismus, der in allen Naturprozessen auch die begründete Kraft des Geistes am Werke sieht.“*[24]

---

[20] Prinz, Wolfgang, Der Mensch ist nicht frei, in Geyer, Christian, Hirnforschung und Willensfreiheit, Zur Deutung der neuesten Experimente, Frankfurt am Main 2004, S. 22.

[21] Singer, Wolf, Verschaltungen legen uns fest, in Geyer, Christian, Hirnforschung und Willensfreiheit, Zur Deutung der neuesten Experimente, Frankfurt am Main 2004, S. 48.

[22] Nida-Rümelin, Julian, Über menschliche Freiheit, Stuttgart 2005.

[23] Kutschera, Franz von, Die falsche Objektivität, Berlin, New York 1993.

[24] Habermas, Jürgen, Um uns als Selbsttäuscher zu entlarven, bedarf es mehr, Das Ich ist zwar sozial konstruiert, aber deshalb noch keine Illusion: Warum die Hirnforschung einen Kategorienfehler macht, wenn sie uns die Freiheit abspricht, in FAZ, 13. 11. 2004, S. 36.

Erläuterung

Kompatibilismus und Inkompatibilismus

Imkompatibilisten behaupten, dass sich Freiheit und Determination ausschließen. Wenn unsere Handlungen vollständig von Ereignissen der Vergangenheit determiniert sind, dann können sie gemäß des Imkompatibilismus nicht frei sein. Demgegenüber behaupten Kompatibilisten, dass freie Handlungen auch in einer vollständig deterministischen Welt möglich sind.[25] Als ein Beispiel für den Kompatibilismus sei die Theorie der sogenannten *Volitionen (Willensakte) zweiter Ordnung* von Harry G. Frankfurt angeführt. Wünsche erster Ordnung, wie der Griff zu einem Rotweinglas, seien zwar determiniert, nicht jedoch der höherwertige Wunsch (Volition zweiter Ordnung) kein Bedürfnis nach einem Glas Rotwein mehr zu verspüren. *„Frei wäre eine Handlung (...) dann, wenn die Volition zweiter Ordnung mit dem Willensakt erster Ordnung übereinstimmt, wenn ich also meinen Willensakt erster Ordnung in einer Volition zweiter Ordnung billigen kann."*[26] *(vgl. 4.1.2)*

Zu Immanuel Kants Begriff Kausalität aus Freiheit

Immanuel Kant definierte den freien Willen als eine besondere Art von Kausalität, nämlich als *„ein Vermögen, einen Zustand, (...) eine Reihe von Folgen desselben, schlechthin anzufangen"*[27]. Diese Kraft des Selbst wird auch als Fähigkeit zur *„Erstauslösung"* bezeichnet. Kants These der Willensfreiheit besagt, *„dass es im Innern eines jeden von uns ein dauerhaftes Etwas gibt, von dem behauptet wird, es sei der Ersturheber oder Erstauslöser von Entscheidungen und Beschlüssen (...)*[28] – allerdings mit der wesentlichen Einschränkung, dass ein solches Vermögen zwar postuliert werden müsse, jedoch empirisch nicht nachweisbar sei. Handlungen erfolgen aus Interessen, angeborenen Trieben, Neigungen usw. Und dennoch ist nach Kant davon auszugehen, dass es neben natürlichen Antrieben noch andere – nämlich moralische – Motive gibt. Die Freiheit des Menschen sei keine Angelegenheit der Naturwissenschaft, sondern eine der Moral. Vor dem Hintergrund der Ergebnisse der Hirnforschung, wonach Willensfreiheit nur eine Illu-

---

25 Pauen, Michael, Grundprobleme der Philosophie des Geistes, 2. Auflage, Frankfurt am Main 2001, S. 267.

26 Ebenda, S. 278.

27 Kant, Immanuel, Kritik der einen Vernunft Bd.2, in Werkausgabe Band IV, Herausgegeben von Wilhelm Weischedel, Frankfurt am Main 3. Auflage 1977, (B474, A 446), S. 429.

28 Honderich, Ted, Wie frei sind wir? Das Determinismus-Problem, Stuttgart 1995, S. 55.

sion sei, hat Kants Freiheitsbegriff unverminderte Bedeutung. In der *Kritik der praktischen Vernunft* führt Kant seinen Gedanken einer *Kausalität aus Freiheit* aus. Wie ist Freiheit möglich, wenn doch alle Naturerscheinungen unter dem Gesetz der Kausalität stehen? Freiheit – gedacht als spontaner Schöpfungsakt bzw. Neubeginn einer Kausalkette – ist möglich, weil der Mensch nach Kant zwei Welten angehört: als *Sinnenwesen* der Welt der Natur (hier ist er den Naturgesetzen unterworfen und *heteronom* bestimmt) und als Geistwesen einer *intelligiblen Welt*, in der er sich als frei und vernunftbegabt (autonom) erfährt.

Kritik der praktischen Vernunft

Zitat

„Unter Zugrundelegung der Differenz von Ding an sich und Erscheinung ist nach Kant widerspruchsfrei zu denken, dass der menschliche Wille den sichtbaren Handlungen nach unter Naturgesetzen steht, und dass der Mensch dennoch als intelligibles Wesen (bzw. Ding an sich), seinen inneren Entscheidungen nach, frei ist..“[29]

Wie Friedrich Scheidt weist auch Otfried Höffe auf Kants Kritik an der vom Materialismus infrage gestellten Willensfreiheit hin. *„Ereignisse sind nur soweit determiniert, wie ‚man sich im Umkreis möglicher Erfahrung bewegt‘. Außerhalb der Erfahrung dagegen bleibt die Freiheit zumindest denkmöglich (...)“*[30] Bezogen auf die Moral meint Kant, dass es Willensfreiheit gibt, wie sonst könnten wir verstehen, dass Menschen ihr Handeln gemäß dem Moralgesetz und nicht nach ihrem eigenen Vorteil ausrichten. *„Nun gibt es doch etwas in der menschlichen Vernunft, was uns durch keine Erfahrung bekannt werden kann, und doch seine Realität und Wahrheit in Wirkung beweiset, (...) Dieses ist der Begriff der Freiheit, und das von dieser abstammende Gesetz des kategorischen, d. i. schlechthin gebietenden Imperativs.“*[31]

---

29 Scheidt, Friedrich, Grundfragen der Erkenntnisphilosophie, Historische Perspektiven, München, Basel 1986, S. 175.

30 Höffe, Otfried, Der entlarvte Ruck. Was sagt Kant den Gehirnforschern? In: Geyer, Christian (Hg.), Hirnforschung und Willensfreiheit Zur Deutung der neuesten Experimente, Frankfurt am Main 2004, S. 179.

31 Verkündigung des nahen Abschlusses eines Traktats zum ewigen Frieden in der Philosophie, in: Kant Werke, Band 5, Darmstadt, S. 408.

3.3 | Geschichtsmetaphysik

Spekulationen über ein Ziel oder einen bestimmten Verlauf, Zweck der Geschichte gehören zum festen Bestandteil der abendländischen Metaphysik. So wurde zum Beispiel in der Stoa angenommen, dass die Welt irgendwann zugrunde gehe und sich wieder neu errichte. Die christliche Eschatologie postuliert als Endzweck eine göttliche Erlösung durch den Messias. Während optimistische Geschichtsphilosophien (Hegel, Marx) einen Fortschritt in der historischen Entwicklung annehmen, sprechen Kulturpessimisten (Rousseau, Nietzsche, Spengler) vom historischen Zerfallsprozess.

3.3.1 | Aurelius Augustinus

De Civitate Dei

Aurelius Augustinus unterschied in seiner berühmten Schrift *De Civitate Dei – Über den Gottesstaat (413-426 n. Chr.)* zwischen einem Erden- und Gottesstaat, die sich beide einander durchdringen würden. Unser ursprüngliches Sein im Paradies sei geschichtslos gewesen. Die Geschichte habe erst mit dem Sündenfall begonnen. Nun sei der Mensch verurteilt bis zur Auferstehung in der Fremde zu leben. Der Erdenstaat sei Teufelswerk (mit der Einschränkung dass das Römische Imperium gegen das Chaos eine gewisse Ordnung schaffe), der Gottesstaat hingegen vereinige die Guten. Die Zukunft sei dem ideellen Gottesstaat beschieden. Während in unserer Welt aufgrund des Sündenfalls die guten und die schlechten Menschen noch vermischt sind, werden nach der Auferstehung nur noch die Auserwählten der Gnade Gottes teilhaftig.

3.3.2 | Georg Wilhelm Friedrich Hegel

Für Hegel liegt der Sinn der Geschichte darin, dass die Menschheit einen immer klareren Begriff über das Wesen der Freiheit entwickelt. Dabei begriff Hegel Freiheit nicht wie im Liberalismus als Freiheit gegen den Staat (negative Freiheit), sondern als gelungene Vermittlung zwischen Individuum und Gesellschaft. Der Mensch sei kein atomisiertes Wesen, sondern immer auf die Anerkennung von anderen angewiesen.[32] Nach Hegel verläuft die Weltgeschichte wie der Tag von

[32] Vgl. Baberowski, Jörg, Der Sinn der Geschichte, Geschichtstheorien von Hegel bis Foucault, München 2005, S. 60.

Ost nach West. In den archaischen Kulturen sei nur einer, der Despot, *frei* gewesen. „*Die Orientalen wissen es noch nicht, dass der Geist oder der Mensch als solcher an sich frei ist; weil sie es nicht wissen, sind sie es nicht; sie wissen nur, dass Einer frei ist, (...) dieser Eine ist (...) nur ein Despot.*“[33] Die Griechen und die Römer hätten schon gewusst, dass einige frei seien, nämlich die Vollbürger im Gegensatz zu den Sklaven und Frauen. Doch erst im modernen Europa sei es zum allgemeinen Bewusstsein gekommen, dass alle Menschen frei sind (Französische Revolution). Für Hegel ist mit diesem modernen Bewusstsein der Freiheit überhaupt das Ende der Geschichte erreicht, weil sich diese Grunderkenntnis im Staatsaufbau (Familie, bürgerliche Gesellschaft, Staat), den Grundrechten (Meinungsfreiheit, Eigentum) und damit den Prinzipien des modernen Rechtsstaates niedergeschlagen hätten. Die Menschheit habe zukünftig lediglich die Aufgabe diese Prinzipien mit Leben zu erfüllen.[34]

Literatur

Baberowski, Jörg, *Der Sinn der Geschichte, Geschichtstheorien von Hegel bis Foucault, München 2005*

Falke, Gustav-Hans H., *Begriffne Geschichte, Berlin 1996*

Karl Marx

3.3.3

Die wohl einflussreichste Geschichtsphilosophie entstammt der dialektischen Lehre von Karl Marx.[35]

Definition

Dialektik *(griech. dialektike = Unterredungskunst)* bedeutet bei Platon die Wissenschaft aus der Gegenüberstellung verschiedener Meinungen zu allgemeinen Schlussfolgerungen zu kommen. Der dialektische Gang umfasst die drei Stufen These, Antithese, Synthese, die bei Hegel durch die Beifügungen *an sich, für sich, an und für sich* angezeigt werden. „Aufheben“ hat hierbei die dreifache Bedeutung von beseitigen, bewahren und auf eine höhere Stufe heben. Friedrich Engels glaubte dialektische Gesetze, wie den plötzlichen Umschlag von der Quantität in die Qualität

Dialektik

33 Hegel, Georg Wilhelm Friedrich, Vorlesungen über die Philosophie der Geschichte, in: Werke, a. a. O., Bd. 12 S. 31.

34 vgl. dazu auch Fukuyama, Francis, Das Ende der Geschichte, München 1992.

35 vgl. Israel, Joachim, Der Begriff Dialektik, Erkenntnistheorie, Sprache und dialektische Geschichtswissenschaft, Reinbek bei Hamburg 1979.

Definition

nicht nur in der Entwicklung der Menschheitsgeschichte (Revolutionen), sondern auch in der Natur feststellen zu können: Zum Beispiel verwandelt sich Wasser bei 100 Grad aus dem flüssigen in den luftförmigen Zustand, wobei *„die bloße quantitative Veränderung der Temperatur einen qualitativ veränderten Zustand des Wassers herbeiführt."*[36]

Im *Vorwort zur Kritik der politischen Ökonomie* fasste Marx den *Historischen Materialismus,* wonach die ökonomische Basis einer Gesellschaftsformation ihren ideologischen Überbau bestimmt, zusammen:

Zitat

„Die Gesamtheit (der) Produktionsverhältnisse bildet die ökonomische Struktur der Gesellschaft, die reale Basis, worauf sich ein juristischer und politischer Überbau erhebt und welcher bestimmte gesellschaftliche Bewusstseinsformen entsprechen. Die Produktionsweise des materiellen Lebens bedingt den sozialen, politischen und geistigen Lebensprozess überhaupt. Es ist nicht das Bewusstsein der Menschen, das ihr Sein, sondern umgekehrt ihr gesellschaftliches Sein, das ihr Bewusstsein bestimmt. Auf einer gewissen Stufe ihrer Entwicklung geraten die materiellen Produktivkräfte der Gesellschaft in Widerspruch mit den vorhandenen Produktionsverhältnissen oder, was nur ein juristischer Ausdruck dafür ist, mit den Eigentumsverhältnissen, innerhalb deren sie sich bisher bewegt hatten. Aus Entwicklungsformen der Produktivkräfte schlagen diese Verhältnisse in Fesseln derselben um. Es tritt dann eine Epoche sozialer Revolutionen ein."[37]

Die Geschichte nehme ihren gesetzmäßigen Verlauf über die Gesellschaftsformationen der Urgesellschaft, der Sklaverei, des Feudalismus, des Kapitalismus, des Sozialismus und erreiche schließlich im Höchststadium des Kommunismus das *Reich der Freiheit.* Im *Kommunistischen Manifest* sah Marx den Sieg des Kapitalismus überall in der Welt (Globalisierung) voraus. *„Das Bedürfnis nach einem stets ausgedehnteren Absatz für ihre Produkte jagt die Bourgeoisie über*

[36] Engels, Friedrich, Herrn Eugen Dührings Umwälzung der Wissenschaft („Anti-Dühring"), in MEW Bd. 20, Berlin 1975, S.117f.

[37] MEW Bd. 13, S. 8f.

die ganze Erdkugel. Überall muss sie sich einnisten, überall anbauen, überall Verbindungen herstellen. Die Bourgeoisie hat durch ihre Exploitation (Ausbeutung Nutzbarmachung R.R.) des Weltmarkts die Produktion und Konsumtion aller Länder kosmopolitisch gestaltet.“[38] Doch mit ihren Siegen schafften sich die Unternehmer mit der Klasse des Proletariats auch ihren Totengräber. Denn der Kapitalismus breche durch die Wirkung seiner eigenen Gesetzmäßigkeit zusammen. Das *Konzentrationsgesetz* führe dazu, dass die großen Unternehmen die kleineren schlucken. Das Verelendungsgesetz besagt, dass die Kapitalisten – relativ betrachtet – immer reicher und die Arbeiter immer ärmer werden. Das Gesetz des *tendenziellen Falls der Profitrate* führe dazu, dass im „Spätkapitalismus“ das Spekulationskapital die Ökonomie beherrscht. Dann aber werde die Arbeiterklasse das Privateigentum an Produktionsmitteln beseitigen (Exploitation der Exploiteure) und nach der Revolution die planmäßige Organisation der Wirtschaft übernehmen. Marx zufolge führe dies in den Kommunismus, in dem die Menschen frei nach ihren Bedürfnissen leben und – wie es in der *Deutschen Ideologie* heißt – morgens fischen, mittags jagen, abends Viehzucht treiben und nach dem Essen kritische Argumente austauschen könnten. Zu Marx' Geschichtsphilosophie stellt der Bremer Wirtschaftswissenschaftler Rudolf Hickel fest: „*Sein wesentlicher Irrtum ist der historische Determinismus, nämlich die Vorstellung, dass sich der Kapitalismus gesetzmäßig entwickelt, dass dieses Gesetz beschrieben wird durch den tendenziellen Fall der Profitrate und dass langfristig das System zusammenbricht. Diese These hat sich als falsch erwiesen, weil der Kapitalismus immer wieder neue Formen des Umgang mit seiner Krise gefunden hat.*“[39]

Merksatz

In seinem sozialphilosophischen Hauptwerk Die offene Gesellschaft und ihre Feinde (1945) sowie seiner Studie Das Elend des Historizismus kritisierte der österreichisch-englische Philosoph Karl R. Popper jede Art von Geschichtsphilosophie: „Der Historizismus verwechselt (...) Interpretation(en) mit Theorien (...)“[40]

Literatur

Rabehl, Bernd, *Geschichte und Klassenkampf, Einführung in die marxistische Geschichtsbetrachtung der Arbeiterbewegung, Berlin 1973*

38 Marx, Karl, Engels, Friedrich, Manifest der Kommunistischen Partei, in: MEW 4, S. 465f.

39 Spiegel Streitgespräch mit Paul Nolte über die Irrtümer des Marxismus und Alternativen zur Globalisierung in: Der Spiegel 36/2005, S. 102.

40 Popper, Karl R., Das Elend des Historizismus, Tübingen 1969, S. 118.

3.4 | Kritik und Permanenz der Metaphysik

Antimetaphysisches Denken findet sich in der Antike bei Demokrit und Epikur. Metaphysische Behauptungen wie Aristoteles' *Es gibt ein erstes leitendes Prinzip,* Platons *Idee des Guten*, Plotins *das Eine*, Spinozas *Substanz, die höchste Monade* Leibniz', *das transzendentale Ich* bei Fichte, *das Absolute* bei Schelling und Hegel[41] wurden von Kant mit dem Argument bestritten, dass es über die Erfahrung hinausgehende – metaphysische – Erkenntnisse nicht wirklich gibt. Im 19. Jahrhundert verspottete Friedrich Nietzsche

Hinterweltler

Metaphysiker als „Hinterweltler"[42] Martin Heidegger und der logische Positivismus des Wiener Kreises treffen sich – aus unterschiedlichen Gründen – in ihrer Metaphysikkritik.

Heidegger meint, dass am Anfang der abendländischen Philosophie Denker wie Heraklit und Parmenides noch eine Ahnung vom immanenten Sein – einem Sein, das sich ebenso entbirgt, wie es sich ins Geheimnis hüllt – gehabt hätten. Doch dann habe Platon damit begonnen, transzendentale bzw. essentialistische Erklärungen (Metaphysik) zu suchen und die Wahrheit als Idee *(griech. idea, Urbild, Form)* gefasst. Technik und Theorie hätten in der Neuzeit die Aussicht auf eine wirklich freie Existenz dadurch verstellt, dass man glaube, die Wirklichkeit durch Berechnung (Methode und Mathematik) beherrschen zu können. In seinem Hauptwerk „*Sein und Zeit*" (1927) entwickelte Heidegger eine metaphysikkritische Fundamentalontologie, das heißt eine existenziale Analyse des menschlichen Daseins. Der Sinn des Daseins sei im Gegensatz zu den ewigen metaphysischen Formen durch seine Faktizität und Zeitlichkeit bestimmt. Wegen seines *Seins zum Tode* müsse sich der Mensch immer wieder neu darauf besinnen, welche Existenz er führen wolle; er sei – so Heidegger – *„Das Seiende, dem es in seinem Sein um dieses selbst geht"*.[43] Als fundamentale *Existenzialien* (grundlegende Merkmale des menschlichen Daseins im Gegensatz zur kategorialen Dingbestimmung nach Kant) werden von Heidegger die *Befindlichkeit,* das *Verstehen* und die *Rede* bestimmt.

---

[41] vgl. Hügli, Anton; Lübcke, Poul (Hg.), Philosophielexikon 1997, S. 424.

[42] Nietzsche, Friedrich, Also sprach Zarathustra in: Sämtliche Werke. Kritische Studienausgabe, hrsg. von Giorgio Colli und Mazzino Montinari, Bd. 4., 3. Aufl., München 1993, S. 35ff.

[43] Heidegger, Martin, Sein und Zeit, 16. Auflage, Tübingen 1986, S. 42.

Scheinprobleme der Philosophie

In dem Aufsatz *Scheinprobleme der Philosophie (1928)* wandte sich Rudolf Carnap gegen die Metaphysik mit dem Argument, dass es unsinnig sei, sich wie Heidegger mit Themen wie dem Sein oder dem Nichts zu beschäftigen, da Wörter wie *„sein“* und *„nichts“* nur als Hilfsverb bzw. Adverb sinnvoll zu gebrauchen seien. Logisch sinnvoll könne der Ausdruck „nichts“ nur verwendet werden, wenn es darum gehe, die Existenz eines Dinges bzw. Sachverhaltes zu verneinen, etwa zu entscheiden, ob es regnet oder nicht. „Dass es regnet“ sei wiederum über einen Protokollsatz zu verifizieren. Demgegenüber führt die Substantivierung von Wörtern wie Sein und Nichts nach Carnap lediglich zu philosophischen *Scheinproblemen*. Carnap wollte alle Begriffe auf ihre unmittelbare Grundlage in der Erfahrung zurückführen. Er glaubte an eine wissenschaftliche Einheitssprache (Idealsprache), die vollständig logisch durchkonstruiert sinnlose Phrasen eliminiere. Metaphysische Sätze dienten lediglich zum Ausdruck eines – zum Beispiel künstlerischen oder religiösen – Lebensgefühls. *„Die Kritik Carnaps an der Metaphysik ergibt sich folgerrichtig aus der Grundauffassung des sog. Positivismus oder Neopositivismus, als der Lehre, dass nur ein aus der Erfahrung allein gewonnenes Wissen sachlich zulässig sei.“*[44]

Zitat

> Dem Argument des logischen Positivismus, es sei sinnlos über den Sinn des Lebens und des Todes zu spekulieren hält der Existenzphilosoph E. M. Cioran entgegen: „Es ist sinnlos zu behaupten, der Tod sei das Ziel des Lebens. Aber was lässt sich sonst sagen?“[45]

In jüngster Zeit kritisieren Jean-Francois Lyotard und Jürgen Habermas die Metaphysik. Als Vertreter der Postmoderne leitete Jean-Francois Lyotard (1924-1998) mit seinem Werk *„Das postmoderne Wissen“*[46] den *Abschied vom Prinzipiellen* (Odo Marquard) ein. Lyotard proklamierte das Ende der *„Großen Erzählungen“* z. B. von Hegel, Marx und Freud, die für ihn Spielarten metaphysischer Systeme sind. Mit anderen philosophischen Voraussetzungen kritisiert Jürgen Habermas an der traditionellen Metaphysik Aspekte des Einheitsdenkens, ihren Idealismus und Hang zur bloßen Kontemplati-

---

[44] Risse, Wilhelm, Metaphysik, Grundthemen und Probleme, München 1973, S. 9.

[45] Cioran, E. M., Gevierteilt, Frankfurt am Main 1982, S. 148.

[46] Lyotard, Jean-Francois, Das postmoderne Wissen, Graz-Wien 1986.

on.[47] Habermas fordert ein nachmetaphysisches Denken, in der die Philosophie die konkrete Lebenswelt nicht einfach so überspringen dürfe und sich nicht mehr auf eine sich selbst gleich bleibende metaphysische Ideenwelt bezieht.

Im Gegensatz dazu glaubt der Heidelberger Philosoph Dieter Henrich (geb. 1927)[48] an die Permanenz der Metaphysik. Gerade in der Moderne müsse – so Henrich – die Beziehung zwischen unserem Leben und der Gesamtverfassung des Daseins ein Anliegen der Philosophie sein. Metaphysik sei unentbehrlich, wenn es um die Fragen des Sinns und des Lebensganzen gehe. Theodor W. Adorno gewinnt der Metaphysik das Positive ab, dass es in ihr – wie bei Aristoteles in seiner Kritik an Platon – um *Kritik und Rettung*[49] geht: *Kritik an einer von der Empirie abgehobenen Gesamtsicht des Seins, Rettung ihrer idealistischen Impulse.* Nach Adorno geht es der Metaphysik um den „*Versuch (...) aus reinem Denken das Absolute oder die konstitutiven Strukturen des Seins und der Erkenntnis zu bestimmen; also nicht dogmatisch; nicht aus Offenbarung und nicht als ein Positives, (...) sondern (...) durch den Begriff.*"[50]

Literatur

Adorno, Theodor W., *Metaphysik, Begriff und Probleme, Frankfurt am Main 1998*

Baberowski, Jörg, *Der Sinn der Geschichte, Geschichtstheorien von Hegel bis Foucault, München 2005*

Heidegger, Martin, *Einführung in die Metaphysik, Tübingen, 6. Auflage, 1998*

Oelmüller, Willi (Hrsg.), *Metaphysik heute?, Paderborn 1987*

Risse, Wilhelm, *Metaphysik, Grundthemen und Probleme, München 1973*

Strawson, Peter F., *Analyse und Metaphysik, Eine Einführung in die Philosophie, München 1994*

Wenzel, Uwe Justus (Hg.), *Vom Ersten und Letzten Positionen der Metaphysik in der Gegenwartsphilosophie, Frankfurt am Main 1998*

---

47 vgl. Reese-Schäfer, Walter, Jürgen Habermas, Frankfurt am Main 1991, S. 94.

48 Henrich, Dieter, Was ist Metaphysik – was Moderne? Zwölf Thesen gegen Jürgen Habermas, in Henrich, Dieter, Konzepte. Essays zur Philosophie der Zeit, Frankfurt am Main 1987, S. 11-43.

49 Adorno, Theodor W., Metaphysik Begriff und Probleme, Frankfurt 1998, S. 35.

50 Ebenda, S. 18.

Lektüreempfehlung

Theodor W.Adorno, *Metaphysik, Begriff und Probleme, 1-5. Vorlesung*

Aristoteles, *Metaphysik Erstes, achtes und neuntes Buch*

Strawson, Peter F., *Analyse und Metaphysik, S. 45-73*

Carnap, Rudolf, *Scheinprobleme der Philosophie, Das Fremdpsychische und der Realismusstreit, Frankfurt am Main*

Julius Ayer, *Sprache, Wahrheit, Logik, Stuttgart, 1970, S. 53-55*

Heidegger, Martin, *Einführung in die Metaphysik*

Übungsaufgaben

1. Wie lässt sich (nach einer weit verbreiteten Meinung) der Begriff *Metaphysik* herleiten?
2. Welche Fragen begriff Kant als Probleme der Metaphysik?
3. Womit beschäftigt sich die Ontologie?
4. Welche drei Bedeutungen hat die Kopula „ist“?
5. Nennen Sie die vier Ursachentypen bei Aristoteles!
6. Erläutern Sie Kants Begriff *Kausalität aus Freiheit!*
7. Worin besteht nach Hegel der Sinn der Geschichte?
8. Welche Kritik übt Karl R. Popper an der Geschichtsphilosophie?

4. Ethik

Die Ethik *(von griech. Ethos, Gewohnheit, Sitte, Gebräuche)* zählt zur praktischen Philosophie und beschäftigt sich mit der Frage: *„Wie soll ich handeln?“* Man unterscheidet zwischen der *allgemeinen Ethik* und der *angewandten Ethik*. Die allgemeine Ethik erörtert fundamentale Fragen der Moral, während es in der angewandten Ethik um die Klärung bereichsspezifischer Probleme geht. Die allgemeine Ethik untergliedert sich in *(1) deskriptive, empirische Ethik, (2) normative Ethik* und *(3) Metaethik*. Die *deskriptive (beschreibende)* Ethik untersucht psychologische, biologische, ethnologische, soziologische und historische Grundlagen der Moral. Sie vermittelt Fakten und entwickelt erklärende Theorien über ethische Phänomene zum Beispiel über den Einfluss von klimatischen, ökonomischen und anderen Faktoren auf die Moral. Die *normative (normbildende, normbegründende) Ethik* widmet sich der Frage, welche Normen, Werte und Regeln gelten sollten. Sie fragt nach den ethischen Prinzipien eines für alle guten Lebens. *Die Metaethik (sprachanalytische Ethik)* untersucht von einem möglichst neutralen Standpunkt aus die allgemeine Möglichkeit von Moral, ihre begrifflichen und tatsächlichen Voraussetzungen, die Sprache und die Logik moralischer Diskurse und Argumentationen.

Allgemeine und angewandte Ethik

Merksatz

Einige Autoren behaupten, dass die Bezeichnung „deskriptive Ethik“ „widersprüchlich (ist), weil Ethik per se mit Begründung zu tun hat (...)[1] und nicht empirisch ist. So gesehen handele es sich beim Ausdruck „normative Ethik“ lediglich um einen Pleonasmus (überflüssig gehäufte Bezeichnung).

In jeder Gesellschaft gibt es ein komplexes System moralischer Grundregeln, von Geboten, Normen und Werturteilen. Während Konventionen und Gesetze kulturell bedingt sind, hebt Jürgen Habermas den Allgemeinheitscharakter moralischer Regeln hervor: *„Erst der Anspruch auf allgemeine Geltung verleiht einem Interesse, einem Willen oder einer Norm die Würde moralischer Autorität.“*[2] Auch der Göttinger Philosoph Günther Patzig verweist auf den universalen Aspekt der Moral: Es gehöre *„zum Sinn jedes morali-*

---

1 Leist, Anton, Die gute Handlung Eine Einführung in die Ethik, Berlin 2000, S. 55, vgl. Kutschera, Franz von, Grundlagen der Ethik, 2. völlig neu bearbeitete Auflage Berlin, New York, 1999, S. 43f.

2 Habermas, Jürgen, Moralbewusstsein und kommunikatives Handeln, 5. Auflage, Frankfurt a. Main, 1992, S. 59.

schen Urteils, dass derjenige, der es abgibt, mit dem Urteil zugleich behaupten muss, es wäre besser, wenn alle so urteilten wie er selbst."[3]

Erläuterung

Menschliches Handeln lässt sich einerseits in den Bereich der *technischen Regeln* und der *Spielregeln* und anderseits in den Bereich der *Verhaltensregeln* wie Konventionen, moralischen Regeln und Rechtsnormen einteilen. Unter einer Konvention oder Etikette versteht man eine soziale Gepflogenheit, die innerhalb eines bestimmten Gesellschafts- bzw. Kulturkreises gilt (Begrüßungsgesten, Kleiderordnung, Tischsitten). Hier werden Regelverstöße missbilligt, aber im Unterschied zur Übertretung von Rechtsnormen meist nicht staatlich sanktioniert. Konventionen und Rechtsnormen gelten nur für einen bestimmten Kulturraum sowie für eine bestimmte Zeit. Im Unterschied dazu erheben moralische Normen – z. B. Versprechen zu halten, nicht zu lügen, in Not geratenen Menschen zu helfen – einen Allgemeinheitsanspruch.[4]

Parallel zu der wachsenden Spezialisierung der gesellschaftlichen Tätigkeiten haben sich in den letzten Jahrzehnten auch spezielle Bereichsethiken herausgebildet, sodass die *angewandte Ethik* eine immer wichtiger werdende Rolle spielt. Der angewandten Ethik geht es um die Klärung der im Einzelfall zu geltenden und anzuwendenden Grundsätze allgemeiner Normen in Bereichen wie Umwelt, Wirtschaft, Medien, Technik und Medizin.

Allgemeine Ethik | 4.1

Deskriptive Ethik | 4.1.1

Das Erkenntnisinteresse der deskriptiven Ethik zielt u. a. darauf ab, die Sitten, Gebräuche und Normen, wie sie sich in den verschiedenen Zeiten und Gesellschaften entwickelt haben, zu beschreiben. Sie selbst formuliert keine normativen Behauptungen und beschreibt nur, dass man beispielsweise in einer bestimmten Religion bestimmte Speisen nicht essen soll. Bei der deskriptiven Ethik handelt es sich nicht eigentlich um eine philosophische, sondern

[3] Patzig, Günther, Ethik ohne Metaphysik, 2. Auflage, Göttingen 1983, S. 74.
[4] vgl. Ebenda S. 9f.

um eine empirische Disziplin (Ethnologie, Soziologie, Geschichtswissenschaft, Psychologie), die die psychologischen, biologischen, sozialen und historischen Grundlagen moralischer Phänomene untersucht. Beispiele deskriptiver Ethik sind historische Sittenspiegel, kulturhistorische und ethnologische Untersuchungen, aber auch Umfragen zu den derzeit geltenden Moralvorstellungen, aus denen dann bestimmte Schlüsse gezogen werden können. Lawrence Kohlbergs entwicklungspsychologisches Stufenmodell der Moral und Claude Lévi-Strauss' strukturale Anthropologie zeigen, wie sich empirische Moralforschung und philosophische Fragestellungen nicht immer eindeutig voneinander trennen lassen.

Stufenmodell der Moral (L. Kohlberg)

Lawrence Kohlberg (1927-1987) versuchte aufgrund von empirischen Untersuchungen (Interviewtechniken) zu erklären, wie sich moralisches Bewusstsein entwickelt. Dabei legte er Probanten moralische Dilemmata vor und forderte sie auf zu überlegen, was sie tun würden und ihre Entscheidung zu begründen. Seine Theorie der stufenförmigen Moralentwicklung fußt auf einer Studie, die er mit 72 Jungen aus Chicago (10,13,16 Jahre) durchführte. Kohlberg geht von drei größeren Ebenen – präkonventionelle, konventionelle, postkonventionelle Ebene – aus, die er jeweils in zwei verschiedene Stufen unterteilt. Auf dem präkonventionellen Niveau des Moralbewusstseins (Stufe 1 und 2) baut das moralische Wissen auf dem Muster von Belohnung und Bestrafung auf. Die Handlungsmotivation erfolgt aus einer egozentrischen Perspektive und ist interessen- bzw. autoritätsgesteuert. Der Junge findet gut, wofür er belohnt und alles schlecht, wofür er bestraft wird. Auf der zweiten Stufe wird auch das gut befunden, was einer Gemeinschaft nutzt. In dieser Phase bezieht sich das Handeln auf die Perspektive einer primären Bezugsgruppe bzw. (wie in Stufe 4) auf die Interessen eines politischen Verbandes. Die Motivation folgt nicht mehr der Neigung, sondern aus Pflichtgefühl: Man erfüllt bestimmte Rollenerwartungen und handelt normorientiert. Auf der konventionellen Ebene (Stu-

postkonventionelle Moralstufe

Merksatz

Die Goldene Regel bedeutet positiv, dass ich mich anderen gegenüber in der gleichen Weise verhalten soll, wie ich wünsche, dass sie sich mir gegenüber verhalten. In ihrer negativen Formel heißt sie: Was du nicht willst, das man dir tu', das füg' auch keinem anderen zu. Man findet diese Grundregel bei Konfuzius, den Sieben Weisen (Thales), im Hinduismus, im Alten und Neuen Testament.

fe 3 und 4) bezieht das Kind aus der *Goldenen Regel* sowie den allgemein gesellschaftlich herrschenden Konventionen seine Moralvorstellungen.

Erst auf der dritten Ebene erreicht man eine ethische Perspektive, die sich auf *autonome* Abwägungen, unabhängig von der gesellschaftlichen Norm stützt. Die höchste Stufe 6 erzielen nach Kohlberg nur 5 Prozent aller Erwachsenen. Auf dieser Stufe identifiziert sich der Handelnde mit formalen ethischen Prinzipien wie dem kategorischen Imperativ und handelt auf der Grundlage von Gewissensentscheidungen. Es geht um Reziprozität und Gleichheit in der gegenseitigen Anerkennung. Moral wird hier in Form von Gerechtigkeitsprinzipien aus Achtung vor der Würde der Menschen als individuelle Personen verstanden. *„Diese schrittweise erfolgende Entfaltung des Moralbewusstseins besteht also aus (a) einer Erweiterung des Blickes auf soziale Zusammenhänge, (b) einer forschreitenden Selbstständigkeit des moralischen Standpunktes und (c) einer zunehmenden Fähigkeit moralische Begründungen auf Vernunftargumenten aufzubauen.“*[5]

Merksatz

Kohlberg unterscheidet drei Begründungsarten, weshalb moralische Regeln gelten sollen. Wer auf die Frage, warum man nicht lügen soll, antwortet, dass man dabei oft erwischt oder bestraft werden kann, repräsentiert eine nur präkonventionelle Moralstufe. Antwortet jemand, dass er nicht lüge, weil Lügen allgemein verpönt sei, gehört er der konventionellen Moralstufe an. Erst eine Person, die aus prinzipiellen Gründen (Gewissensgründe, Vernunfteinsichten) die Wahrheit sagt, erreicht sie postkonventionelle Ebene.

Erläuterung

Kohlbergs Ansatz wurde als zu kulturgebunden kritisiert, weil die höchste Stufe seines Modells der Moral der liberal erzogenen westlichen Mittelklasse entspräche. Doch gebe es keine Beweise dafür, dass das Leben im Westen im Vergleich zu anderen Kulturen ein höheres moralisches Denken beinhaltet. Von feministischer Seite wurde Kohlbergs Behauptung kritisiert, dass Frauen häufiger als Männer auf der konventionellen Ebene der Moralbegründung (Rücksicht auf die Gruppe und Gruppenmehrheit) stehen blieben.

Strukturale Ethnologie (C. Lévi-Strauss)

Während Kohlbergs Entwicklungsmodell eine Höherwertigkeit des westlichen Moralbewusstseins nahe legt, gibt es nach dem französischen Ethnologen und Soziologen Claude Lévi-Strauss (geb. 1908)

[5] Nink, Hermann (Hg.), Standpunkte der Ethik, Paderborn 2000, S. 33.

zwischen unserer und ‚primitiven' Gesellschaften weniger Unterschiede als oftmals angenommen. Lévi-Strauss ging es um eine wissenschaftliche Beschreibung unterschiedlicher Kulturen. Wie jede Kultur sei auch die westliche Kultur tief in die Natur eingelassen und als *Struktur* möglicher Beziehungen zwischen verschiedenen Objekten und kulturellen Symbolsystemen zu beschreiben. Überall gibt es Verbote und Rechte, Heirats- und Verwandtschaftsregeln. Lévi-Strauss glaubte bestimmte Schemata gefunden zu haben, die in westlichen und in primitiven Mythen die gleichen sind. Besonders interessierten ihn dabei Mythen über Inzestverbote (Ödipusmythos), die in verschiedenen Kulturen immer die gleichen Muster aufwiesen, insofern es in ihnen immer um die Auflösung eines Rätsels bzw. die Aufdeckung eines wesentlichen Geheimnisses gehe. Bei genauer Analyse ließen sich zwischen den Mythen, Märchen, Erzählungen der unterschiedlichsten Völker gewisse identische Beziehungsmuster und Gemeinsamkeiten herauskristallisieren. Auch in unserer westlichen Gesellschaft *„bleibt auf jeden Fall ein Bereich, der ungefähr den gleichen Stellenwert besitzt wie der Mythos in den archaischen Gesellschaften, nämlich die Geschichte."*[6]

Zitat

„Indem Lévi-Strauss das ‚wilde Denken' rehabilitierte, übte er Kritik an den geschichtsphilosophischen Ideen des Fortschritts, der historischen Vernunft und der Selbstverwirklichung des Menschen in der Geschichte."[7]

Merksatz

Während es Kohlberg um höherwertige Moralbegründungen geht, untersucht Lévi-Strauss die Strukturen, unter denen die Menschen in verschiedenen Gesellschaften leben. In jeder, auch in der westlichen Gesellschaft, herrschten Verbote, Ausschlussmechanismen und bestimmte Mythen. Ob diese im Vergleich zu ‚primitiven Gesellschaften' der menschlichen Natur näher stehen oder nicht, ist für Lévi-Strauss eine offene Frage.

Literaturempfehlung: Claude Lévi-Strauss, Herausgegeben von Max Annas und Marie-Hélène Gutberlet, mit biographischen Skizzen von Max Annas, Freiburg 2004.

6 Gespräch mit Constantin von Barloewen, in Annas, Max, Gutberlet, Marie-Hélène (Hg.), Claude Lévi-Strauss, Freiburg 2004, S. 9.

7 Breuer, Ingeborg, Leusch, Peter, Mersch, Dieter, Welten im Kopf, Welten im Kopf, Profile der Gegenwartsphilosophie, Frankreich/Italien, Berlin 1996, S. 159.

Normative Ethik

4.1.2

Normative Ethiken werden in *teleologisch-konsequenzialistische und deontologische Ethiken* unterteilt. In teleologisch-konsequenzialistischen Ansätzen wird die moralische Richtigkeit einer Handlung dadurch bestimmt, dass sie zu einem guten Ziel bzw. Zweck (griech. telos) beiträgt, sei es das Glück (Eudämonie), die Tugend, oder der größtmögliche Nutzen für alle (Utilitarismus). In deontologischen Ethiken (von griech. to deon – das Schickliche, die Pflicht) liegt der Schwerpunkt der moralischen Beurteilung nicht auf den Folgen einer Handlung, sondern ob sie mit bestimmten Prinzipien, Grundsätzen, Maximen übereinstimmt. Kants Moralbegründung und die Diskursethik sind Beispiele für *deontologische* Ethiken. Die außerdem angeführten Ethiken des Existenzialismus und der Sorge um sich verzichten auf die Ausformulierung allgemeiner ethischer Pflichten und Ziele. Indem sie jedoch empfehlen, das Augenmerk weniger auf die anderen als auf die Selbstverhältnisse (Individualität, Jemeinigkeit, Sorge um sich) zu richten, repräsentieren auch sie einen wertenden Ansatz innerhalb der Moralphilosophie.

Tugendethik

Die Tugendethik hat den tugendhaften Charakter und das durch ihn zu erreichende gute Leben zum Ziel. Es geht der Tugendethik nicht um die Einhaltung von für alle geltende Prinzipien (Kant), auch nicht um die allgemeinen Folgen von Handlungen (Utilitarismus). Der Ausgangspunkt der Tugendethik ist, dass es vorbildhafte tugendhafte Menschen gibt. Der Moralphilosoph beschreibt die wichtigsten Charakterzüge dieser Menschen um dadurch eine Orientierung für andere zu bieten. *„Erziehung und Selbst-Bildung spielen dabei eine wesentliche Rolle."*[8] Bei Aristoteles entspricht dem Ideal der Tugend *(griech. areté, lat. virtus)*, wenn jeder an seinem Platz zum guten Leben in der Polisgemeinschaft beiträgt, wobei die kontemplative Lebensweise des Philosophen zur höchsten Glückseligkeit (eudaimonia) führe.

areté

Die in der Antike und im Mittelalter dominierende Tugendethik ist eine Vollkommenheitsethik, in der zwischen *niederen* und *hö-*

[8] Nink, Hermann (Hg), Standpunkte der Ethik, Paderborn 2000, S. 51.

heren Seinsstufen unterschieden wird. *„Hierunter fällt beispielsweise die Lehre des Aristoteles, wonach eine bestimmte Seinsweise der Person, nämlich die andauernde Selbstverwirklichung in vernünftigem Tätigsein, das glückliche Leben ausmacht."*[9] Tugendethiken beziehen sich auf bestimmte metaphysische bzw. ontologische Grundannahmen. Zum Beispiel haben für den Scholastiker Anselm von Canterbury (1033-1109) Tiere ihrer Natur nach mehr am Sein teil als Bäume; Pflanzen und der Mensch infolge seiner Intelligenz mehr als die Tiere.[10] Ebenso geht der Dominikanermönch Thomas von Aquin (1225-1274) von einer Stufenfolge des Seins aus. *„Wer es nämlich sorgfältig bedenkt, der wird finden, dass sich die Verschiedenheit der Dinge stufenweise vollzieht: denn über den unbelebten Körpern wird er die Pflanzen finden, über diesen die vernunftlosen Tiere und über diesen die geistigen Substanzen"*[11] Der von der Vernunft bestimmte Mensch erschien einer höheren Seinsstufe teilhaftig zu sein.

Definition

Unter einer Tugend versteht man *„eine durch fortgesetzte Übung erworbene Lebenshaltung"*[12],die dazu motiviert und befähigt, das sittlich Gute zu tun. Die vier *natürlichen* Kardinaltugenden in der Antike waren Maß (temperantia), Tapferkeit (fortitudo), Klugheit (prudentia) und Gerechtigkeit (iustitia). Sie entsprachen der platonischen Lehre von den Seelenkräften, denen Platon im Dialog Timaios (vgl. Timaios 69d ff) jeweils einen bestimmten Platz im menschlichen Körper zuwies: Begierde (Bauch), Mut (Brust) und Vernunft (Kopf) mit der Gerechtigkeit als übergeordneter Instanz. In der christlichen Tradition wurde dieser Tugendkanon durch die drei *theologischen* Tugenden: Glaube (fides), Hoffnung (spes) und Liebe (caritas) erweitert. Als Sekundärtugenden werden mitunter funktionale Tugenden wie Fleiß, Pünktlichkeit, Sauberkeit, Ordnungsliebe usw. bezeichnet. Etymologisch verweist das Wort Tugend auf den Begriff *„taugen"* und bezeichnet *„in sehr allgemeinem Sinn die Tauglichkeit zu einem werthaften Verhalten"*.[13]

---

[9] Wolf, Ursula, Die Philosophie und die Frage nach dem guten Leben, Reinbek bei Hamburg 1999, S. 12.

[10] vgl. Steinvorth, Ulrich, Klassische und moderne Ethik, Grundlinien einer materialen Moraltheorie, Reinbek bei Hamburg 1990, S. 134, bei Anselm, Monologion cap.4.

[11] Thomas von Aquin, Summe gegen die Heiden Bd. III, a. a. O., S. 97.

[12] Höffe, Otfried, Lexikon der Ethik, München, fünfte überarbeitete Auflage 1997, S. 306.

[13] Schüler-Duden Philosophie, München 1985.

Gemäß Platons intellektuellem Tugendbegriff ist die *„Tugend (...) mit dem Wissen um das Gute identisch.“*[14] In dem Dialog Gorgias behauptet Sokrates, dass das Gute zu tun eine Sache der intellektuellen Einsicht sei: *„müsste ich (...) Unrecht tun oder Unrecht leiden, so würde ich vorziehen, lieber Unrecht zu leiden als Unrecht zu tun.“*[15] Ungerechte Taten seien *„hässlich“* und *„übel“*[16], heute würden man wohl eher sagen, dass sie „entwürdigend“ vor anderen bzw. unseren eigenen Augen sind. Es geht in der Tugendethik um eine Rangordnung von Verhaltensweisen, die – so argumentiert Sokrates – objektiver Beurteilung und Bewertung zugänglich sind. Sokrates' Argumentation setzt einen rational bestimmbaren Begriff des Guten (agathon) voraus. *„Bereits in den frühen Dialogen nimmt Platon an, dass der Logos, die ethische Überlegung ebenso wie die philosophische Selbstreflexion, eine interne Ordnung hat, die auf Wahrheit ausgerichtet ist, auf das objektiv Gute.“*[17]

Gegen Platons Ideenlehre betonte Aristoteles die Bedeutung von Erziehung und Gewohnheit. *„Denn durch das Verhalten in den Alltagsbeziehungen zu den Mitmenschen werden die einen gerecht, die andern ungerecht. Und durch (...) Gewöhnung (...) werden wir entweder tapfer oder feige.“*[18] Ziel des Handelns war für Aristoteles die *Eudämonie (von griech. eudaimonia Glückseligkeit, Glück)*, die er jedoch nicht individualistisch verstand. Das gute Leben lasse sich nur in der Gemeinschaft und innerhalb einer Polis führen. Die Ethik war für Aristoteles Teil der politischen Wissenschaft, der Mensch sei ein soziales Wesen *(zoon politikon*[19]*)*. In der *Nikoma-*

Glückseligkeit

[14] Nink, Hermann (Hg), Standpunkte der Ethik, a. a. O., Paderborn 2000, S. 54.

[15] Platon, Gorgias, Nach der Übersetzung von Friedrich Schleiermacher herausgegeben von Kurt Hildebrandt, Stuttgart 1961 S. 36, 469b-470a.

[16] Ebenda, S. 44ff.

[17] Wolf, Ursula, Die Philosophie und die Frage nach dem guten Leben, a. a. O., S. 41.

[18] Aristoteles, Nikomachische Ethik, Übersetzung und Nachwort von Franz Dirlmeier, Anmerkungen von Ernst A. Schmidt, Stuttgart 1883, 1103a 33-b25, S. 35.

[19] *„(...) dass der Mensch seiner Natur nach ein staatsbürgerliches Wesen ist.“* (1278b) Aristoteles, Politik, übersetzt und herausgegeben von Franz F. Schwarz, Stuttgart 1989, S. 167.

chischen Ethik unterscheidet Aristoteles *dianoetische* Tugenden (die durch das Denkvermögen abgeleitet werden können) z. B. Weisheit und Klugheit von *ethischen* Tugenden, die das Handlungsvermögen betreffen. Die *ethischen* Tugenden verkörpern den goldenen Mittelweg (*mesotes-Lehre*) zwischen zwei übertriebenen Leidenschaften. So sei die Tapferkeit die Mitte zwischen Feigheit und ungestümer Kampfeslust, die Großzügigkeit die Mitte zwischen Verschwendungssucht und Geiz. Das *Maß* zu finden bedürfe einer langen Lebenserfahrung. *„Darum ist richtiges Verhalten selten; es ist des Lobes wert und es ist edel.“*[20] Weise Menschen verfügten über die *dianoetische* Tugend der sittlichen Klugheit *phronesis,* als der Kunst moralisch richtige Urteile zu treffen: *„Denn weil sie durch ihre Erfahrung ein ‚Auge‘ bekommen haben, sehen sie die Dinge richtig“*[21]

Merksatz

„Das Besondere der Tugendethik ist, das Gute darüber zu definieren, was eine gute, also eine tugendhafte Person tun würde. Das Gesollte wird also über die Handlungsweisen der tugendhaften Person bestimmt.“[22]

In der Antike begriff der römische Stoiker Seneca (4 -65 n. Chr.) die Tugend als Kunst, ein gutes Leben zu führen. Die Glückseligkeit sei Folge einer gewissen Diätetik und Selbstbeherrschung. *„Immer gehe die Tugend voran und trage die Fahne; wir werden nichtsdestoweniger Vergnügen haben, aber wir werden es beherrschen und lenken (...)“*[23] Im Unterschied zu Aristoteles interessierte sich Seneca mehr für die individuelle Lebensführung als für das vorbildliche Verhalten in der Polis. *„In erster Linie müssen wir achthaben auf uns selbst, dann auf die Geschäfte, an die wir gehen, endlich auf diejenigen, für die und mit denen wir zu tun haben.“*[24]

Ende des 20. Jahrhunderts gab es eine Renaissance der Tugendethik. Wegweisend dafür waren Arbeiten von Elizabeth Anscombe[25], Joachim Ritter[26] sowie das Buch von Alsdair MacIntyre *Der Verlust der Tugend (After Virtue A Study in Moral Theory 1981, deutsch*

---

20 Aristoteles, Nikomachische Ethik, Übersetzung und Nachwort von Franz Dirlmeier, Stuttgart 1969, S. 52, 1109a-b8.

21 Aristoteles, Nikomachische Ethik, a. a. O., S. 170, 1143a32-b14.

22 Pauder-Studer, Herlinde, Einführung in die Ethik, Wien 2003, S. 70.

23 Seneca, Vom glückseligen Leben. Übers. Von Ludwig Rumpel und Peter Jaenisch, Stuttgart 1977, S. 78.

24 Ebenda, S. 42.

25 Anscome, Elisabeth, Moral Philosophy. In: Philosophy 33 (1958).

26 Ritter, Joachim, Metaphysik und Politik. Studien zu Aristoteles und Hegel, Frankfurt am Main 1969.

1987), in denen das Projekt der Aufklärung, die Moral auf rational begründete Prinzipien zu stützen, kritisch hinterfragt wurde. Eine unparteiische Pflichtenmoral, wie sie Kant entwickelte, sei zu abstrakt um in alltäglichen Situationen eine wirksame Handlungsstütze abzugeben. Demgegenüber habe die aristotelische Ethik den Vorzug die besonderen Beziehungen zwischen Personen und die konkreten Umstände zu berücksichtigen. Zum Beispiel hat sich Aristoteles eingehend mit dem Thema der Freundschaft auseinandergesetzt und der Aristoteliker Thomas von Aquin kennt verschiedene ethische Bewertungsmaßstäbe von Handlungen, je nachdem in welchem Verhältnis man zu dem Handelnden steht.[27]

Merksatz

Neoaristoteliker wie Alsdair MacIntyre, Hannah Arendt, Charles Taylor, Martha M. Nussbaum sehen in Aristoteles' Tugendlehre ein Gegengewicht zum übersteigerten Prinzipiendenken der Aufklärung.

Erläuterung

Gegenüber der Tugendethik lassen sich Einwände formulieren, die mit dem Essentialismus (Wesensdenken, zum Beispiel der Frage: Was ist das Wesen des Menschen?) ihres antiken Ursprungs zusammenhängen. Die Hervorhebung eines bestimmten Persönlichkeitsideals – der besonnen handelnde Bürger – kann eine Einengung der Vielfalt von Lebensstilen bedeuten. Kritiker behaupten, dass sich Tugendethiken nur für kleinere Gemeinschaften eignen und auf moderne pluralistisch verfasste Gesellschaften mit ihrem individuellen Lebensstil nicht übertragbar sind. Bedenkenswert sei zudem, wie gut sich Aristoteles' Tugendethik mit der in der antiken Polis üblichen Sklaverei und der Ungleichheit zwischen Mann und Frau vertragen habe.

Utilitarismus

Beim Utilitarismus *(lat. utilitas: Nützlichkeit)* handelt es sich um eine normative Ethik, die sich an den Konsequenzen bzw. Ergebnissen von Handlungen orientiert = Folgenethik. *Handle so, dass die Folgen deiner Handlung den größtmöglichsten Nutzen für alle bewirken*, lautet die Maxime des vom Egoismus scharf zu unterscheidenden Utilitarismus. *„Der Utilitarismus ist nicht die Philosophie des Egoismus, sondern eine ethische Position. Er fordert nicht dazu*

[27] vgl. Hauskeller, Michael, Geschichte der Ethik, Mittelalter, München 1999, S. 206f.

auf, den eignen Nutzen auf Kosten anderer zu verfolgen, sondern das soziale Wohlergehen zu fördern."[28]

Maximierung von Nutzen

Der Utilitarismus – klassische Vertreter sind Jeremy Bentham (1748-1832), John Stuart Mill (1806-1873) und Henry Sidgwick 1838-1900) – basiert nicht auf religiösen Prämissen, sondern appelliert an die intuitive Einsicht, dass das Ziel des Handelns in der Maximierung von Nutzen, Glück und Wohlstand bestehen sollte. Vieles am Utilitarismus erinnert an die antiken Lehren der Glückseligkeit, speziell an den Hedonismus des Epikur. Was sich jedoch vom *„Hedonismus (griech. hedoné – Freude) bzw. Eudämonismus unterscheidet, ist das Sozialprinzip, demzufolge er nicht bloß den Handelnden selbst, sondern alle von der Handlung Betroffenen in den Blick nimmt.*"[29] Doch entsteht sogleich die Frage, welcher Art der Nutzen ist, der maximiert werden soll oder wer festlegt, ob es sich im konkreten Fall um einen oder keinen Nutzen handelt.

Definition

Folgende Grundzüge kennzeichnen den Utilitarismus:[30] 1. Handlungen erweisen sich nicht aus sich selbst heraus als richtig oder falsch, sondern ihre Richtigkeit bestimmt sich von ihren Folgen her = Konsequenzialismus, 2. Das Kriterium für den Handlungserfolg ist ihr Nutzen verstanden als Maximierung von Glücks- oder Lusterlebnissen und die Minimierung von Leid und Schmerz und 3. Ziel ist das Glück der größtmöglichen Zahl von Menschen, also nicht das egoistische Glücksstreben allein.

Jeremy Bentham (1748-1832)

Als begründendes Werk des Utilitarismus gilt Jeremy Benthams *Einführung in die Prinzipien von Moral und Gesetzgebung (1789).* Darin entwickelte Bentham die Grundidee des Utilitarismus auf der Basis der anthropologischen These: *„Die Natur hat die Menschheit unter der Herrschaft zweier souveräner Gebieter – Leid und Freu-*

---

[28] Meran, Josef, Wirtschaftsethik, in: Lenk, Hans, Marig, Matthias, Wirtschaft und Ethik, Stuttgart 1992, S. 66f.

[29] Peters, Jörg, Rolf, Bernd Ethik aktuell Bamberg 2002, S. 71.

[30] vgl. Höffe, Otfried, Einführung in die utilitaristische Ethik, München 1975, S. 9.

de – gestellt.“[31] Nach dieser biologischen Konstante richte sich jedes menschliche Handeln aus. Der Utilitarismus macht nun diese Tatsache zum Basis-Metakriterium seiner ethischen Theorie. Das Prinzip der Nützlichkeit bedeutet, dass Handlungen nach dem Kriterium bewertet werden, ob sie Glück fördern oder Leid mindern. *„Unter Nützlichkeit ist jene Eigenschaft an einem Objekt zu verstehen, durch die es dazu neigt, Gewinn, Vorteil,, Freude, Gutes oder Glück hervorzubringen (...) oder (...) die Gruppe, deren Interesse erwogen wird, vor Unheil, Leid, Bösem oder Unglück zu bewahren; (...)“*[32] Um herauszufinden, ob die Handlung letztendlich mehr Glück oder Leid hervorbringt, sieht Bentham ein *„hedonistisches Kalkül“* bzw. Glückskalkül vor, wobei er als Kriterien für den Glückswert von Handlungen *Intensität, Dauer, Grad der Gewissheit* und *Nähe des Eintreffens* nennt. Benthams Grundlegung des Utilitarismus wurde vorgeworfen, dass sie nicht dezidiert genug zwischen verschiedenen Arten von Lust-, Glücksempfindungen unterscheidet. So könnte das Glück der größten Zahl auch dadurch gesteigert werden, dass niedere Instinkte auf möglichst intensive Art und Weise befriedigt werden. Deshalb argumentierte der Utilitarist John Stuart Mill, dass über die Festlegung des gesellschaftlichen Nutzens in erster Linie höher begabte Menschen entscheiden sollten, da nur sie beide Arten von Glücksgütern, die sinnlichen und die intellektuellen Güter genießen und einschätzen könnten (qualitativer Utilitarismus).

hedonistisches Kalkül

John Stuart Mill (1806-1873)

Mill bestätigt zunächst das utilitaristische Prinzip. Lust und Unlust – und sei es in sublimiertester Form – seien die einzigen Dinge wonach Menschen strebten. Doch viele Menschen lehnten es ab und fänden es erniedrigend, das Lebensziel ausschließlich im Luststreben zu sehen. Mill weist deshalb darauf hin, dass man zwischen verschiedenen Arten von Freuden unterscheiden muss. Es gebe qualitativ höhere und niedere Freuden. Ein höher begabtes Wesen habe auch höhere Bedürfnisse und würde nicht mit einem minder begabten tauschen wollen. *„Ein höher begabtes Wesen verlangt mehr zu seinem Glück, ist wohl auch größeren Leidens fähig und ihm sicher-*

[31] Bentham, Jeremy, Einführung in die Prinzipien von Moral und Gesetzgebung, zit. nach Höffe, Otfried, Einführung in die utilitaristische Ethik a. a. O., S. 35.

[32] Ebenda, S. 36.

Merksatz

Utilitarismus:
Zwei Prämissen:
- **alle Menschen streben danach Lust zu vermehren und Leid zu vermeiden,**
- **alle Handlungen richten sich nach diesem Prinzip**

> „Handle so, dass Glück maximiert und Leid minimiert wird!“

lich in höherem Maße ausgesetzt als ein niedereres Wesen: aber trotz dieser Gefährdungen wird es niemals in jene Daseinsweise absinken wollen, die es als niedriger empfindet.“ Mill fasst seine Überlegungen in die berühmte Formulierung: „*Es ist besser, ein unzufriedener Mensch zu sein, als ein zufrieden gestelltes Schwein; besser ein unzufriedener Sokrates als ein zufriedener Narr. Und wenn der Narr oder das Schwein anderer Ansicht sind, dann deshalb, weil sie nur die eine Seite der Angelegenheit kennen. Die andere Partei hingegen kennt beide Seiten.*“[33]

Handlungsutilitarismus und Regelutilitarismus

Beim Utilitarismus muss zwischen *Handlungsutilitarismus* (John J. C. Smart), auch *Aktutilitarismus* genannt, und *Regelutilitarismus* (Richard B. Brandt) unterschieden werden. Während im Handlungsutilitarismus jede einzelne Handlung dem Glückskalkül unterliegt, fragt man im Regelutilitarismus, welche Folgen die *allgemeine* Ausführung von bestimmten Handlungen in ähnlichen Situationen haben würden. Der Regelutilitarismus kommt einer Prinzipienethik nahe, unterscheidet sich jedoch zum Beispiel vom kategorischen Imperativ dadurch, dass die Regel nicht absolut gilt, sondern nur so lange, wie sie insgesamt betrachtet mehr Vor- als Nachteile mit sich bringt. Der amerikanische Philosoph William K. Frankena (1908-1954) erklärt den Unterschied zwischen Handlungsutilitarismus und Regelutilitarismus:

Zitat

„Handlungsutilitaristen sind der Meinung, man solle, was richtig oder pflichtgemäß ist, im Allgemeinen (oder zumindest sofern es durchführbar ist) unter unmittelbarer Heranziehung des Prinzips der Nützlichkeit entscheiden: (...) Anderer Meinung ist der Regelutilitarismus (...), der (...) die zentrale Rolle von Regeln für die Moral (betont) und (darauf) besteht (...) – wenn schon nicht immer – so doch im Allgemeinen -, konkrete moralische Entscheidungen im Einklang mit einer Re-

[33] Mill, John Stuart, Der Utilitarismus, (1871) 2. Kap. Übersetzt von Dieter Birnbacher, Stuttgart 1976 zit n. Henke, W. Roland, u.a. Zugänge zur Philosophie, Berlin, 1. Auflage 1995, S.218f.

Zitat

> gel zu fällen (wie der Regel, die Wahrheit zu sagen), ohne Rücksicht darauf, welche Handlungsalternative in der betreffenden Situation die besten Folgen hat. Aber anders als die deontologische Auffassung verlangt der Regelutilitarismus weiter, Regeln stets so zu wählen, dass sie ihrerseits auf das größte allgemeine Wohl ausgerichtet sind. (...)“[34]

Präferenzutilitarismus

Präferenzutilitarismus

Der australische Bioethiker Peter Singer (geb. 1946) entwickelte in seinem Buch „*Practical Ethik*“ (deutsch: *Angewandte Ethik*) die Idee des *Präferenzutilitarismus,* in dem im Unterschied zum klassischen Utilitarismus die beste Konsequenz des Handelns nicht nur diejenige ist, die ihrer Tendenz nach zur Maximierung von Lust und zur Minimierung von Leid beiträgt, sondern die mit den Präferenzen der betroffenen Individuen am besten übereinstimmt. „*Anstelle meiner eigenen Interessen habe ich (...) die Interessen aller zu berücksichtigen, die von meiner Entscheidung betroffen sind. Dies erfordert von mir, dass ich alle diese Interessen abwäge und jenen Handlungsverlauf wähle, von dem es am wahrscheinlichsten ist, dass er die Interessen der Betroffenen maximiert. Also muss ich den Handlungsverlauf wählen, der per saldo für alle Betroffenen die besten Konsequenzen hat. Dies ist eine Form von Utilitarismus. Sie unterscheidet sich vom klassischen Utilitarismus dadurch, dass ‚beste Konsequenzen‘ bedeutet, was nach reiflicher Erwägung die Interessen der Betroffenen fördert, und nicht bloß, das, was Lust vermehrt und Unlust verringert.*“[35]

Die Lehre des Präferenzutilitarismus – schreibt der Moral- und Rechtsphilosoph Norbert Hoerster – „*nimmt (...) die Begünstigten einer utilitaristischen Moral als selbstständige Personen ernst, indem sie ihnen die Möglichkeit gibt selbst zu entscheiden, worin sie eine ‚Begünstigung‘ erblicken (...)*“[36]

Gegenüber dem Utilitarismus werden die folgenden Kritikpunkte vorgebracht:

---

[34] Frankena, William K. Analytische Ethik, Eine Einführung, München 4. Auflage 1986, S. 55f.

[35] Singer, Peter, Praktische Ethik, Stuttgart 1984, S. 24.

[36] Hoerster, Norbert, Utilitaristische Ethik und Verallgemeinerung, 2. Auflage, Freiburg/München 1977, S.15.

1. Der Utilitarismus widerspricht unseren moralischen Intuitionen.

Erläuterung: Dem Satz von Singer *„Ein Utilitarist wird Lügen unter gewissen Umständen als gut, unter anderen als schlecht beurteilen, je nach den Folgen.“*[37] widerspricht die moralische Intuition, dass moralische Prinzipien nicht derart aufgeweicht werden dürfen.

2. Der Utilitarismus schützt nur ungenügend das Lebensrecht des Einzelnen (Distinktheit der Personen).

Beispiel: A betreut fünf Patienten in einem Krankenhaus, die im Sterben liegen. Jeder von ihnen braucht – soll er gerettet werden – ein bestimmtes lebenswichtiges Organ. A kann alle fünf Personen retten, wenn er die Organe einer einzigen gesunden Person aus Zimmer 306 nimmt und sie den fünf Personen transplantiert. Bei der Person in Zimmer 306 handelt es sich um einen Verbrecher, bei den fünf anderen Personen um tugendhafte Persönlichkeiten. Was soll A tun?[38] Würde der „gesellschaftliche Nutzen“ durch die Tötung des Patienten in Zimmer 306 vermehrt werden? Unter den Grundannahmen des Utilitarismus erscheint das Lebensrecht des Einzelnen als nicht genügend geschützt. Die ethische Problematik der Zweck-Mittel-Relation spielt bei politisch-revolutionären Bewegungen eine große Rolle. Lenin, Trotzki und Merleau-Ponty vertraten die These, dass der humanistische Zweck die revolutionären Mittel heiligt. Bei Trotzki heißt es: *„Die Mittel sind dem Ziel organisch untergeordnet“*[39] und Merleau-Ponty schreibt: *„Die revolutionäre Aktion zielt nicht auf Ideen oder Werte, sie zielt auf die Herrschaft des Proletariats.“*[40] Kritik an dieser Art von Konsequenzialismus üben u.a. der Journalist und Schriftsteller Arthur Koestler,[41] die ungarische Philosophin Agnes Heller[42] und der serbische Philosoph Svetozar Stojanovic: *„Wäre der Stalinismus so groß geworden, wenn die Kommunisten von Anfang an nach dem Prinzip gehandelt hätten: Behandle die persönliche Würde nicht als Mittel zum revolutionären Zweck?“*[43]

[37] Singer, Peter, Praktische Ethik, a. a. O., S. 18.

[38] Beispiel nach Brülisauer, Bruno, Moral und Konvention, Darstellung und Kritik ethischer Theorien, a. a. O., S. 147.

[39] Trotzki, Leo, Ihre Moral und unsere, Mainz 1972, S. 33.

[40] Merleau-Ponty, Maurice, Humanismus und Terror, 2. Auflage, Frankfurt am Main 1968, S. Bd. 2, S. 31.

[41] Koestler, Arthur, Der Yogi und der Kommissar, Frankfurt am Main 1974.

[42] Heller, Agnes, Alltag und Geschichte, Neuwied und Berlin 1970.

[43] Stojanovic, Svetozar, Geschichte und Parteibewusstsein, München/Wien 1978, S. 157.

3. Das Utilitätsprinzip wird als ethische Forderung nicht hinreichend begründet.

Erläuterung: Die Vertreter des Utilitarismus begehen den naturalistischen Fehlschluss (vgl. 4.1.3), wenn sie vom Sein auf das Sollen schließen.

5. Beim Präferenzutilitarismus entsteht das Problem, wie Handlungen, die sich auf schlechte Präferenzen (Rassismus, Sexismus) beziehen, ausgegrenzt werden sollen.[44]

6. Gerechtigkeit sollte gegenüber dem Guten bzw. Nützlichen den Vorrang haben.

Diese These vertritt John Rawls (1921-2002), der in Anlehnung an Immanuel Kant der Gerechtigkeit gegenüber dem Guten bzw. dem Nutzen (Utilitarismus) den Vorrang gibt. Moral und Recht hätten zunächst einmal nichts mit Glückseligkeit, Lebensqualität usw., sondern mit der Einhaltung von Regeln zu tun. In Rawls Konzept der Grundregeln unseres Zusammenlebens *Gerechtigkeit als Fairness* spielen utilitaristische Überlegungen eine gegenüber der Verpflichtung auf die Grundrechte untergeordnete Rolle. Ralws stellt das Gedankenexperiment einer „*Ursituation*" an, in der man noch nichts von seinen Talenten und seiner zukünftigen Stellung in der Gesellschaft wisse (Schleier des Nichtwissens, *veil of ignorance*). Bei einem solchen fairen Ausgangspunkt glaubt Rawls, dass sich rational handelnde Menschen auf die beiden Grundsätze einigten: „*einmal die Gleichheit der Grundrechte und -pflichten (anzuerkennen R. R.); zum anderen (auf) den Grundsatz, dass soziale und wirtschaftliche Ungleichheiten, etwa verschiedener Reichtum oder verschiedene Macht, nur dann gerecht sind, wenn sich aus ihnen Vorteile für jedermann ergeben, insbesondere für die schwächsten Mitglieder der Gesellschaft.*"[45] Der soziale Grundsatz – auch das sogenannte Differenz- bzw. Unterschiedsprinzip genannt – fordert, dass Ungleichheiten im wirtschaftlichen Bereich zwar zugelassen werden, aber nur so weit, „*dass sie für die aufgrund natürlicher oder sozialer Startbedingungen Benachteiligten den größtmöglichen Nutzen bringen.*"[46]

Schleier des Nichtwissens

[44] Pauer-Studer, Herlinde, Einführung in die Ethik, Wien 2003, S. 37.

[45] Rawls, John, Eine Theorie der Gerechtigkeit, übersetzt von Hermann Vetter, Frankfurt a. Main 1979, S. 31f.

[46] Meran, Josef, Wirtschaftsethik in Lenk, Hans, Marig, Matthias, Wirtschaft und Ethik, Stuttgart 1992, S. 71.

Kant

deontologische Ethik

Kant entwickelte eine Moralbegründung, die sich ausschließlich auf die Pflicht moralische Regeln zu beachten, bezieht. Ein solche Ethik bezeichnet man *deontologisch.* Ausgangspunkt der kantischen Kritik an der antiken Ethik ist deren Glückseligkeits-Versprechen. In seiner *Grundlegung zur Metaphysik der Sitten* – *„Dieses Büchlein ist vielleicht das Großartigste, was in der Geschichte der Ethik geschrieben worden ist"*[47] – definiert Kant die Moral als von den Gefühlen unabhängig zu betrachtende Sphäre. Die Moral an Werten wie Seelenruhe, Ausgeglichenheit oder Glück zu orientieren, bedeute sie zu einem abgeleiteten Prinzip zu machen, da die Eudämonie (Glückseligkeit) als psychischer Zustand ein zu unbestimmter Begriff sei.

Zitat

„Allein es ist ein Unglück, dass der Begriff der Glückseligkeit ein so unbestimmter Begriff ist, dass, obgleich jeder Mensch zu dieser zu gelangen wünscht, er doch niemals bestimmt und mit sich selbst einstimmig sagen kann, was er eigentlich wünsche und wolle. (...) Will er Reichtum, wie viel Sorge, Neid und Nachstellung könnte er sich dadurch nicht auf den Hals ziehen. Will er viel Erkenntnis und Einsicht, vielleicht könnte das ein nur um desto schärferes Auge werden, um die Übel, die sich für ihn jetzt noch verbergen und doch nicht vermieden werden können, ihm nur um desto schrecklicher zu zeigen, (...) Will er ein langes Leben, wer steht ihm dafür, dass es nicht ein langes Elend sein würde? (...) Kurz, er ist nicht vermögend, nach irgend einem Grundsatze, mit völliger Gewissheit zu bestimmen, was ihn wahrhaft glücklich machen werde, darum, weil hierzu Allwissenheit erforderlich sein würde."[48]

Man müsste allwissend sein, um alle empirischen Umstände berücksichtigen zu können, die beim Glücksversprechen eine Rolle spielen. Deshalb sei Glück für das moralische Handeln kein geeigneter Maßstab. Zudem sei fraglich, ob sich Lust so ohne weiteres maximieren lasse. Kant vertrat in seiner Schrift *„Anthropologie in pragmatischer Absicht"* die These, dass Vergnügungen ohne Unlustge-

47 Tugendhat, Ernst, Vorlesungen über Ethik, 4. Auflage, Frankfurt am Main 1997, S. 98.

48 Kant, Immanuel, Grundlegung zur Metaphysik der Sitten, in Werkausgabe Bd. VII a. a. O., B 46,47, S. 47f.

fühle gar nicht zu haben seien. Vor jedem Vergnügen müsse „*(...) der Schmerz vorhergehen; der Schmerz ist immer das erste (...) Auch kann kein Vergnügen unmittelbar auf das andere folgen; sondern zwischen einem und dem anderen muss sich der Schmerz einfinden.*“[49] Eine Gesellschaft mit optimaler Glücksbefriedigung gerät nach Kant in Gefahr zu stagnieren: „*Der Schmerz ist der Stachel der Tätigkeit und in diesem fühlen wir allererst unser Leben; ohne diesen würde Leblosigkeit eintreten.*“[50]

Deshalb steht im Mittelpunkt der *Kantischen Moralphilosophie* nicht das Glück (Folgen/Konsequenz von Taten), sondern der *gute Wille*, den *Kant* mit „*einem von innen glänzenden Juwel*“[51] vergleicht.

Der gute Wille

Zitat

Es ist überall nichts in der Welt, ja überhaupt auch außer derselben zu denken möglich, was ohne Einschränkung für gut könnte gehalten werden, als allein ein guter Wille. Verstand, Witz, Urteilskraft, und wie die Talente des Geistes sonst heißen mögen, oder Mut, Entschlossenheit, Beharrlichkeit im Vorsatze, als Eigenschaften des Temperaments, sind ohne Zweifel in mancher Hinsicht gut und wünschenswert; aber sie können auch äußerst böse und schädlich werden, wenn der Wille, der von diesen Naturgaben Gebrauch machen soll und dessen eigentümliche Beschaffenheit darum Charakter heißt, nicht gut ist.“[52]

Der *gute Wille* als Eckpfeiler der Moral ist ein für jeden zugänglicher und sicherer Ausgangspunkt. Das darf jedoch nicht dazu führen, dass man es sich mit der Formulierung, man habe es doch nur gut gemeint, bequem macht. Die rechte Gesinnung (guter Wille) ist nämlich nach Kant erst dann gegeben, wenn die Handlung in ihrem Kern nicht aus subjektiven Vorlieben oder äußeren Einflüssen (Triebfedern, wie Kant sagt), resultiert, sondern aus objektiven Gesetzen der Moral selbst hervorgeht. Diese Gesetze erscheinen bei Kant in drei – inhaltlich eng verzahnten – Formulierungen. Es handelt sich erstens um den *kategorischen Imperativ*:

Der kategorische Imperativ

[49] Kant, Immanuel, Anthropologie in pragmatischer Absicht, in Werkausgabe, Bd. XII, BA 170, S. 551.
[50] Ebenda.
[51] Kant, Immanuel, Grundlegung zur Metaphysik der Sitten, in Werkausgabe Bd. VII, a. a. O., (BA 3,4), S. 19.
[52] Ebenda, (BA 2) S. 18.

Zitat

„Handle nur nach derjenigen Maxime, durch die du zugleich wollen kannst, dass sie ein allgemeines Gesetz werde“[53]

zweitens den *praktischen Imperativ*:

Zitat

„Handle so, dass du die Menschheit, sowohl in deiner Person, als in der Person eines jeden anderen, jederzeit zugleich als Zweck niemals bloß als Mittel brauchest“[54]

und drittens um den Grundsatz, dass es sich um selbstauferlegte Maximen und Einsichten handelt, also um den Grundsatz der *Freiheit und der Autonomie* des Willens:

Autonomie

Zitat

„Autonomie ist also der Grund der Würde der menschlichen und jeder vernünftigen Natur.“[55]

Kategorisch bedeutet, dass die Forderung im Gegensatz zu von Kant so benannten hypothetischen Imperativen unbedingt und ausnahmslos verpflichtend ist. Den Unterschied zwischen kategorischen und hypothetischen Imperativen erläutert der Göttinger Philosoph Günther Patzig:

Erläuterung

„Nach Kant unterwerfen wir Menschen unser Handeln gewissen Regeln. Von diesen Regeln, Normen, oder Imperativen sind nun die einen hypothetisch, die anderen kategorisch, d.h. die einen sind für uns nur dann verbindlich, wenn wir uns bestimmte Zwecke vorgesetzt haben, die anderen, die Kant ‚kategorisch‘ nennt, erheben den Anspruch, unbedingt, also ohne Ansehen irgendeines bestimmten Zwecks, gültig zu sein. Beispiel für hypothetische Imperative sind für Kant etwa die Sätze: ‚Wenn du glücklich leben willst, so achte auf deine Gesundheit!‘ oder, ‚Wenn du Violinvirtuose werden willst, so übe fleißig!‘. (...) beiden (Sätzen R.R.) gemeinsam ist, dass sie die gebote-

53 Ebenda, (BA 52), S. 51.
54 Ebenda, (BA 67), S. 61.
55 Ebenda, (Ba 79, 80), S. 69.

Erläuterung

ne Handlung nur als zu einem Zwecke gut empfehlen. Dagegen gebieten Forderungen, wie: ‚Lüge nicht!' ‚Halte deine Versprechen', usw. ohne jeden Hinweis auf irgendeinen Zweck oder Erfolg solcher Handlung; sie sind als kategorische Imperative bedingungslos gültig. Was macht nun solche Imperative für uns verbindlich? Bei den hypothetischen Regeln ist es offensichtlich unser Wunsch, das angegebene Ziel zu erreichen, der uns verpflichtet, auch das Mittel zu wollen. Jedoch nehmen kategorische Imperative auf unsere Wünsche überhaupt keine Rücksicht. Darum muss ihre Verbindlichkeit in ihnen selbst liegen (...)"[56]

Der kategorische Imperativ fordert zu Handlungen auf, die nicht in Bezug auf etwas anderes, sondern nur für sich selbst gut sind, wie zum Beispiel das Gebot Versprechen zu halten. Der Vorsatz Versprechen zu halten lässt sich widerspruchslos verallgemeinern, nicht jedoch sein Gegenteil, Verspechen nach Lust und Neigung zu brechen. Denn in letzterem Fall würde der Sprechakt des Versprechens selbst seinen Sinn verlieren. Jemandem etwas zu versprechen in der geheimen Absicht es zu brechen, bedeutet einen anderen Menschen zum bloßen Mittel für subjektive Interessen und Launen herabzusetzen. Deshalb hängen die beiden Formulierungen des kategorischen Imperativ *„Handle nur nach derjenigen Maxime, durch die du zugleich wollen kannst, dass sie ein allgemeines Gesetz werde"* und *„Handle so, dass du die Menschheit, sowohl in deiner Person, als in der Person eines jeden anderen, jederzeit zugleich als Zweck niemals bloß als Mittel brauchest"* eng miteinander zusammen.

Ein wichtiger Bestandteil von Kants Ethik ist seine Pflichtenlehre, in der er zwischen Pflichten gegen uns selbst (vollkommene Pflichten) und Pflichten gegenüber anderen (unvollkommene Pflich-

Merksatz

Kant unterscheidet vollkommene und unvollkommene Pflichten gegen sich selbst und vollkommene und unvollkommene Pflichten gegenüber anderen:

	gegen sich	gegen andere
vollkommene Pflichten	**Selbstmordverbot**	**Versprechen halten**
unvollkommene Pflichten	**Talente entwickeln**	**Hilfe in Not leisten**

[56] Patzig, Günther, Ethik ohne Metaphysik, 2. durchgesehene und erweiterte Auflage, Göttingen 1983, S. 56f.

ten) unterscheidet. Zu den vollkommenen Pflichten gehören 1. Das Verbot sich selbst zu töten und 2. das Verbot zu lügen. Unvollkommene Pflichten sind 3. die Pflicht, seine Talente zu kultivieren und 4. die Pflicht, anderen Menschen zu helfen.

In *Die Metaphysik der Sitten* expliziert Kant auf der Grundlage der vier genannten Pflichten und dem kategorischen Imperativ weitere moralische Regeln. Aus dem Verbot der Selbsttötung deduziert Kant z. B. weitergehende Gebote gegen sich selbst „als animalischem Wesen". In diesem Zusammenhang weist er auf die Bedeutung der körperlichen Gesundheit, die Gefahren von Eß- und Trunksucht, gewisser sexueller Praktiken ebenso wie auf diejenigen eines übertriebenen Geizes oder einer übertriebenen Askese hin. Im Unterschied zu Aristoteles betont jedoch Kant, dass nach seinen Begriffen die Tugend nicht aus dem Mittelmaß resultiert. Tugend und Laster gelte es trennscharf zu unterscheiden. Wäre die Tugend eine Art Mittelmaß, müsste das Laster an einem Rest von Tugend teilhaben, eine Vorstellung, die sich nach Kant verbietet. Von Kant werden bestimmte Verhaltensweisen nicht in erster Linie abgelehnt, weil sie letztlich der Gesundheit oder dem Wohlbefinden schaden, sondern weil sie die menschliche Vernunft trüben, zur satten Trägheit (zu deren Charakterisierung benutzt Kant häufig Vergleiche mit der Tierwelt) verführen und deshalb des Menschen unwürdig sind.

Besondere Bedeutung kommt dabei stets der Aufrichtigkeit zu. *„Erkenne dich selbst"* gerät Kant zur obersten Tugendpflicht. *„Die größte Verletzung der Pflicht des Menschen gegen sich selbst, bloß als moralisches Wesen betrachtet (die Menschheit in seiner Person) ist das Widerspiel der Wahrheit: die Lüge (aliud lingua promptum aliud pectore inclusum gerere (Das eine offen im Munde, das andere verschlossen im Herzen zu tragen)."*[57] Eine auf Lügen aufgebaute Welt ist für Kant schlechterdings undenkbar. Deshalb gesteht Kant diesem Prinzip so große, fast noch über den Wert des einzelnen Lebens ausgreifende Bedeutung zu. Eine solche Rangordnung lässt sich zumindest vermuten, wenn man sich die Beispiele ansieht, die Kant anführt, um seine absolute Unduldsamkeit gegenüber der Lüge zu erläutern. So erwähnt er z. B., dass dem alttestamentarischen Mord an Abel eine Lüge mitgedacht worden sei und in der Schrift *„Über ein vermeintliches Recht aus Menschenliebe zu lügen"* vermag noch nicht einmal die mögliche Rettung eines zu unrecht

[57] Kant, Immanuel, Metaphysik der Sitten, a. a. O., Bd. VIII, (A 83), S. 562.

Beschuldigten eine Lüge zu rechtfertigen, selbst gesetzt den Fall, dass die Lüge das Leben dieses unschuldig verfolgten Menschen retten könnte. Vermutlich geriet Kants Moralphilosophie deshalb in den Ruf eines extremen Rigorismus in der Morallehre. Neuere Studien[58], die stärker Kants anthropologische Schriften, seine Vorlesungen sowie seine Tugendlehre berücksichtigen, stellen aber heraus, dass er sich tatsächlich intensiver als gedacht mit der *conditio humana (lat. die Bedingungen des menschlichen Lebens z. B. Endlichkeit, Fehlbarkeit usw.)* auseinandersgesetzt hat. So habe er zum Beispiel konzediert, dass auf dem Weg zur reinen Moral Zwischenstufen nötig seien, in denen man Tugenden nur deshalb praktiziert, weil dies von Vorteil in der Gesellschaft ist.[59]

Kants Ethik in der Diskussion

Rigorismus

Kernpunkt der Auseinandersetzung mit Kants Ethik ist ihr Rigorismus und die Kluft, die sich zwischen der Sinnenwelt und der Vernunft bei Kant auftut. Während von vielen Autoren Kants Idee der apriorischen Geltung der Vernunft als Bollwerk gegen den Irrationalismus angesehen wurde, bringt der amerikanische Philosoph John Dewey Kant in die Nähe zum preußischen Militarismus: *„Freiheit des Geistes und Unterordnung des Handelns befinden sich (bei Kant) in einer Harmonie.“*[60] Für Dewey verkörpert Kants Moraltheorie alle Nachteile einer Gesinnungsethik, nämlich ohne Rücksicht auf Verluste bestimmte Prinzipien zu verfolgen.

Merksatz

Die Frage Gesinnungsethik versus Verantwortungsethik bezieht sich auf einen Vortrag des deutschen Soziologen Max Weber aus dem Jahre 1919.[61] Während der Gesinnungsethiker sich ausschließlich seinen inneren Überzeugungen und hohen Geboten verpflichtet fühlt, berücksichtigt der Verantwortungsethiker die konkreten Folgen seiner Taten.

Universalismus

Die Moralphilosophin Philippa Foot (geb. 1920) kritisiert Kants Universalismus mit dem Argument, dass man die Handlungsumstände des Akteurs berücksichtigen muss: *„Die Pflicht beispielweise, ein Versprechen zu halten, ist nicht absolut und kann sicher durch eine vordringliche Notwendigkeit außer Kraft gesetzt werden.*

---

[58] Sommerfeld-Lethen, Caroline, „Wie moralisch werden?“ Kants moralistische Ethik, Freiburg, München 2005.

[59] Vgl. dazu: Goffman, Erving, Wir alle spielen Theater, Die Selbstdarstellung im Alltag, 7. Auflage 1983.

[60] Dewey, John, Deutsche Philosophie und deutsche Politik, herausgegeben und mit einer Einführung versehen von Axel Honneth, Berlin Wien 2000, S. 95.

[61] Weber, Max, Politik als Beruf, in: Winckelmann, J. (Hg.), Soziologie, Universalgeschichtliche Analysen, Politik. 5. überarbeitete Auflage, Stuttgart 1973.

Dasselbe gilt meiner Meinung nach für die Pflicht, die Wahrheit zu sagen. Die Vorstellung ist absurd, dass Mitglieder der Résistance den Nazis die Wahrheit hätten sagen müssen, wenn diese den Aufenthaltsort eines Saboteurs wissen wollten."[62]

Erläuterung

Schon von seinen Zeitgenossen wurde Kants Moralphilosophie als realitätsfern kritisiert. So warf Friedrich Schiller Kant Sinnenfeindlichkeit vor. Einer aus natürlichen sinnlichen „Triebfedern" hervorgegangenen Tat z. B. aus Mitleid kommt – so Kant – *an sich* kein moralischer Wert zu, worüber Schiller die Spottverse schrieb: *Gern dien ich den Freunden/ doch tu ich es leider mit Neigung/ und so wurmt es mich oft, da ist kein anderer Rat, / du musst mit Abscheu alsdann tun/ wie die Pflicht dir gebeut.*

Jean-Paul Sartre vertrat nach dem Zweiten Weltkrieg in seiner Schrift *Ist der Existenzialismus ein Humanismus?* die Meinung, dass uns Kants Moralphilosophie weitgehend im Stich lässt, wenn wir zwischen zwei gleichwertigen moralischen Regeln zu entscheiden haben. Sartres oft herangezogenes Beispiel für ein moralisches Dilemma handelt von einem jungen Mann, der zwischen dem Kampf in der Résistance und der Betreuung seiner verwitweten Mutter zu wählen hat. Sartre meint, dass man in diesem Fall mit den Mitteln der Vernunft nicht weiterkommt, sondern eine existenzielle Entscheidung zu treffen habe. „*Die kantische Moral erklärt: Behandelt die andern nie als Mittel, sondern als Zweck. Sehr gut; bleibe ich bei meiner Mutter, so behandele ich sie als Zweck und nicht als Mittel, aber ich laufe Gefahr, diejenigen als Mittel zu behandeln, die um mich her kämpfen; und umgekehrt, wenn ich mich denen anschließe, die kämpfen, so behandele ich sie als Zweck und laufe dementsprechend Gefahr, meine Mutter als Mittel zu behandeln.*"[63]

Literatur

Ludwig Ralf, *Der kategorische Imperativ Eine Lese-Einführung, 5. Auflage München 1999*

Weiterführend:

Paton, H. J., *Der kategorische Imperativ, Ein Untersuchung über Kants Moralphilosophie, Berlin 1962*

Beck, Lewis White, *Kants ‚Kritik der praktischen Vernunft' Ein Kommentar, übersetzt v. Karl-Heinz Ilting, München 3. unveränderte Auflage 1995*

[62] Foot, Philippa, Die Wirklichkeit des Guten, Moralphilosophische Aufsätze, Frankfurt 1997, S. 24.

[63] Sartre, Jean-Paul, Ist der Existenzialismus ein Humanismus? In: Ders., Drei Essays. Frankfurt am Main, Berlin, Wien 1975, S. 18.

Diskursethik

Erläuterung

Bei der Diskursethik handelt es sich um den in den 70er und 80er Jahren des 20. Jahrhunderts von Karl-Otto Apel[64] (geb. 1922) und Jürgen Habermas (geb. 1929) entwickelten deontologischen Ethikansatz, *„dass nur diejenigen Normen Geltung beanspruchen dürfen, die die Zustimmung aller Betroffenen als Teilnehmer eines praktischen Diskurses finden könnten.“*[65] Für Habermas ist Ethik in erster Linie Begründung; Vernunft sei etwas *„um es plakativ zu sagen, das in der Sprache sitzt, (...) in den Bedingungen einer zwanglosen Willensbildung“.*[66] Nicht wie bei Kant die Selbstreflexion, sondern die unverzerrte Kommunikation und der *zwanglose Zwang* des besseren Arguments spielen in der Diskursethik die Hauptrolle bei der moralischen Willensbildung. *„Handle stets so, dass alle Vernunftwesen, zumal die Betroffenen, dem jeweils gewählten Handlungsgrundsatz in einem unbegrenzten argumentativen Diskurs zustimmen könnten!“*[67], lautet der oberste Grundsatz der Diskursethik.

In seiner Diskursethik nennt Habermas ein *formales* Kriterium, wie in einer Diskussion ein manipulierter Konsens von einem wahren unterschieden werden kann: nicht durch sein Ergebnis, sondern durch sein Zustandekommen.

Zitat

„Ich habe versucht, die ideale Sprechsituation nicht durch die Persönlichkeitsmerkmale idealer Sprecher, sondern durch die strukturellen Merkmale einer Situation möglicher Rede, nämlich durch die symmetrische Verteilung der Chancen, Dialogrollen wahrzunehmen und Sprechakte auszuführen, zu charakterisieren.“[68]

---

64 Vgl. Apel, Karl-Otto, Transformation der Philosophie, Bd. 2: Das Apriori der Kommunikationsgemeinschaft, Frankfurt am Main 1973, ders. Diskurs und Verantwortung. Das Problem des Übergangs zur postkonventionellen Moral, Frankfurt am Main 1990, Zur Diskussion vgl. Kuhlmann, Wolfgang/Böhler, Dietrich (Hg.) Kommunikation und Reflexion. Zur Diskussion der Transzendentalpragmatik. Antworten auf Karl-Otto Apel, Frankfurt am Main 1982.

65 Habermas, Jürgen, Erläuterungen zur Diskursethik, Frankfurt am Main 1991, S. 12.

66 Habermas, Jürgen, Bovenschen u.a., Gespräche mit Herbert Marcuse, Frankfurt a. M. 1978, S. 32.

67 Düwell, Marcus, Hübenthal, Christoph, Werner, Micha H. (Hg.), Handbuch Ethik, Stuttgart, Weimar 2002, S. 142.

68 Habermas, Jürgen, Luhmann, Niklas, Theorie der Gesellschaft oder Sozialtechnologie, Frankfurt a. M. 1971, S. 139.

Ideale Sprechsituation

In der *idealen Sprechsituation (auch herrschaftsfreier Diskurs, idealer Diskurs)* habe jeder Diskursteilnehmer die gleichen Chancen (symmetrisch) Sprechakte auszuwählen, zum Beispiel Fragen zu stellen, Warnungen zu formulieren, Deutungen vorzunehmen usw. Jeder habe das gleiche Recht Tatsachenbehauptungen aufzustellen, Wertigkeiten zu äußern und die Gültigkeit von Normen zu kritisieren. Dieser Diskurs schließe autoritär verbindliche (asymmetrische) Gesten wie *„Basta"* oder *„Jetzt reicht's aber"* von vornherein aus. *„Die ideale Sprechsituation schließt systematische Verzerrung der Kommunikation aus. Nur dann herrscht ausschließlich der eigentümlich zwanglose Zwang des besseren Arguments (...)"*[69] Schließlich muss man erwarten können, dass die Diskursteilnehmer das bessere Argument anerkennen, dass sie aufrichtig, verständlich und widerspruchsfrei argumentieren.

Herrschaftsfreie Kommunikation

Im idealen ethischen Diskurs dürfen sich alle Betroffenen frei äußern. Es sollen allein gute Gründe und nicht Launen, Vorwürfe, Anschuldigungen usw. zählen. *Asymmetrische* Strukturen, in denen das Wort des einen aus Machtgründen mehr gilt als das des anderen, müssen vermieden werden. In der herrschaftsfreien Kommunikation zählt alleine der *„zwanglose Zwang des besseren Arguments"*. Jeder muss ohne Zeitdruck seine Interessen formulieren können und auch bereit sein, eventuell von seiner ursprünglichen Position abzurücken, denn sonst würde sich ja in einem solchen Diskurs nur derjenige durchsetzen, der am hartnäckigsten auf seinen Vorteilen gegenüber anderen beharrte. Habermas weiß selbst, dass es sich bei den Dikursregeln um „kontrafaktische", „idealtypische" Annahmen handelt. Doch noch in jedem realen Diskurs, wenn Menschen über Probleme diskutieren und sich über etwas verständigen wollen, schwingen sie laut Habermas mit. Denn wer zum Beispiel würde in einen Diskurs eintreten, in dem behauptet wird: *„Was du auch vorbringst, es bringt mich ohnehin nicht von meiner Meinung ab?"*

Parallelen und Unterschiede zwischen der Diskursethik und Kants formaler Ethik des kategorischen Imperativs fassen Jörg Peters und Bernd Rolf zusammen:

---

[69] Ebenda, S. 137.

Zitat

„Die Diskursethik lässt sich als Weiterführung der formalen Ethik Kants darstellen. Der kategorische Imperativ gibt uns, (...) keine bestimmten Normen vor, sondern fordert uns auf, unserer Wertentscheidungen daraufhin zu prüfen, ob sie ohne Widerspruch verallgemeinerungsfähig sind. Dabei setzt Kant voraus, dass die Vernunft, mit deren Hilfe wir darüber entscheiden, etwas Transzendentales (d. h. von der Erfahrung Unabhängiges) und damit bei allen Menschen Identisches ist. Die Verallgemeinerung kann dann durch das einzelne Subjekt als Gedankenexperiment durchgeführt werden. Ich kann, weil ich an der allgemeinen identischen Vernunft teilhabe, für mich entscheiden, was für die anderen gültig ist. In der Diskursethik schließ sich Habermas Kants Kriterium der Verallgemeinerbarkeit von Normen an. Jedoch geht er davon aus, dass die Begründung von Normen nicht durch das Gedankenexperiment des einzelnen Subjekts – gleichsam im Monolog – geleistet werden kann; moralische Geltungsansprüche können vielmehr nur in der Argumentation zwischen den einzelnen Subjekten, d. h. im Diskurs, begründet werden. Dahinter stecken Zweifel an der universalen Identität der Vernunft. Habermas ist durch die Auffassung des amerikanischen Philosophen George Herbert Mead beeinflusst, dass Vernunft nicht transzendentalen Ursprungs und damit für alle Menschen dieselbe ist; sie bildet sich vielmehr in der Subjektwerdung, im Sozialisationsprozess, man kann sagen, sie ist ‚durch Erfahrung imprägniert'. Das bedeutet, was ein Mensch mit einem bestimmten Erfahrungshintergrund für vernünftig hält, muss nicht auch für einen anderen Menschen mit einem anderen Erfahrungshintergrund vernünftig sein. Daher kann ich nicht für mich entscheiden, was für einen Menschen mit einem anderen Erfahrungshintergrund gültig ist. Um dies herauszufinden, bleibt nur die Möglichkeit, mit ihm in einen Dialog einzutreten. Normenbegründung kann deshalb nicht subjektiv, sondern nur intersubjektiv, in einem Diskurs, durchgeführt werden. So lautet denn der Grundsatz, der diskurstheoretisch umformulierte Kategorische Imperativ: ‚Nur diejenigen moralischen Normen dürfen Geltung beanspruchen, die die Zustimmung aller Betroffenen als Teilnehmer eines praktischen Diskurses finden können.'"[70]

Die Diskursethik in der Diskussion

Der französische Philosoph Jean-Francois Lyotard (geb. 1924) wendet ein, dass Habermas' Konsenstheorie Einheitszwang bedeute und verteidigt demgegenüber den Dissens, die Differenz und die Meinungsvielfalt. Dem hielt Habermas entgegen, dass ein am Konsen-

---

70 Peters, Jörg, Rolf, Bernd Ethik aktuell, Bamberg 2002, S. 119f.

sus orientiertes Modell der Vernunft keineswegs weniger, sondern noch mehr Pluralität als die postmodernen Konzepte des Widerstreits beinhalte. Denn je mehr sich die Beteiligten miteinander verständigten, umso mehr wachse die Bereitschaft sich gegenseitig in seinem Anderssein zu akzeptieren. Der neoaristotelische Münchner Philosoph Robert Spaemann (geb. 1927) kritisierte an Habermas' Ansatz dessen Forderung, dass im Ethikdiskurs alle Teilnehmer einem Beschluss zustimmen müssten. *„So erzwingen Regime, die auf der Ideologie der Herrschaftsfreiheit beruhen, die Zustimmung der Untertanen. (...) Der Diskurs ist nie sittliche Entscheidungsinstanz, sondern immer nur Durchgangsstadium in der persönlichen sittlichen Urteilsbildung.*"[71] Ähnlich wie Spaemann kritisiert der amerikanische Pragmatist Hilary Putnam Habermas' Diskursethik. *„Ich habe argumentiert, dass es keinen Grund gibt zu glauben, das Ergebnis einer idealen und hinreichend lange geführten Diskussion ethischer Fragen werde unvermeidlich richtig sein.*"[72]

Literatur

Gottschalk-Mazouz, Niels (Hg.), *Perspektiven der Diskursethik, Würzburg 2004*

Schönrich, Gerhard, *Bei Gelegenheit Diskurs Von den Grenzen der Diskursethik und den Preis der Letztbegründung, Frankfurt 1994*

Wellmer, Albercht, *Ethik und Dialog, Elemente des moralischen Urteils bei Kant und in der Diskursethik, 2. Auflage, Frankfurt 1999*

Existenzialistische Ethik

Die existenzialistische Ethik unter die normative Ethik einzuordnen erscheint deshalb fraglich, weil sie keine feststehenden Prinzipien, Werte und Normen lehrt. Und dennoch kommt auch der Existenzialismus mit seiner Forderung nach Authentizität bzw. Eigentlichkeit (Heidegger) im Gegensatz zum angepassten Verhalten in der Massengesellschaft nicht ohne Wertungen aus. Als Begründer der existenzialistischen Ethik hebt der dänische Philosoph Sören Kierkegaard (1813-1855) zum ersten Mal die Bedeutung einer

Authentiziät

[71] Spaemann, Robert, Glück und Wohlwollen Versuch über Ethik, Stuttgart 1989, S. 179.

[72] Putnam, Hilery, Antwort auf Jürgen Habermas, in: Raters, Marie-Luise und Willaschek Marcus (Hg.), Hilary Putnam und die Tradition des Pragmatismus, Frankfurt a. Main 2002, S. 307.

ethischen Selbstwahl hervor. *„Die größte Gefahr, jene, sich selbst zu verlieren, kann in der Welt so geräuschlos sein, als wäre es gar nichts."*[73] Auch nach Martin Heidegger muss sich der Mensch immer wieder neu darauf besinnen, welche Existenz er führen wolle; er sei *„Das Seiende, dem es in seinem Sein um dieses selbst geht"*.[74] Für den Existenzphilosophen Karl Jaspers ist besonders in den von ihm so benannten *Grenzsituationen* (vgl. 9.4.2) wie Schuld, Leiden, Zufall oder Tod ein Aufschwung zu unserem wahren Selbst möglich. In ihnen werde uns zwar *„der Boden unter den Füßen weggezogen"*, aber sie böten auch die Chance zu einem Neuanfang. Ein unaufrichtiges Leben, in dem die Menschen ihre Subjektivität hinter vorgefertigten Schablonen verstecken, nannte Jean-Paul Sartre *la mauvaise foi.* Selbstbetrug sei es, wenn jemand die Möglichkeiten seiner Existenz verleugne. Für Sartre entscheidet sich mit den Taten eines jeden Einzelnen das Schicksal aller. Der individuelle Akt binde die ganz Menschheit. *„(...) ich schaffe ein bestimmtes Bild des Menschen, den ich wähle; indem ich mich wähle, wähle ich den Menschen."*[75]

Grenzsituationen

Merksatz

„Der Existenzialismus betont radikal die Tragweite der Selbstbestimmung aus Freiheit, die Autonomie der individuell-endlichen Subjektivität und deren praktischer Verantwortung. (...) er (ruft) den Menschen in die je-eigene Aufgabe verantwortlich-freier Existenz."[76]

Die Sorge um sich

Die Ethik einer *„Sorge um sich"* darf nicht mit einem egoistischen Ansatz in der Moralphilosophie verwechselt werden. Vielmehr geht es in ihr um eine Veränderung des Selbst und seiner Sicht- und Verhaltensweisen. Steht im Existenzialismus das *authentische* Selbst – *Hier stehe ich und kann nicht anders* – im Mittelpunkt, vertritt die pragmatische Ethik der „Sorge um sich" eine Selbsttechnologie, in der Werte- und Regelverhalten in Reaktion auf soziale Rahmenbedingungen als Voraussetzung für die Aus- und Umbildung einer Persönlichkeit angesehen werden.

---

73 Kierkegaard, Sören, Die Krankheit zum Tode, aus dem Dänischen übersetzt von Uta Eichler, Stuttgart 1997, S. 35.

74 Heidegger, Martin, Sein und Zeit, a. a. O., S. 42.

75 Sartre, Jean-Paul, Ist der Existenzialismus ein Humanismus, in: Drei Essays Frankfurt a. Main-Berlin-Wien 1977, S. 13.

76 Anzenbacher, Arno, Einführung in die Ethik, 3. Auflage, Düsseldorf 2003, S. 242.

Mit Harry G. Frankfurt (geb. 1929) lässt sich zwischen Wünschen erster Stufe und Wünschen zweiter Stufe unterscheiden. Menschen vermögen ihre Wünsche der ersten Ordnung noch einmal einer Bewertung zu unterziehen. In diesen „starken" Bewertungen versuchen wir unsere unmittelbaren Antriebe, Bedürfnisse und Motivationen zu steuern. In starken Wertungen versucht sich der Mensch aus seiner Partikularität hin zu einer Persönlichkeit zu entwickeln. Ziel starker Wertungen ist es, Achtung gegenüber sich selbst zu gewinnen. Auch der kanadisch-amerikanische Philosoph Charles Taylor (vgl. 9.8.2) spricht von schwachen und starken Wertungen. Bei starken Wertungen gehe es nicht um die einfache Präferenzordnung von Wünschen, sondern Wünsche werden in ihnen auf Werte bezogen und erhalten erst in diesem Licht ihre Berechtigung. Sich einer Diät zu unterziehen, weil dies meiner Gesundheit zuträglich ist, oder zu überlegen, ob ich in den Süden oder Norden fahre, seien keine starken Wertungen, sondern einfach nur Alternativen. Etwas anderes sei es, wenn ich mich selbst verachte (starke Wertung), weil ich wieder mal meiner Lust zu essen nicht habe Einhalt gebieten können.

In anderer Gewichtung geht es dem französischen Philosophen Michel Foucault in seiner Ethik der „Sorge um sich" um jene individuellen Techniken des Selbst und der Selbstreflexion, die ein Maximum an Lernprozessen versprechen. Foucault unterscheidet zwei Formen des Selbstbezuges: *gnothi seauton* (Aufforderung,

epimeleia heautou

sich selbst zu erkennen) und *epimeleia heautou*[77] (Selbstbekümmerung bzw. Sorge um sich). Selbstbekümmerung meint etwas anderes als die bloße Selbsterkenntnis, sie zielt auf einen umfassenderen Selbstbezug, in dem es um den gesamten Auf- und Umbau des Individuums in seiner Umwelt geht. *„Philosophie ist jene Verschiebung und Transformation der Denkrahmen, die Modifizierung etablierter Werte und all der Arbeit, die gemacht wird, um anders zu denken, um anderes zu machen und anders zu werden als man ist."*[78] Ähnlich wie Friedrich Nietzsche fordert Foucault dazu auf, Experimente zu wagen: *„(...) wir haben etwas zu schaffen, das noch nicht existiert und von dem wir nicht wissen können, was es sein wird."*[79]

[77] Foucault, Michel, Hermeneutik des Subjekts, Frankfurt am Main, 2004, S. 86.
[78] Foucault, Michel, Von der Freundschaft, Berlin o. J., S. 22.
[79] Foucault, Michel, Der Mensch ist ein Erfahrungstier, Gespräch mit Ducio Tromadori, Frankfurt am Main 1996, S. 83.

Metaethik

4.1.3

In der Metaethik werden keine inhaltlichen Aussagen über das sittlich Gute gemacht, sondern die formalen Grundlagen ethischer Sätze und Urteile analysiert. *Was ist eigentlich ein moralisches Urteil? Worin unterscheiden sich moralische Urteile von anderen Urteilsarten?*, sind metaethische Fragestellungen.[80] Die Metaethik entsprang dem *Linguistic turn* des 20. Jahrhunderts, also der Überlegung, dass philosophische Probleme in Form von eingehenden sprachlichen Untersuchungen anzugehen seien. Gegenstand der Metaethik ist die Sprache der Moral, das heißt, wie ethisch argumentiert wird bzw. argumentiert werden kann.

Linguistic turn

Im Wesentlichen stehen sich die beiden metaethischen Positionen des *Nonkognitivismus* und des *Kognitivismus* gegenüber.

Zitat

„In sogenannten kognitivistischen Richtungen der Metaethik versucht man ethische Sätze auf eine, wie auch immer geartete, Erkenntnis zu gründen; sogenannte nicht-kognitivistische Richtungen dagegen bestreiten diese Möglichkeit und fassen ethische Sätze beispielsweise als umformulierte, sozial verallgemeinerte Befehle (‚präskriptivistische Ethik') oder als Ausdruck impulsiver moralischer Gefühle (‚emotive' Ethik) auf."[81]

Erläuterung

„Letztlich geht es im Streit zwischen Kognitivismus und Nonkognitivismus (...) um die Frage, ob man ethische Äußerungen begründen kann, ob sie (...) wahr oder falsch sein können."[82]

Nonkognitivismus: Emotivismus und Präskriptivismus

Gemäß dem Nonkognitivismus, wie ihn zum Beispiel Ludwig Wittgenstein vertritt[83], sind ethische Äußerungen nicht begründungs- oder wahrheitsfähig.[84] Sittliche Urteile lassen sich nicht wie Tatsachenurteile oder logische Urteile bewahrheiten, sondern entziehen

[80] vgl. Düwell, Marcus, Hübenthal, Christoph, Werner, Micha H. (Hg.), Handbuch Ethik, Stuttgart, Weimar 2002, S. 27.

[81] Ropohl, Günter, Lenk, Hans (Hg.), Technik und Ethik, Stuttgart 1987, 2. revidierte und erweiterte Auflage 1993, S. 9.

[82] Quante, Michael, Einführung in die Allgemeine Ethik, Darmstadt 2003, S. 40.

[83] Wittgenstein, Ludwig, Vortrag über die Ethik und andere kleine Schriften, Frankfurt am Main, 2. Auflage 1992, S. 19.

[84] Quante, Michael, Einführung in die Allgemeine Ethik, Darmstadt 2003, S. 40.

sich der eindeutigen Verifizierbarkeit (verifizieren – durch Überprüfen die Richtigkeit von etwas bestätigen).

Der *Emotivismus* in der Ethik wurde von Vertretern des logischen Positivismus – Rudolf Carnap (1891-1970), Moritz Schlick (1882-1936), Alfred Jules Ayer (1910-1989)[85] – entwickelt. Diese Autoren erkennen nur zwei Arten von wahrheitsfähigen Behauptungen an: a) mathematisch-logische und b) empirische Tatsachenbehauptungen. Moralische Urteile enthalten gemäß des Emotivismus keinen kognitiven Gehalt, sondern entspringen bestimmten positiven oder negativen *Einstellungen* und *Gefühlslagen*. *„Für Carnap sind moralische Äußerungen nichts anderes als versteckte Befehle.“*[86] Der Emotivismus betont die Expressivität von Urteilen über die Güte oder Schlechtigkeit von Handlungen. Moralische Urteile seien von ihrem semantischen Status her vergleichbar mit Ausrufen wie *Wunderbar!* und *Pfui!* Wenn ich zum Beispiel sage, *„Es ist falsch, einen Schwangerschaftsabbruch vorzunehmen“*, drücke ich mein Gefühl der Missbilligung oder sogar des Abscheus vor einer solchen Handlung aus.

Zitat

> „Wenn ich (...) zu jemand sage ‚Du tatest Unrecht, als du das Geld stahlst', dann sage ich nicht mehr aus, als ob ich einfach gesagt hätte ‚Du stahlst das Geld'. Indem ich hinzufüge, dass diese Handlung unrecht war, mache ich über sie keine weitere Aussage. Ich zeige damit nur meine moralische Missbilligung dieser Handlung. Es ist so, als ob ich ‚Du stahlst das Geld' in einem besonderen Tonfall des Entsetzens gesagt oder unter Hinzufügung einiger besonderer Ausrufezeichen geschrieben hätte.“[87]

Im moralischen Urteil äußere ich meine Gefühlslage und versuche dadurch die Gefühlslage anderer zu beeinflussen. In der ethischen Diskussion (der unterschiedlichen Bewertung von Gut und Böse) stehen Gefühle gegen Gefühle: *„Wir können unser Gegenüber höchstens überreden oder ihm suggerieren, dasselbe zu fühlen wie wir.“*[88] In einer Ethikdebatte werden also nur die eigenen Wunsch- und

[85] Ayer, Alfred Jules, Sprache, Wahrheit und Logik, Stuttgart 1970.

[86] Grewendorf, Günther, Meggle Georg, Seminar: Sprache und Ethik, Frankfurt am Main1974, S. 16.

[87] Ayer, Alfred Jules, Sprache, Wahrheit und Logik, Stuttgart 1970, S. 141.

[88] Andersen, Svend, Einführung in die Ethik, Berlin, New York 2000, S. 228.

Wertvorstellungen zum Ausdruck gebracht. *„Moral begründen ist nichts anderes als Moral predigen! Moral begründen ist unmöglich!"*[89]

Etwas differenzierter ist der nonkognitivistische Ansatz von Charles L. Stevenson (1908-1979)[90]. Stevenson unterscheidet bei Ethikurteilen einen deskriptiv-beschreibenden – wahrheitsfähigen – und einen wertenden – gefühlsmäßigen – Anteil. Wenn man behauptet *„x ist gut"*, dann heißt das soviel wie, dass man bestimmte Eigenschaften a, b, c, an x schätzt (deskriptiver Teil) und aufgrund dieser Eigenschaft einem anderen empfiehlt, dies auch zu tun. Über die Qualität der Eigenschaften lässt sich rational diskutieren, so dass sich die Meinungen durch das Vorbringen von Gründen eventuell verändern lassen. Die moralischen Einstellungen selber sind jedoch nicht kognitiv, sondern emotional. *„Moralurteile sind zwar keine Imperative, haben mit diesen jedoch – so Stevenson, folgendes gemeinsam: Sie dienen dazu (und darin besteht ihre Bedeutung) den Adressaten so zu beeinflussen, dass er eine bestimmte Handlung vollzieht. Die Imperative tun das direkt. Moralurteile tun es auch, nur eben etwas subtiler."*[91]

Präskriptivismus

Der *Präskriptivismus* ist eine Variante des Nonkognitivismus und mit dem Namen des englischen Moralphilosophen Richard Mervyn Hare (geb. 1919) verbunden. Im Unterschied zum Emotivismus interessieren Hare weniger die Gefühle und Wirkungen von ethischen Behauptungen, sondern welche Handlungen und (Selbst)verpflichtungen moralische Aussagen implizieren. Emotivisten weisen der Vernunft in der Moral eine untergeordnete Bedeutung zu. Es gehe in ihr hauptsächlich um Emotion und Manipulation. Für Hare haben jedoch moralische Urteile eine deskriptive und eine präskriptive (präskriptiv: vorschreibend, handlungsanleitend) Komponente. Akzeptiert man eine bestimmte moralische Aussage, dann verpflichtet man sich nach Hare gleichzeitig zu ihr entsprechenden Handlungen. Bei ethischen Urteilen muss zudem gefordert werden, dass man sich selbst an sie hält. Um als moralisches Urteil gelten zu können, müssen sie argumentativ gut abgesichert sein. Gründe, die in einer bestimmten Situation als gut erachtet werden, müssen in einer ähnlichen Situation als wahrscheinlich richtige

[89] Quante, Michael, Einführung in die allgemeine Ethik, a. a. O. , S. 43.

[90] Stevenson, Charles, L., Ethics and Language, New Haven und London 1944.

[91] Grewendorf, Günther, Meggle Georg, Seminar: Sprache und Ethik, a. a. O., S. 16f.

gelten. *„Eine Person, deren Handlungen zu ihren erklärten Moralprinzipien in Widerspruch stehen, dementiert sich sozusagen selbst.“*[92] Obwohl Hare der Vernunft bei der Moralbegründung einen größeren Stellenwert einräumt, ist seine Moraltheorie nonkognitivistisch. Ethische Festlegungen können zwar mit Argumenten begründet werden, in letzter Instanz enthalten sie jedoch ein irrationales, dezisionistisches (durch eine nicht mehr weiter zu hinterfragende Entscheidung festgelegtes) Element. Hare geht es in seiner von Sartres Existenzialismus beeinflussten Moralphilosophie – *(...) ich schaffe ein bestimmtes Bild des Menschen, den ich wähle; indem ich mich wähle, wähle ich den Menschen*“[93] – um eine Verknüpfung von Freiheit und Vernunft.

Zitat

„Jeder, der vor einem ernsten moralischen Problem steht, weiß, dass es sein eigenes Problem ist und dass ihm niemand die Beantwortung desselben abnehmen kann. Dennoch ist die Beantwortung moralischer Fragen nicht willkürlich: wir spüren vielmehr, dass es von ausschlaggebender Bedeutung ist, welche Antwort wir geben, und dass wir bei der Aufgabe, eine Antwort zu finden, unsere rationalen Fähigkeiten bis an die Grenze des Möglichen einsetzen sollten.“[94]

Kognitivismus

Beim Kognitivismus handelt es sich um eine metaethische Position, wonach moralische Erkenntnis möglich ist. Moralische Urteile lassen sich aufgrund bestimmter Kriterien intersubjektiv verbindlich als wahr oder falsch beurteilen. Wenn man behauptet, dass moralische Urteile wahrheitsfähig sind, kann man sich auf drei verschiedene Konzeptionen von Wahrheitstheorien stützen: die *Korrespondenztheorie der Wahrheit*, die *Kohärenztheorie der Wahrheit* und die *Konsenstheorie der Wahrheit.* (vgl. 1.5) Bei der Korrespondenztheorie besteht die Wahrheit eines moralischen Urteils in dessen Übereinstimmung mit moralischen Tatsachen. Dies führt zu der Frage, ob es überhaupt moralisch – objektive – Tatsachen gibt. Die on-

---

[92] Hügli, Anton, Lübcke, Poul (Hg.), Philosophie im 20. Jahrhundert, Reinbek bei Hamburg 1993, Band 2, S. 339.

[93] Sartre, Jean-Paul, Ist der Existenzialismus ein Humanismus, In Drei Essays Frankfurt am Main - Berlin-Wien 1977, S. 13.

[94] Hare, Richard M., Freiheit und Vernunft, Frankfurt 1983, Klappentext.

tologische Position, wonach es moralische Tatsachen gibt, nennt man *ethischen Realismus.* Die Kohärenztheorie der Wahrheit benötigt keine derart „starke“ ontologische Grundannahmen. Ihr gemäß hängt die Richtigkeit eines moralischen Urteils von der Kohärenz (innerer Zusammenhang, Folgerichtigkeit) eines Urteilssystems ab. In diesem Fall bürgt die Übereinstimmung eines moralischen Urteils mit *„gut etablierten und als gültig akzeptierten moralischen Prinzipien“*[95] für dessen Richtigkeit. Bei der *Konsenstheorie der Wahrheit* wird die Annahme von Normen von der Zustimmung der von ihnen Betroffenen abhängig gemacht.

Bedeutungen von „gut“

Die Philosophie kann als Suche nach dem Wahren, Guten, und Schönen begriffen werden, wobei für die Ethik das Wort *„gut“* zentrale Bedeutung besitzt. Eine Systematisierung der verschiedenen Bedeutungen von *gut* liefert Michael Quante in einer an William K. Frankena angelehnten Liste. So kann „gut“ a) einen Gebrauchswert, b) einen instrumentellen Wert, c) einen intrinsischen Wert, d) einen Wert im Bestandteilsinn und e) einen Endwert bezeichnen.

Zitat

> „Der Gebrauchswert bezeichnet den Nutzen eines Gegenstands für die Realisierung eines gegebenen Zwecks, und mit dem instrumentellen Wert ist gemeint, dass ein Gegenstand als Mittel zu etwas geeignet ist. Der intrinsische Wert steht für den Wert, der einem Gegenstand aus sich heraus zukommt. (...) Im Bestandteilsinn ist ein Gegenstand gut, weil er Bestandteil eines anderen guten Gegenstandes ist. Wenn z. B. die Beschäftigung mit philosophischer Ethik ein wesentlicher Bestandteil eines guten Lebens ist, dann kommt dieser Beschäftigung Wert im Bestandteilsinn zu. Unter dem Endwert versteht man dann die Güte, die einem Gegenstand unter Einbeziehung aller Aspekte, Eigenschaften und Umstände zukommt. Denn es kann sein, dass etwas in sich inhärent negativ zu bewerten ist, im Blick auf seine Folgen aber einen positiven Endwert zugesprochen bekommt (z. B. eine schmerzhafte Zahnoperation, die insgesamt der Gesundheit dient).“[96]

[95] Pauder-Studer, Herlinde, Einführung in die Ethik, Wien 2003, S. 164.
[96] Quante, Michael, Einführung in die Allgemeine Ethik, Darmstadt 2003, S. 37.

Naturalistischer Fehlschluss

Als naturalistischer Fehlschluss wird bezeichnet, wenn vom Sein (wie etwas ist) auf ein Sollen (wie etwas sein soll) geschlossen wird, zum Beispiel: Menschen haben sich seit jeher gegenseitig getötet, also ist es legitim, Kriege zu führen. Menschen versuchen in der Regel Schmerzen zu vermeiden und Lust zu maximieren. Nach David Hume (1711-1776) und Gerald E. Moore (1873-1958) darf man daraus jedoch nicht den Schluss ziehen, dass es *moralisch* wertvoll sei, Schmerzen zu vermeiden und nach Lustgewinn zu streben. Die empirischen Wissenschaften Biologie, Soziologie, Geschichte, Anthropologie beschreiben Sachverhalte und Tatsachen, doch aus diesen Erkenntnissen dürfe man nicht sofort zu normativen Behauptungen übergehen. Mit dem Argument der „offenen Frage“: *„Dieser Gegenstand ist p, aber ist er auch gut?“*, weist Moore darauf hin, dass ethische Begriffe mehr und anderes meinen, als sich in einer rein naturwissenschaftlichen Sprache zum Ausdruck bringen lässt.

Argument der offenen Frage

4.2 | Angewandte Ethik

Die angewandte Ethik (auch Bereichsethik genannt) beschäftigt sich mit der Übertragung von moralischen Regeln der normativen Ethik auf konkrete moralische Konfliktfälle. In vielen Gebieten ergibt sich heute die Notwendigkeit einer philosophischen Auseinandersetzung mit ethischen Fragen. Die Entwicklungen in den modernen Wissenschaften, Technologien und Kommunikationsmitteln hatten auch einen Verlust von Traditionen und eine Verunsicherung in Bezug auf Normen und Werte zur Folge. Die angewandte Ethik diskutiert die praktischen Probleme, die in Alltagssituationen, in den Institutionen oder der Politik entstehen. Es lassen sich u. a. folgende Bereichsethiken unterscheiden: Bioethik, Medizinethik, Umweltethik, Tierethik, Genethik, Wissenschafts- und Technikethik, Wirtschaftsethik, Medienethik.

4.2.1 | Bioethik

In der Bioethik geht es um Fragen nach dem Wert des Lebens in einem umfassenden Sinn. Sie ist eine noch junge Disziplin, die sich in den 60er Jahren in den USA entwickelt hat, nachdem es sprunghafte Fortschritte in der Medizin wie zum Beispiel die erste erfolgreiche Nierentransplantation im Jahr 1954 gab.[97] Die Entdeckung der Struktur der Erbsubstanz DNA vor fünfzig Jahren, das Humangenom Projekt, das Klonen von Säugetieren (1997) die Stammzellforschung (1998) sowie weitere wissenschaftliche Erfolge führten zu einer Aufwertung bioethischer Fragen. Man unterscheidet bei der Bioethik einen engeren Begriff von medizinischer bzw. biomedizinischer Ethik und einen weiteren Begriff, der auch Ökologieethik, Tierethik und Genethik umfasst[98].

Medizinethik

Die Medizinethik stellt moralische Fragen bezüglich des Umgangs mit Krankheit, Gesundheit, Alter und Tod; Fragen, die heute verstärkt aufgrund von Neuerungen im Bereich der *Diagnostik*, von *Operationstechniken, medikamentösen Therapien der Reproduktionsmedizin und der Prävention* entstehen.[99] Diskutiert werden Optionen auf den Gebieten der prädikativen Diagnostik, des Humanexperimentes, der Organtransplantation, der Fortpflanzungsmedizin, der In-vitro-Fertilisation (Befruchtung einer menschlichen Eizelle mit einer Samenzelle im Reagenzglas), des Schwangerschaftsabbruches, der Sterbebegleitung und Sterbehilfe (passive, indirekte und aktive Sterbehilfe). Immer häufiger wird die Einrichtung von mit Juristen, Philosophen, Moraltheologen, Vertretern der Pflegeberufe besetzten *Ethikkommissionen propagiert*, die medizinische Forschung überwachen und den Schutz des einzelnen Menschen gewährleisten sollen.

Ethikkommission

Im Zentrum der Medizinethik steht das Arzt-Patienten-Verhältnis als Ethos der Fürsorge mit dem obersten Gebot das Beste für den Patienten zu tun (salus aegroti suprema lex). Für das Abendland prägend ist der Eid des griechischen Arztes Hippokrates (460-377 v. Chr.), in dem der Arzt sich verpflichtet, sein medizinisches Wissen

---

[97] Düwell, Marcus, Steigleder, Klaus (Hg.), Bioethik, Frankfurt am Main 2003, S. 15.

[98] vgl. Irrgang, Bernhard Einführung in die Bioethik, München 2005, S. 10, auf begriffliche Probleme in der Untergliederung Bioethik: Umweltethik, Medizinethik, Tierethik weisen Düwell, Marcus, Steigleder, Klaus in ihrem Aufsatz *Bioethik – Zu Geschichte, Bedeutung und Aufgaben,* in dies. (Hg.), Bioethik, Frankfurt am Main 2003, S.24f. hin.

[99] Pöltner, Günther, Grundkurs Medizin-Ethik, Wien 2002, S. 12.

zum Heil des Patienten und nicht für wirtschaftliche, politische oder persönliche Interessen zu nutzen.

Zitat

„Schweigepflicht, Verweigerung der aktiven Euthanasie (selbst wenn der Patient den Arzt darum anfleht) und das absolute Verbot des sexuellen Missbrauchs von Patienten gehören ebenso in den hippokratischen Eid wie die Gleichbehandlung von Kranken ohne Unterschied des Geschlechts oder Besitzstands, gleichgültig ob sie Freie oder Sklaven waren.“[100]

Ethische Prinzipien wie Patientenaufklärung, Patientenautonomie, die Verpflichtung des Arztes zuhören zu können dienen dazu, einem möglichen paternalistischen Missverständnis des Arzt-Patienten-Verhältnisses entgegenzusteuern. Dabei sollte die ärztliche Aufklärung über Krankheiten wahrheitsgemäß, jedoch nicht unsensibel schonungslos erfolgen und die existenzielle Situation des Patienten mitberücksichtigen. Doch Medizinethik umfasst heute mehr als den ärztlichen Berufsethos und *„bemüht sich um normative Orientierungen für alle, die aufgrund ihres Berufes oder als Patienten mit dem medizinischen Bereich zu tun haben.“*[101] So stellt sich seit der Geburt des ersten „Retortenbabys“ (1978) die Frage, unter welchen Bedingungen die In-vitro-Fertilisation erlaubt ist. Sollen Eltern gezielt das Geschlecht ihres Kindes wählen dürfen? Ist ein Embryo so schützenswert wie ein Kind? *„Wer sich fragt, ob der Schutz der Menschenwürde auf Embryonen auszudehnen ist, der muss zuvor geklärt haben, was Menschenwürde besagt und wie sie begründet ist.“*[102] Der australische Philosoph Peter Singer (geb. 1946) spricht sich für den Schwangerschaftsabbruch aus, wenn er nach genauer Abwägung des Für und Wider den Lebenswert für die beteiligten „Personen“ steigert.

Gemäß Singers radikal-utilitaristischer Position ist sogar die Tötung eines behinderten Neugeborenen erlaubt, wenn dies die Gesamtsumme des Glücks größer werden lässt.[103] *„Denn nur eine Person mit Selbst-Bewusstsein, die weiß, was es bedeutet, wenn ihr*

---

[100] Sass, Hans-Martin, Medizinethik, in Pieper, Annemarie, Thurnherr, Urs, (Hg.), Angewandte Ethik Eine Einführung, München 1998, S. 80.

[101] Thurnherr, Urs, Angewandte Ethik zur Einführung, Hamburg 2000, S. 35.

[102] Düwell, Marcus, Steigleder, Klaus, Bioethik – Zu Geschichte, Bedeutung und Aufgaben in dies. (Hg.), Bioethik, a. a. O., S.31.

[103] vgl. Singer, Peter, Praktische Ethik, Stuttgart 1984, S. 183.

Leben beendet wird, kann sich auch wünschen, weiterzuleben. Das kann ein Wesen ohne Selbstbewusstsein nicht.“[104] Singer unterscheidet drei Klassen: 1. Wesen ohne Bewusstsein (Dinge, Pflanzen, Tiere ohne Nervensystem), 2. Bewusst-empfindliche Wesen: Tiere mit Nervensystem, 3. Personen, die sich ihrer Vergangenheit und Zukunft bewusst sind und deren Präferenzen wir zu achten haben.

Erläuterung

„Das Provokante an der Position Singers ergibt sich daraus, dass er diese drei Klassen nicht (substantialistisch bzw. ‚speziesistisch‘) bestimmten Arten zuordnet, sondern strikt aktualistisch argumentiert. So ist ein Wesen dann und nur dann Person, wenn es aktuell in der Lage ist, die Indikatoren des Personseins zu vollziehen. Insofern sind nach Singer menschliche Embryonen, Neugeborene, Schwerstbehinderte und Komatöse keine Personen; andererseits rechnet er damit, dass gewisse höhere (erwachsene und gesunde) Tiere, etwa Schimpansen, Gorillas, Wale und Delphine Personen sind.“[105] Gegen Singer sprechen in der Frage um den moralischen Status menschlicher Embryonen (Embryonendebatte) vier Argumente, kurz SKIP-Argumente genannt: *„1) Das Speziesargument: Da Embryonen als Mitglieder der Spezies Homo sapiens sapiens Menschen sind, besitzen sie Würde. 2) Das Kontinuitätsargument: Embryonen entwickeln sich kontinuierlich, d.h. ohne moralrelevante Einschnitte, zu erwachsenen Menschen, die Würde besitzen. 3) Das Identitätsargument: Embryonen sind in moralrelevanter Hinsicht identisch mit erwachsenen Menschen, die Würde besitzen. 4) Das Potentialitätsargument: Embryonen haben das Potential, Menschen zu werden, und dieses Potential ist uneingeschränkt schützenswert.“*[106]

Gradualismus

Wann beginnt menschliches Leben? Ab der Befruchtung oder nach 14 Tagen, wenn ein Embryo schon individuelle Züge trägt oder mit der Einnistung im Uterus, wofür die Biologin und Nobelpreisträgerin Christiane Nüsslein-Vollhard optiert. Der sogenannte Gradualismus geht von fünf Stadien auf dem Weg zur Menschwerdung aus. 1. Verschmelzung von Samen und Eizelle am ersten Tag, 2. Ausbildung einer biologischen Individualität des menschlichen Organismus nach Abschluss der Nidation (14. bis 16. Tag), 3. Ausbildung der menschlichen Gestalt bis zur 12. Woche, 4. Gehirn-

---

[104] Singer, Peter, Nur Personen haben ein Recht auf Leben in Nink, Hermann (Hg.), Standpunkte der Ethik, a. a. O., S. 77.

[105] Anzenbacher, Arno, Einführung in die Ethik, 3. Auflage, Düsseldorf 2003, S. 259.

[106] Damschen. Gregor, Schönecker, Dieter (Hg.), Der moralische Status menschlicher Embryonen, Berlin 2002, S. V.

funktionen werden ausgebildet (24-26. Woche), 5. Geburt.[107] Nach Bernhard Irrgang entsprechen diesen unterschiedlichen Stufen der Menschwerdung unterschiedliche Grade der Schutzwürdigkeit. Abzulehnen sei der Gedanke des Präformismus in der Embryonalentwicklung, wonach mit der Befruchtung das Wesen des Menschen in seiner Individualität vorgegeben sei, da sich bei der Ausbildung zur Individualität viele verschiedene Phasen unterscheiden lassen und diese von vielen Faktoren abhängt. *„Das menschliche Genom ist keine Leibniz'sche Monade, der genetische Code weder mit einer spezifischen individuellen Leiblichkeit noch mit Personalität zu identifizieren.* (...) *eine befruchtete Eizelle ist kein menschliches Individuum."*[108]

Anders als nach offizieller Lesart des Grundgesetztes, wonach das Lebensrecht mit der Befruchtung der Eizelle beginnt, vertritt der Mainzer Rechtsethiker Norbert Hoerster (geb. 1937) im Sinne des Präferenzutilitarismus die Auffassung, dass erst mit der Entstehung eines eigenen Überlebensinteresses das (strafrechtlich geschützte) Menschenrecht auf Leben einsetzt. *„Von welchem Zeitpunkt seiner natürlichen Entwicklung an hat das menschliche Individuum ein Überlebensinteresse? Diese Frage ist, was die exakte Grenze angeht, äußerst schwer, was aber weiteste Bereiche vor und nach der Grenze angeht, sehr leicht zu beantworten. Ältere Kinder und Erwachsene haben mit Sicherheit ein Überlebensinteresse, Embryonen jeden Alters haben mit Sicherheit noch kein Überlebensinteresse. Irgendwann im ersten Lebensjahr nach der Geburt beginnt das Überlebensinteresse sich beim menschlichen Individuum in seinen ersten Anfängen einzustellen und entwickelt sich in der Folgezeit kontinuierlich weiter."*[109] Da der Zeitpunkt zur Entwicklung des Lebensinteresses *irgendwann im ersten Lebensjahr* zu unbestimmt ist, schlägt Hoerster vor, *„in unserer Rechts- und Moralpraxis genau vom Zeitpunkt der Geburt an das Menschrecht auf Leben zuzusprechen."*[110]

Gegen die Thesen von Norbert Hoerster behauptet der Münchner Philosoph Robert Spaemann, dass das Leben mit der Befruchtung beginnt: *„Es kann und darf nur ein einziges Kriterium für Persona-*

[107] Vgl. Irrgang, Bernhard, Einführung in die Bioethik, a. a. O., S. 68f.
[108] Ebenda, S. 60.
[109] Hoerster, Norbert, Ethik des Embryonenschutzes Ein rechtsphilosophischer Essay, Stuttgart 2002, S. 87.
[110] Ebenda, S. 96.

lität geben: die biologische Zugehörigkeit zum Menschengeschlecht. Darum können auch Anfang und Ende der Existenz der Person nicht getrennt werden vom Anfang und Ende des menschlichen Lebens (...) Das Sein der Person ist das Leben eines Menschen."[111]

Bei der Künstlichen Befruchtung geht es darum, ob Experimente an den menschlichen Embryonen vorgenommen werden dürfen. Man erhofft sich durch die Erforschung der embryonalen Stammzellen (ES-Zellen) diese gegen Krankheiten, bei denen bestimmte Zelltypen degenerieren – Kinderdiabetes, Morbus Parkinson, multiple Sklerose –, einsetzen zu können. „In der BRD unterliegt die IvF einem vergleichsweise strengen Netz von Regelungen. Neben dem Embryonenschutzgesetz hat auch die Bundesärztekammer Richtlinien erlassen und in die Berufsordnung aufgenommen, die u. a. die Leihmutterschaft verbieten, die Fremdsamenspende unter strenge Bedingungen stellen und die Zahl der zu befruchtenden Eizellen regeln, um ‚überschüssige' Embryonen ebenso wie Mehrlingsschwangerschaften zu vermeiden."[112]

ES-Zellen können sich in fast alle Zellarten unseres Körpers verwandeln und beschädigte Organe eventuell heilen. In England und asiatischen Ländern ist die Forschung an den ES möglich, in Deutschland verbietet dies das Embryonenschutzgesetz, das von der Menschwerdung im Augenblick der Befruchtung ausgeht. Doch vielleicht lässt sich das ethische Problem der verbrauchenden Embryonenforschung umgehen, indem man, ohne dass menschliche Eizellen oder Embryonen erzeugt werden müssen, gewöhnliche menschliche Hautzellen „verjüngen" kann. Es müssten dann keine reifen Eizellen von Frauen gespendet werden, der Rohstoff wächst vielmehr in der Petrischale auf. Entsprechende Forschungen haben in den USA schon zu ersten Erfolgen geführt.

Alter und Tod sind vorrangige medizinethische Themen. Das Problem der Sterbehilfe wird dabei vor dem Hintergrund des Euthanasieprogramms *(Euthanasie, griech: schöner, leichter, leidloser Tod)* und den Experimenten mit Menschen in der NS-Zeit diskutiert. In Deutschland ist sie prinzipiell verboten, in den Niederlanden seit 2001 unter bestimmten Bedingungen erlaubt: u. a wenn ein freies und wohlbedachtes Verlangen des Patienten vorliegt (Patientenver-

---

[111] Spaemann, Robert, Personen Versuche über den Unterschied zwischen ‚etwas' und ‚jemand' , 2. Auflage, Stuttgart 1998, S. 264.

[112] Düwell, Marcus, Hübenthal, Christoph, Werner, Micha H. (Hg.), Handbuch Ethik, Stuttgart, Weimar 2002, S. 270.

fügung) und wenn der Arzt zur Überzeugung gekommen ist, dass der Patient unerträglich leidet und sich in einem aussichtlosen Zustand befindet.[113] Das Problem bei der schriftlichen Patientenverfügung ist, dass sie vom Patienten in einem Zustand verfasst wurde, der mit dem späteren schwerstkranken kaum noch vergleichbar ist. Es ist deshalb unklar, ob diese Verfügung noch für einen Kranken gelten soll, der sich über seine Tötung nicht mehr äußern kann. In Großbritannien hat der Ärzteverband British Medical Association seinen hippokratischen Berufscodex geändert und den Widerstand gegen sie zunächst einmal aufgegeben. Es sei Sache der Gesellschaft, in bestimmten Fällen die aktive Euthanasie zuzulassen. In der Schweiz ist eine Verabreichung einer tödlichen Spritze durch den Arzt bei einer entsprechenden Bitte des Patienten verboten, erlaubt ist jedoch die ärztliche Verabreichung einer tödlichen Dosis sogenannter Natrium-Pentobarbitale, die der Patient dann eigenhändig einnimmt und aufgrund derer er „schmerzfrei" sterbe.[114] Gegen die Sterbehilfe spricht, dass sich zum Beispiel ein die Familie belastender älterer Mensch verpflichtet fühlen könnte eine entsprechende Bitte auszusprechen. Zudem befürchten Ärzte einen erheblichen Vertrauensverlust, wenn es ihnen erlaubt wäre, ihre Patienten unter bestimmten Bedingungen zu töten.

Seit den 50er und 60er Jahren des 20. Jahrhunderts führen Fortschritte in der modernen Transplantationsmedizin dazu, dass Nieren, Knochenmark, Augenhornhäute, Herz, Lungen usw. verpflanzt werden können. Die in der Regel von Verstorbenen entnommenen Organe führen zur Frage nach der Festlegung des Todeszeitpunktes. Derzeit wird er als Verlust der Großhirn- und Hirnstammfunktion (= Hirntod) definiert.

Merksatz

„Da das Gehirn des Menschen als Sitz des Bewusstseins gilt, wird der Hirntod als angemessenes Zeichen des Todes eines Menschen angesehen."[115]

Des Weiteren entstehen moralische Fragen in bezug auf die Organspender und die gerechte Verteilung der Spenderorgane. Neben den im engeren Sinn medizinischen spielen wirtschaftliche Erwägungen eine Rolle. Nicht alles, was prinzipiell machbar ist, ist auch

[113] vgl. Gordijn, Bert, Freiwillige aktive Sterbehilfe in den Niederlanden, in: Wiesing, Urban, (Hg.), Ethik in der Medizin Ein Studienbuch, Stuttgart 2004, S. 259.

[114] vgl. FAZ 3.10.05, S. 52.

[115] Dulitz, Barbara, Kattmann, Ulrich, Bioethik, Fallstudien für den Unterricht, Stuttgart 1990, S. 31.

finanzierbar. So kann die Frage entstehen, wer welche Leistungen in welcher Reihenfolge in Anspruch nehmen kann: nach Kriterien des Alters, der Erfolgswahrscheinlichkeit, der Dringlichkeit, des Ausmaßes an Leiden?

Zur Lösung medizinethischer Fragen haben die Autoren Tom L. Beauchamp und James F. Childress in dem Band *Principles of Biomedical Ethics (1979)* vier *Prinzipien einer modernen Medizinethik* vorgeschlagen[116]: 1. das Autonomie-Prinzip (Ärzte und Patienten können über sich selbst entscheiden), 2. das Nicht-Schadens-Prinzip (primum non nocere), 3, das Wohltuens-Prinzip (es kann zum Beispiel bei einer Chemo-Therapie besser sein, eine Behandlung abzulehnen, weil der Nutzen den Schaden nicht aufwiegt), und 4. das Prinzip der Gerechtigkeit (beispielsweise bei der Allokation – Zuordnung knapper Ressourcen – von Organen, Impfstoffen etc., und der Verteilung finanziell knapper Mittel). Wenn auch die Autoren nicht fordern, dass diese Prinzipien absolut gelten, so sollten sie dennoch wichtige medizinethische Gesichtspunkte darstellen.

Zitat

„Interessanterweise hat sich keine ethische Theorie in der Medizin durchgesetzt, die sich ausschließlich auf eine der klassischen Theorien der Moralphilosophie bezieht (Aristotelismus, Utilitarismus, kantische Deontologie, Diskursethik). Die Bezugnahmen erfolgen in der Regel nur partiell und selektiv.“[117]

Ökologieethik

Unter dem Eindruck zunehmender Verschmutzung der Erde reflektiert die Ökologieethik *(Ökologie, griech: Haushaltskunde)* das Verhältnis des Menschen zu seiner Umwelt und der Natur. Dies wirft u.a. Fragen auf wie: *„Gibt es eine moralische Pflicht, bedrohte Arten zu erhalten? Ist es erlaubt, Krankheitserreger auszurotten – oder im Gegenteil sogar geboten? Rechtfertigt der Schutz der Natur Einschränkungen individueller Freiheiten und wenn ja, welcher? Ist die*

Ökologie, griech. Haushaltskunde

[116] Eine Diskussion der Vorschläge befindet sich in Quante, Michael, Vieth, Andreas, Welche Prinzipien braucht die Medizinethik?, in *Düwell, Marcus, Steigleder, Klaus (Hg.)*, Bioethik, Frankfurt am Main 2003, S. 136-151

[117] Düwell, Marcus, Hübenthal, Christoph, Werner, Micha H. (Hg.), Handbuch Ethik, Stuttgart, Weimar 2002, S. 269.

Veränderung der genetischen Ausstattung von Tier- und Pflanzenarten zulässig?"[118]

In der Ökologie- bzw. Umweltethik unterscheidet man die Grundpositionen des *Anthropozentrismus* bzw. ratiozentrischer Theorien, des *Biozentrismus*, des *Pathozentrismus* und des *Holismus* bzw. physiozentrischer Theorien. Im Anthropozentrismus steht der Mensch und sein Wohlergehen im Vordergrund, die Pflichten gegenüber der Natur resultieren allein aufgrund ihrer Bedeutung für die ästhetischen, emotionalen und sonstigen Bedürfnisse des Menschen. Der Biozentrismus verlangt Achtung vor allen natürlichen Lebewesen und folgt der von Albert Schweitzer formulierten Maxime *Ehrfurcht vor dem Leben.*[119] Während im Biozentrismus die Lebendigkeit im Vordergrund steht, bezieht sich der Pathozentismus *(pathos, griech. Leid)* auf die Leidensfähigkeit von Lebewesen, also Tieren und Menschen. Wesen, denen Leidensfähigkeit zukommt, besitzen demnach einen ethischen Eigenwert. Holistische bzw. ökozentrische Ethiken vertreten den Standpunkt, dass nicht nur der leidensfähigen, sondern der gesamten Natur – meist sind darunter vom Menschen möglichst unbeeinflusste Ökosysteme gemeint – ethische Relevanz zukommt. Menschen gelten hier als Teil umfassender Ökosysteme, deren Eigenwert sie anerkennen sollten.

Nachhaltigkeit

Seit dem so genannten Brundtland-Bericht (1987) spricht man von der *Nachhaltigkeit* ökologischen Handelns, sodass auch das Lebensrecht zukünftiger Generationen berücksichtigt wird. Der Philosoph Hans Jonas hat dazu schon vor einigen Jahrzehnten das *Prinzip Verantwortung* formuliert: *„Handle so, dass die Wirkungen deiner Handlung verträglich sind mit der Permanenz echten menschlichen Lebens auf Erden'; oder negativ ausgedrückt: ‚Handle so, dass die Wirkungen deiner Handlung nicht zerstörerisch sind für die künftige Möglichkeit solchen Lebens' (...)*"[120] Die Krise der wissenschaftlich-technischen Zivilisation erfordere eine neue Ethik: *„Der endgültig entfesselte Prometheus, dem die Wissenschaft nie gekannte Kräfte und die Wirtschaft den rastlosen Antrieb gibt, ruft*

[118] Eser, Uta, Einschluss statt Ausgrenzung – Menschen und Natur in der Umweltethik. In: Düwell, Marcus, Steigleder, Klaus (Hg.), Bioethik, a. a. O., S. 344.

[119] Schweitzer, Albert, Ehrfurcht vor dem Leben, Ausgewählte Werke in fünf Bänden, München 1966, Bd. 5, S. 180.

[120] Jonas, Hans, Das Prinzip Verantwortung, Versuch einer Ethik für die technologische Zivilisation, Frankfurt am Main 1984, S. 36.

nach einer Ethik, die durch freiwillige Zügel seine Macht davor zurückhält, dem Menschen zum Unheil zu werden.“[121]

In Jonas' Ökologieethik bleibt jedoch weitgehend unbeantwortet, inwieweit das Leitziel *Überlebenssicherung der Menschheit* in Konflikt mit Freiheits- und Gerechtigkeitswerten steht. Wie kann die heutige Generation in punkto Umweltschutz ihrer Verantwortung für zukünftige Generationen gerecht werden? Reichen eindringliche Appelle, geht dies nur mittels einer strengen Steuergesetzgebung oder bedarf es sogar einer Ökodiktatur, wie sie der Kommunist Ludwig Harich[122] in den 70er Jahren forderte? Die globale Dimension der Umweltbelastungen stellt uns vor das Problem einer eindeutigen Zuordnung der Verursachung. Stellt man sich zum Beispiel vor, dass die Milliardenbevölkerung von China pro Kopf einen ähnlich hohen Verbrauch an Rohstoffen und an Emission bewirkte wie in den westlichen Ländern, hätte dies schlimme Folgen für das Weltklima. Doch wie kann man anderen Völkern den Luxus verwehren, der in Europa und den USA längst selbstverständlich geworden ist? Ähnliches ließe sich wohl auch bezüglich der Verbreitung der Atomenergie sagen.

Tierethik

Die Ethik gegenüber Tieren beschäftigt sich mit der Frage, wie der Mensch mit den Tieren umgehen sollte. In Naturreligionen gelten Tier und Mensch als artverwandt. Im Hinduismus und Buddhismus werden Tiere besonders geehrt, während in der christlichen und jüdischen Tradition das Tier dem Menschen untergeordnet ist. Nach römischem Recht wurden Tiere wie Sachen behandelt und im Zuge der Industrialisierung oft zum bloßen Nutz-, Schlacht- und Versuchstier herabgestuft. Tiere werden heute zum Zwecke der Fleischproduktion und anderen Nutzaspekten wie zum Beispiel der Pelzgewinnung teilweise unter grausamsten Bedingungen aufgezogen und schließlich getötet. Für René Descartes, den Begründer der neuzeitlichen Philosophie, waren Tiere nichts anderes als Automaten bzw. Sachen. Immanuel Kant spricht Tieren jede Form von Selbstbewusstsein und Denken ab (Metaphysik der Sitten, II. Tugendlehre § 17). Sie seien ganz in die Obhut des Menschen gestellt, der ih-

---

[121] Ebenda S. 7.

[122] Harich, Ludwig, Kommunismus ohne Wachstum? Babeuf und der Club of Rome, Hamburg 1977.

nen aber auch um einer allgemeinen Verrohung entgegen zu wirken nicht sinnlos Leiden zufügen solle. Ähnlich hierzu vertritt heute Habermas' Diskursethik die Position, dass der Mensch eine treuhänderische Verantwortung für die nicht diskursfähigen Tiere habe.[123] Im Laufe des 19. Jahrhunderts begann sich in Europa der Gedanke des Tierschutzes durchzusetzen. So soll im deutschen Tierschutzgesetz aus dem Jahre 1933 das Tier um seiner selbst willen geschützt werden, was eine artgerechte Haltung, Betäubung bei der Tötung von Wirbeltieren und auf das unerlässliche Maß eingeschränkte Tierversuche impliziert.

Die Beantwortung der Frage, worin und wie stark sich Mensch und Tier voneinander unterscheiden, beeinflusst das Verhalten gegenüber Tieren. Peter Singer fordert eine ethische Gleichsetzung von Menschen und höheren Tierarten und setzt sich mit seiner Bewegung *„Befreiung der Menschenaffen aus den Labors"* für die Rechte von Schimpansen ein. Singer bezeichnet die Arroganz der Menschen gegenüber Tieren als *Speziesismus:*

Speziesismus

Definition

„Speziesismus (...) ist ein Vorurteil oder eine Befangenheit gegenüber den Interessen von Mitgliedern der eigenen Spezies, gerichtet gegen die Interessen der Mitglieder anderer Spezies."[124]

Gemäß Singers utilitaristischer Tierethik haben nicht nur Menschen, sondern auch höhere Tiere *Interessen*, da sie empfindungsfähig sind. Darüber hinaus verfügten sie über Bewusstsein und seien somit rechtsfähige Subjekte. Besonders an Fragen der Massentierhaltung, dem Aussterben von Tierarten, den Tierversuchen in Laboren sowie der Züchtung von gentechnisch veränderter Lebewesen entzündet sich die gegenwärtige ethische Diskussion.

Im 19. Jahrhundert hatte Arthur Schopenhauer in seiner Schrift *Die beiden Grundprobleme der Ethik* Kants Rationalismus zurückgewiesen und eine Ethik des Mitleids entwickelt. *„Nur sofern eine*

---

123 vgl. Düwell, Marcus, Hübenthal, Christoph, Werner, Micha H. (Hg.), Handbuch Ethik, Stuttgart, Weimar 2002, S. 284.

124 Singer, Peter, Befreiung der Tiere. Eine neue Ethik zur Behandlung der Tiere, München 1982, S. 26.

Handlung aus ihm (dem Mitleid R.R.) entsprungen ist, hat sie moralischen Werth (...)"[125] Schopenhauer bezieht wie übrigens zuvor schon Jeremy Bentham[126] die Tiere in seine ethischen Überlegungen ausdrücklich mit ein. (So sollten sie vor dem Schlachten mit Chloroform betäubt werden, Vegetarier werden mochte Schopenhauer allerdings nicht.) In ihrer Abhandlung *Das Tier in der Moral*[127] greift heute die Mannheimer Philosophin Ursula Wolf auf Schopenhauers Mitleidsethik zurück. Wolf argumentiert, dass alle Lebewesen, die leidensfähig sind, Anspruch haben rücksichtsvoll behandelt zu werden. Während also Singer nur Tiere mit in die moralische Gemeinschaft übernehmen will, die über Interessen und Bewusstsein verfügen, erweitert Wolf diese Gemeinschaft um alle Tiere, die überhaupt Schmerzen empfinden können. Es entsteht jedoch die Frage, ob der Mensch zum Beispiel mit Insekten Mitleid empfinden kann: *„Dann müsste er aus Mitleid etwa sämtliche Straßenbeleuchtungen von den traditionellen Quecksilberlampen, welche für Insekten tödliche Fallen darstellen, auf die vergleichsweise harmloseren Natriumlampen umrüsten.*"[128]

Eine wichtige Frage in der Tierethik ist, ob Tierversuche, die zwar zur Entwicklung von Arzneimitteln als unerlässlich, in der Kosmetikindustrie zum Beispiel aber mehr als fragwürdig erscheinen, moralisch erlaubt sind. Britische Forscher haben schon im Jahr 1959 das sogenannte 3 R Programm – *replace, reduce, refine* (ersetzen, verringern, verfeinern) gefordert. „Verfeinern" bedeutet hier, dass Tierversuche, wenn sie schon nötig sind, zunehmend schonender angelegt werden sollten. Alle drei Jahre treffen sich um die 1000 Forscher um auf einem Weltkongress über Alternativen zum Tierversuch zu tagen.

Genethik

Bei der Genethik geht es darum, ob Eingriffe bzw. Einblicke in das Erbgut erlaubt sind und falls ja unter welchen Bedingungen dies der

---

125 Schopenhauer, Arthur, Die beiden Grundprobleme der Ethik, in: Sämtliche Werke, hg. von A. Hübscher, Band 4, 4. Auflage, Mannheim 1988, S. 208.

126 Zu den Tieren schrieb Bentham in der Anmerkung 4 zum 17. Kapitel seines Buches: *Eine Einführung in die Prinzipien der Moral und der Gesetzgebung: „Die Frage ist nicht: ‚Können sie denken?' Auch nicht: ‚Können sie sprechen?' Sondern: ‚Können sie leiden?' ".*

127 Wolf, Ursula, Das Tier in der Moral, Frankfurt am Main 1990.

128 Thurnherr, Urs, Tierethik, in Pieper, A. Thurnherr U. Angewandte Ethik, a. a. O., S. 74.

Fall sein darf. Mittlerweile umfasst die Genforschung Anwendungen a) in der Grundlagenforschung, b) in der Pharma-, Lebensmittel-, Waschmittel-, Energie-, Chemie- und Umweltindustrie, c) in der Pflanzen- und Tierzucht und d) in der Humangenetik. Unter dem Stichwort Gentechnik werden *„nicht allein die Veränderungen und Optionen der Humangenetik diskutiert, sondern auch die ‚Chancen und Risiken' der Gentechnik in der Tierzucht, in der Pflanzenzucht sowie auf der Ebene der Veränderung von Mikroorganismen."*[129]

Alle diese Anwendungsbereiche bergen große Risken, auf die der Baseler Ethiker Urs Thurnherr hinweist:

Zitat

„Wenn wir gentechnologisch in das Erbgut eines Mikroorganismus, einer Pflanze oder eines Tieres eingreifen, konzentrieren wir uns auf die Veränderung einer einzelnen Funktion, die mit dem spezifischen Gen verknüpft ist. Gene stehen darüber hinaus aber im Verbund mit anderen Genen und erfüllen mit diesen zusammen auch eine große Anzahl weiterer Funktionen. Im Bereich der komplexen Funktionen wissen wir jedoch kaum etwas über die Folgen der Beifügung oder Entnahme eines einzelnen Genes."[130]

Es steht in Frage, ob im Rahmen der Präimplantationsdiagnostik Untersuchungen an Embryonen im Reagenzglas vorgenommen werden dürfen. *„Gentests sind für etwa 3000 Erbkrankheiten, die jeweils durch ein einziges Gen verursacht werden, in der Entwicklung."*[131] Solche Gentests werden als Beleg für die *eugenische* Indikation bei Schwangerschaftsabbrüchen benutzt. Die frühzeitige Erkennung von Chromosomenschäden begünstigt zwar die Rate der erfolgreichen Schwangerschaften (es werden nur gesunde Embryonen implantiert), befürchtet wird jedoch, dass zukünftig nicht nur schädliche Mutationen ausgelesen werden, sondern Designer-Babys entstehen.

Eugenik

„Gesinnungsethisch wären Maßnahmen zur Heilung (Gentherapie) und solche zur Verbesserung der genetischen Ausstattung (Eugenik) zu unterscheiden. Während therapeutische Eingriffe geboten

[129] Düwell, Marcus, Steigleder, Klaus, Bioethik – Zu Geschichte, Bedeutung und Aufgaben in dies. (Hg.), Bioethik, Frankfurt am Main 2003, S. 23.

[130] Thurnherr, Urs, Angewandte Ethik zur Einführung, a. a. O., S. 45f.

[131] Dulitz, Barbara, Kattmann, Ulrich, Bioethik, Fallstudien für den Unterricht, Stuttgart 1990, S. 66.

erscheinen, werden eugenische Maßnahmen wegen der fehlenden Maßstäbe für eine Verbesserung meist abgelehnt. Doch die Übergänge vom Heilen schwerer Krankheiten zum Beseitigen nur leichter Mängel bis hin zur Vervollkommnung gesellschaftlich wünschbarer Eigenschaften sind fließend. (...) Die Gefahr, dass eine solche Entwicklung eintreten könnte, geht wohl kaum von politischen oder staatlich gelenkten ‚Züchtungsprogrammen' nach dem Vorbild der Nationalsozialisten aus. Gefährlicher als mögliche Pläne in den Köpfen einiger verantwortungsloser Politiker erscheinen die latent wirksamen Einstellungen, die uns in einer vordergründig an Leistungen orientierten Gesellschaft prägen."[132]

Nach Nüsslein-Volhard sollte man die Gefahr der Entwicklung von Designer-Babys jedoch auch nicht übertreiben, weil man die Gene, die für „*angenehme und gesunde*" Eigenschaften stehen, am wenigsten kenne: „*Es gibt auch kaum Möglichkeiten sie zu erkennen. Tierversuche helfen nicht sehr weit, weil die Maus die uns interessierenden Eigenschaften nicht hat.*"[133] Maßgeblich hat Jürgen Habermas die eventuellen zukünftigen Möglichkeiten der Gentechnologie und der verbrauchenden Embryonenforschung kritisiert. Sein Hauptargument dazu lautet, dass ein geklonter oder gentechnisch manipulierter Mensch einseitig von einem anderen Menschen festgelegt werde. Anders als in der Sozialisation, in der sich der Heranwachsende den Einflüssen der elterlichen Erziehung prinzipiell auch entziehen könne, sei dies bei der Genmanipulation nicht möglich.[134] Dem hält der Dresdener Bioethiker Bernhard Irrgang entgegen, dass „*Transformation der Natur, Umgestaltung der Natur (...) die Grundcharakteristika von Technik und Natur (sind).*"[135] Überall in unserer Gesellschaft gelte das Ziel der Optimierung, warum nicht auch in Bezug auf die genetische Ausstattung des Menschen, wenn man dabei nur entsprechend ausgearbeitete ethische Maßstäbe berücksichtige? Auch der Karlsruher Philosoph Peter Sloterdijk scheint der Auffassung zu sein, dass das Ziel durch Auslese einen bestimmten Typus von Mensch zu erzeugen, in der abendländischen Geschichte nichts Neues sei, sondern sich schon

---

[132] Ebenda, S. 67f.

[133] Nüsslein-Volhard, Christiane, Von Genen und Embryonen, Stuttgart 2004, S. 61.

[134] vgl. Habermas, Jürgen, Die Zukunft der menschlichen Natur, Auf dem Weg zu einer liberalen Eugenik?, Frankfurt am Main 2001.

[135] Irrgang, Bernhard, Einführung in die Bioethik, München 2005, S. 40.

Anthropotechniken

bei Plato finden lasse. Wenn Bestenauslese schon immer stattfand, sei nicht einzusehen, weshalb man *Anthropotechniken* wie Genmanipulationen, Keimbahntherapien und Genomanalysen prinzipiell verbieten solle.

Erläuterung

Bei der Kosten-Nutzen-Analyse einer „*Bestenauslese*" muss man jedoch berücksichtigen, dass „*mit solchen Rechnungen im Grunde der Wert von Menschen verglichen wird. Wenn nämlich die Geburt von Behinderten wegen der Kosten, die sie verursachen, vermieden werden soll, dann ist implizit gesagt, dass diese Kosten besser für andere Menschen aufzuwenden seien.*"[136]

Bei der Genomanalyse können sich schwerwiegende ethische und auch psychische Probleme stellen. „*Wenn es möglich wird, bestimmte Behinderungen vorgeburtlich zu erkennen, stellt sich etwa die Frage, wie mit diesen Möglichkeiten umzugehen ist. Auch stellt sich das Problem wie Behinderungen zu sehen sind und ob sich Behinderungen von lediglich unerwünschten Eigenschaften abgrenzen lassen.*"[137] Menschen, denen per Genanalyse eine Disposition zu einer unheilbaren Krankheit nachgewiesen wird, könnten – wie dies in den USA schon üblich ist – von Versicherungen entweder ausgeschlossen oder mit einer höheren Police belegt werden. „*Das Leben hat seinen Preis. Buchstäblich. Nach dem Entwurf des Gendiagnostik-Gesetzes müssen sich Menschen, die eine Lebensversicherung über 250000 Euro abschließen möchten, von den Versicherungsgesellschaften um Gentests bitten lassen. Eine hessische Lehrerin soll nicht verbeamtet werden, bis sie sich einem Test auf die Huntington-Krankheit unterzogen hat, unter der ihr Vater litt.*"[138] Eltern könnten unter Druck gesetzt werden, Embryonen mit weniger guten oder schlechten Erbfaktoren abzutreiben. Jemandem, dem per Genomanalyse eine unheilbare Krankheit bescheinigt wird, könnte darüber schon lange vor Ausbruch der Krankheit verzweifeln und in Depression verfallen, sodass Unwissenheit oft besser wäre.

---

136 Dulitz, Barbara, Kattmann, Ulrich, Bioethik, Fallstudien für den Unterricht, Stuttgart 1990, S. 29.

137 Düwell, Marcus, Steigleder, Klaus Bioethik – Zu Geschichte, Bedeutung und Aufgaben in dies. (Hg.), Bioethik, Frankfurt am Main 2003, S. 22.

138 Geulen, Eva, Giorgio Agamben zur Einführung, Hamburg 2005, S. 10.

Wissenschafts- und Technikethik

4.2.2

Macht euch die Erde untertan!

Wenn in der Bibel steht *Macht euch die Erde untertan (1 Mose 1,28)* und René Descartes zu Beginn der Neuzeit formulierte, dass der Mensch *Herr und Besitzer der Natur* sei, so haben diese Sätze in Anbetracht der Entwicklung und des Einsatzes der Atombombe heute einen eher negativen Beigeschmack. Stücke wie *Die Physiker* von Friedrich Dürrenmatt und Peter Weiss *In der Sache Oppenheimer* zeigen, dass die ethische Verantwortung des Wissenschaftlers schier ins Unermessliche gestiegen ist. Unter dem Druck von Wettbewerb und Markt wächst die Versuchung bei Forschungen ethische Überlegungen außer acht zu lassen. Ethische Fragen auf dem Gebiet der Wissenschaft und Technik lauten: Soll das wissenschaftliche Wissen Allgemeingut werden oder im Besitz einer kleineren Gruppe bleiben? Soll die Wissenschaft frei sein oder sollen ihr von Ethikräten Vorgaben gemacht werden? Inwiefern können institutionalisierte Technikfolgeforschung und Technikbewertung den moralischen Appell an den Einzelnen ersetzten bzw. ergänzen?

Nach Hans Jonas wird es zu einer Existenzfrage der Menschheit, die Technisierung aus moralischen Erwägungen heraus einzugrenzen. Wissenschaftler und Ingenieure müssen sich in ihrem technischen Handeln nicht nur für die jetzige, sondern auch für zukünftige Generationen verantwortlich fühlen. Es entsteht die Frage, ob der Techniker und Ingenieur *direkt* für seine Erfindungen verantwortlich zu machen ist oder ob sich die Frage nach der Verantwortung erst mit der Anwendung einer bestimmten Technik stellt: *„Stellt man sich jedoch auf den Standpunkt, dass nicht – weder zum Guten noch zum Bösen – verwendet werden kann, was nicht konzipiert und produziert wurde, so fällt dann jedenfalls doch eine beträchtliche Teilverantwortung auf den Ingenieur zurück.“*[139] Vor diesem Hintergrund wird an Ingenieure die radikale moralische Forderung gestellt, sich an nichts zu beteiligen, was irgendeinen Schaden anrichten kann und im Konfliktfall notfalls den Arbeitgeber zu wechseln oder den Beruf aufzugeben.“[140]

---

139 Ropohl, Günter, Lenk, Hans (Hg.), Technik und Ethik, 2. revidierte und erweiterte Auflage 1993, Stuttgart 1987, S. 16.

140 Vgl. Kenneth D. Alpern, in: Ropohl, Günter, Lenk, Hans (Hg.), Technik und Ethik, Stuttgart 1987, 2. revidierte und erweiterte Auflage 1993.

4.2.3 | Wirtschaftsethik

Mit Hans Lenk und Matthias Maring lassen sich drei Ebenen – Mikro-, Meso- und Makroebene der Wirtschaftsethik – mit unterschiedlichen Verantwortlichkeitsbereichen unterscheiden.

Erläuterung

„Auf der Mikroebene stellen sich Fragen individuellen Handelns (...) Typisch für diesen Bereich sind Verantwortungs- und Rollenkonflikte im Rahmen von Arbeitsverhältnissen (...). Die Mesoebene stellt wegen der Bedeutung korporativen Handelns einen besonders wichtigen Bereich wirtschafts- und unternehmensethischer Fragen dar. Einschlägig sind hier etwa die Fragen der (internen und externen) Verantwortung von und in Korporationen, die auf einer rein individuellen Ebene allein nicht angegangen werden können, Probleme der Arten der Verantwortung (können Korporationen moralisch verantwortlich sein ...?) usw. (Zur Mesoebene gehören neben den Unternehmen intermediäre Organisationen wie Gewerkschaften, Arbeitgeberverbände, Konsumentenorganisationen.) Zur Makroebene zählen zusätzlich (...) die Ethik der Eigentums- und Wirtschaftsordnung, der wirtschaftsrelevanten Gesetze, der Steuer- und Sozialpolitik (...), der nationalen und internationalen Arbeitsteilung und Wirtschaftsordnung z. B. im Hinblick auf (Tausch- und Verteilungs-) Gerechtigkeit."[141]

Heute steigt das Bewusstsein für die Folgekosten bestimmter ökonomischer Entwicklungen und Rationalisierungen wie Arbeitslosigkeit, Verschuldung, Unterentwicklung in der sogenannten „Dritten Welt", Umweltverschmutzung und Gesundheitsgefährdungen, sodass Gegenbewegungen entstanden. Markt und Ethik bedeuten nicht immer Gegensätze. Einige Großkonzerne haben inzwischen die Erfahrung gemacht, dass es ihnen nützt, gewisse moralische Standards einzuhalten. Firmen- und Warenboykotts werden zunehmend von Verbrauchern durchgehalten, sodass sich mittlerweile viele Firmen selbst ethische Kodizees geben. So hat zum Beispiel ein bekanntes Sportunternehmen weltweit seine Zulieferer darauf verpflichtet, keinen seiner Beschäftigten länger als 60 Stunden pro Woche arbeiten zu lassen. Große Konzerne sind in Zeiten der Globalisierung einerseits mächtiger, andererseits für Missstände anprangernde Kampagnen anfälliger geworden. Zum Beispiel musste Shell die Versenkung der Plattform Brent Spar stoppen, Nestle zog einen

---

[141] Lenk, Hans, Maring, Matthias (Hg.), Wirtschaft und Ethik, Stuttgart 1992, S. 19f.

Genfood-Snack zurück. Uno-Generalsekretär Kofi Annan startete im Jahr 2000 die Aktion *Corporal Social Responsibility*, welche die Firmen auf zehn ethische Prinzipien verpflichtet. Mittlerweile haben sich 2000 Firmen, darunter Daimler-Chrysler, Bayer und VW dieser Initiative angeschlossen. Zu ihren Prinzipien gehören u. a. die Abschaffung der Kinderarbeit und das Recht auf kollektive Tarifverhandlungen.

Solchen ethischen Überlegungen wird gewöhnlich entgegengehalten, dass betriebswirtschaftliches Handeln unter eigenen – ökonomischen – Gesetzen stehe, die keinen weiteren Handlungsspielraum erlaubten *(Ökonomismus)*. Wirtschaftssubjekte verfolgten strikt die Maxime ihren Eigennutzen zu vermehren. Dafür kennzeichnend sei die Figur des *homo ökonomicus,* der rational nach ökonomischem Erfolg strebt. Doch dann wären auch die Prinzipien einer sozialen Marktwirtschaft mit ihrer Verpflichtung zu Fairness, menschenwürdigen Arbeitsplätzen und umweltverträglicher Produktion weitgehend Makulatur. Vielmehr kann auch im Bereich der Ökonomie davon ausgegangen werden, dass weitergehende Entscheidungsspielräume und dementsprechende Verantwortlichkeiten bestehen.

Homo ökonomicus

Zitat

> „In der Wirtschaftsbürgerethik geht es darum, die Wirtschaftsakteure in allen ihren wirtschaftlichen Rollen als integre Bürger anzusprechen und in die Pflicht zu nehmen."[142]

4.2.4 Medienethik

Im Zeitalter immer exzentrischer werdender Talkshows, Doku-Soaps, Reality-TVs entsteht die Frage, wie und welche Normen im Mediensystem konstituiert werden können. Dabei kommen aus medienethischer Sicht zunächst Journalisten und Redakteure in den Blick: *„Als individuell Handelnde sind an erster Stelle die Journalistinnen und Journalisten zu nennen. Im Mediengeschehen kommt ihnen als gatekeeper (Schleusenwächter ...) also als Vermittlungsinstanz zwischen Publikum und Berichterstattungsobjekt,*

gatekeeper

[142] Düwell, Marcus, Hübenthal, Christoph, Werner, Micha H. (Hg.), Handbuch Ethik, Stuttgart, Weimar 2002, S. 295.

eine tragende Rolle zu.“[143] Außerdem sollen selbst eingerichtete Institutionen der Selbstkontrolle wie der Deutsche Presserat und der Deutsche Werberat gegen Auswüchse in der Berichterstattung vorbeugen. Die FSK (freiwillige Selbstkontrolle der Filmwirtschaft) und die FSF (freiwillige Selbstkontrolle des Fernsehens) haben zum Ziel, den Zugang zu Filmen einigermaßen altersgemäß zu regulieren. Der deutsche Presserat hat sich u.a. folgende Grundsätze gegeben:

Aus den Publizistischen Grundsätzen des Deutschen Presserates (1956 als Selbstkontroll-Organ der deutschen Presse gegründet):

Zitat

„1. Die Achtung vor der Wahrheit, die Wahrung der Menschenwürde und die wahrhaftige Unterrichtung der Öffentlichkeit sind oberste Gebote der Presse.

2. Zur Veröffentlichung bestimmte Nachrichten und Informationen in Wort und Bild sind mit der nach den Umständen gebotenen Sorgfalt auf ihren Wahrheitsgehalt zu prüfen. Ihr Sinn darf durch Bearbeitung, Überschrift oder Bildbeschriftung weder entstellt noch verfälscht werden. Dokumente müssen sinngetreu wiedergegeben werden. Unbestätigte Meldungen, Gerüchte und Vermutungen sind als solche erkennbar zu machen. Symbolfotos müssen als solche kenntlich sein oder erkennbar gemacht werden. (...)

8. Die Presse achtet das Privatleben und die Intimsphäre des Menschen. Berührt jedoch das private Verhalten öffentliche Interessen, so kann es im Einzelfall in der Presse erörtert werden. (...)

11. Die Presse verzichtet auf eine unangemessen sensationelle Darstellung von Gewalt und Brutalität. Der Schutz der Jugend ist in der Berichterstattung zu berücksichtigen.“[144]

Es erscheint durchaus fraglich, ob solche Formen der Selbstkontrolle ausreichen, andererseits wird vor einer Ausweitung *juristischer* Eingriffe in das Grundrecht der Pressefreiheit (Art. 5 GG) gewarnt. So hat es sich die 1986 in Paris gegründete internationale Organisation *Reporter ohne Grenzen* zur Aufgabe gemacht, für die – immer noch nicht gewährleistete – weltweite Beachtung der Pressefreiheit einzutreten. Meist sind es ökonomische Gründe die

---

[143] Düwell, Marcus, Hübenthal, Christoph, Werner, Micha H. (Hg.), Handbuch Ethik, Stuttgart, Weimar 2002, S. 263

[144] Nink, Hermann (Hg.) Standpunkte der Ethik, Paderborn, 2000, S. 396

Publizität und Auflagen zu erhöhen, die zu Regelverletzungen auf Seiten der Reporter führen. Auf Gegensätze zwischen ökonomischen und ethischen Überlegungen im Mediensystem weist Rainer Leschke hin:

„Das Mediensystem ist (...) in einem besonderen Maße in normative Konflikte involviert: als System, das nach ökonomischen Maximen organisiert ist, inhärieren seinen Handlungen notwendig die normativen Implikationen des ökonomischen Systems, als da wären Schutz des Privateigentum an Produktionsmitteln, das Interesse an Gewinnmaximierung etc. Darüber hinaus handelt das Mediensystem mit Moral, d. h., es transportiert in seinen Produkten Diskurse, die normativ relevant sind, und sei es auch nur in fiktionaler Form."[145]

Zusammengefasst stellen sich der Medienethik u. a. die folgenden Probleme: 1. der Konflikt zwischen dem Recht auf Information auf Seiten der Öffentlichkeit und dem Persönlichkeitsschutz, 2. das Problem der wahrheitsgemäßen Darstellung, 3. das Problem der Beschneidung der freien Meinungsäußerung des Journalisten aus staatlichen oder kommerziellen Gründen, 4. die Banalisierung der Inhalte durch die in den westlichen Ländern übliche Kommerzialisierung und Boulevardisierung (Infotainment), 5. das pädagogische Problem des negativen Vorbildcharakters der Medien (Gewalt, Pornographie, Kriminalität), 6. der sich einschleichende Realitätsverlust durch Virtualisierung, 7. das soziale Problem von Isolierung und Vereinsamung durch übermäßiges mediales Konsumverhalten.[146] Wie in allen Bereichsethiken gilt auch in der Medienethik, dass bereichsspezifische moralische Reflexionen nicht nur für die Macher, sondern ebenso auf Seiten des Rezipienten (Fernsehzuschauer, Internetbenutzer, Zeitungsleser etc.) nötig sind.

Diesen wohl wichtigen Aspekt *aller* angewandten Ethik fasst Urs Thurnherr zusammen:

Merksatz

„Im Kontext der Anwendung von Ethik kann nicht genug betont werden, dass auch die scheinbar nur passiv Beteiligten einen Teil der Verantwortung tragen: die Patienten, die Rezipienten, die Konsumenten etc."[147]

---

145 Leschke, Rainer, Einführung in die Medienethik, München 2001, S. 20.

146 vgl. Höffe, Otfried, Lexikon der Ethik, München, 5. Auflage 1997, S. 184ff.

147 Thurnherr, Urs, Angewandte Ethik zur Einführung, Hamburg 2000, S. 107.

Literatur

Andersen, Svend, *Einführung in die Ethik, Berlin, New York 2000*

Anzenbacher, Arno, *Einführung in die Ethik, 3. Auflage, Düsseldorf 2003*

Bobbert, Monika, Düwell, Marcus, Jax, Kurt, (Hg.), *Umwelt – Ethik – Recht, Tübingen und Basel 2003*

Düwell, Marcus, Hübenthal, Christoph, Werner, Micha H. (Hg.), *Handbuch Ethik, Stuttgart, Weimar 2002*

Düwell, Marcus, Steigleder, Klaus (Hg.), *Bioethik, Frankfurt am Main 2003*

Fischer, Peter, *Einführung in die Ethik, München 2003*

Frankena, William K., *Analytische Ethik, Eine Einführung, München 4. Auflage 1986*

Grewendorf, Günther, Meggle Georg, *Seminar: Sprache und Ethik, Frankfurt am Main1974*

Hauskeller, Michael, *Geschichte der Ethik, Antike München 1997*

Hauskeller, Michael, *Geschichte der Ethik, Mittelalter, München 1999*

Höffe, Otfried, *Einführung in die utilitaristische Ethik, München 1975*

Höffe, Otfried, *Lexikon der Ethik, 5. Auflage, München 1997*

Irrgang, Bernhard, *Einführung in die Bioethik, München 2005*

Kutschera, Franz von, *Grundlagen der Ethik, 2. Auflage, Berlin New York 1999*

Leist, Anton, *Die gute Handlung Eine Einführung in die Ethik, Berlin 2000*

Nida-Rümelin, Julian (Hg.), *Angewandte Ethik. Die Bereichsethiken und ihre theoretische Fundierung, Ein Handbuch, Stuttgart 1996*

Nink, Hermann (Hg.), *Standpunkte der Ethik, Paderborn 2000*

Ott, Konrad, *Moralbegründungen zur Einführung, Hamburg 2001*

Pauder-Studer, *Herlinde, Einführung in die Ethik, Wien 2003*

Peters, Jörg, Rolf, Bernd, *Ethik aktuell Bamberg 2002*

Pfordten, Dietmar v. d., *Ökologische Ethik, Zur Rechtfertigung menschlichen Verhaltens gegenüber der Natur, München 1994*

Pieper, Annemarie, *Einführung in die Ethik, 3. Auflage, Tübingen/Basel 1994*

Pieper, Annemarie, Thurnherrr, Urs (Hg). *‚Angewandte Ethik Eine Einführung, München 1998*

Pieper, Annemarie, *Einführung in die Ethik, 4. Auflage, Tübingen/Basel 2000*

Pöltner, Günther, *Grundkurs Medizin-Ethik, Wien 2002*

Quante, Michael, *Einführung in die Allgemeine Ethik, Darmstadt 2003*

Steinvorth, Ulrich, *Klassische und moderne Ethik, Grundlinien einer materialen Moraltheorie, Reinbek bei Hamburg 1990*

Thurnherr, Urs, *Angewandte Ethik zur Einführung, Hamburg 2000*

Tugendhat, Ernst, *Vorlesungen über Ethik, 4. Auflage, Frankfurt am Main 1997*

Wolf, Jean-Claude, *Tierethik, Neue Perspektiven für Menschen und Tiere, Freiburg (Schweiz) 1992*

Lektüreempfehlungen

Aristoteles, *Nikomachische Ethik, Buch I*

Immanuel Kant, *Grundlegung zur Metaphysik der Sitten*

Jeremy Bentham, *Eine Einführung in die Prinzipien der Moral und Gesetzgebung, Kapitel: Über das Prinzip der Nützlichkeit*

John Stuart Mill, *Utilitarismus: Was heißt Utilitarismus*

Richard B. Brandt, *Einige Vorzüge einer bestimmten Form des Regelutilitarismus, in Otfried Höffe, Einführung in die utilitaristische Ethik, S. 133-163*

Charles L. Stevenson, *Die emotive Bedeutung ethischer Ausdrücke, in Grewendorf, Günther,* Meggle, Georg (Hg.), *Sprache und Ethik, S. 116-140*

Ludwig Wittgenstein, Vortrag über Ethik

Düwell, Marcus, Hübenthal, Christoph, Werner, Micha H. (Hg.), *Handbuch Ethik, Stuttgart, Weimar 2002, Einleitung*

Übungsaufgaben

1. In welche Teilgebiete gliedert sich die allgemeine Ethik?
2. Inwiefern lässt sich nach Habermas (und Patzig) zwischen Moral und Konvention unterscheiden?
3. Ordnen Sie die vier Pflichten: Selbstmordverbot, Versprechen halten, seine Talente entwickeln, Hilfe in Not leisten in die von Kant erstellten Rubriken a) vollkommene und b) unvollkommene Pflichten gegen sich und gegen andere ein!
4. Erläutern Sie Kants Unterscheidung zwischen einem hypothetischen und einem kategorischen Imperativ!
5. Worin unterscheidet sich der klassische Utilitarismus vom Präferenzutilitarismus?
6. Nennen Sie Kriterien der *Idealen Sprechsituation* nach Habermas!
7. Was versteht man unter einem *naturalistischen Fehlschluss?*
8. Welche fünf Stadien der Menschwerdung kennt der Gradualismus?
9. Welche neue ethische Dimension sieht Hans Jonas durch die wissenschaftlich-technologische Revolution gegeben?
10. Unterscheiden Sie zwischen Anthropozentrismus, Biozentrismus, Pathozentrismus und Holismus!

5. | Ästhetik

Die Ästhetik *(von griech. aistetike episteme – die die Sinne betreffende Wissenschaft)* beschäftigt sich mit der Lehre von den Künsten und vom Schönen.[1] Als eigene philosophische Disziplin wurde sie im 18. Jahrhundert von Alexander Gottlieb Baumgarten (1714-1762) begründet. *„Baumgarten hat 1735 den Terminus ‚Ästhetik' geprägt, 1742 erstmals Vorlesungen über Ästhetik gehalten und 1750 das erste Buch dieses Titels, den ersten Band seiner Aestheica, publiziert."*[2] Gegen Platon betonte Baumgarten das Eigenrecht der Sinne und führte in seinem Hauptwerk *Aesthetica (1750-1758)* aus, dass auch Sinnesurteile Erkenntniswert besäßen. Während Baumgarten die Wahrnehmungserkenntnis hervorhob, arbeitete Johann Joachim Winckelmann die Ästhetik zur Lehre vom Wesen der Kunst aus. Winckelmann sah in den Skulpturen der griechischen Antike – vor allem in der Laokoon-Gruppe – ein absolutes ästhetisches Ideal: *„Laokoon war den Künstlern im alten Rom ebendas, was er uns ist (...) eine vollkommene Regel der Kunst."*[3]

Ideal der Laokoon-Gruppe

Definition

„Die philosophische Ästhetik hat generell die Aufgabe, Fragen zu beantworten wie: Was ist Kunst?, Was ist ein Kunstwerk?, Welche Bedeutung hat die Kunst für uns, für die menschliche Kultur insgesamt?"[4]

In einer weiteren Differenzierung lässt sich mit Götz Pochat[5] zwischen *Kunstwissenschaft, Kunsttheorie, Kunstphilosophie, und Ästhetik* unterscheiden. Demnach befasse sich die Kunstwissenschaft vordringlich mit den konkreten Kunstwerken und Faktoren zu ihrer Entstehung. Der Kunsttheorie gehe es um Regeln und Normen des Kunstschaffens, die bei der Beurteilung von Kunstwerken als

1 vgl. Ritter, Joachim, Historisches Wörterbuch der Philosophie, Stuttgart 1971.

2 Welsch, Wolfgang, Vernunft Die zeitgenössische Vernunftkritik und das Konzept der transversalen Vernunft, Frankfurt am Main 1996, S. 487, Anm. 51.

3 Winckelmann, Johann Joachim, Gedanken über die Nachahmung der griechischen Werke in der Malerei und der Bildhauerkunst, Stuttgart 1969, S. 4.

4 Gethmann-Siefert, Annemarie, Einführung in die Ästhetik, München 1995, S. 25.

5 Pochat, Götz, Geschichte der Ästhetik und Kunsttheorie, Von der Antike bis zum 19. Jahrhundert, Köln 1984, S. 12 ff.

Richtlinien dienen können. Die Kunstphilosophie beschäftige sich mit dem Wesen und der Wahrheit der Kunst, während die Ästhetik die Erlebnisse, die mit den Sinneswahrnehmungen, mit dem Gefühl für das Schöne und Erhabene zusammenhingen, untersuche.

Historischer Überblick | 5.1

Antike

Platon zufolge hat die künstlerische Aktivität eine wichtige, jedoch gegenüber der Philosophie untergeordnete Bedeutung. Wie es im Dialog *Ion* heißt, schafften die Künstler aus einer göttlichen Eingebung und Beseelung heraus, *„weil sie gottbegeistert und besessen sind (...) sobald sie in Harmonie und Rhythmus geraten, sind sie in bacchaischer Besessenheit befangen.“*[6] Wahre Kunst erwecke im Menschen die Sehnsucht nach der Vollkommenheit. Jedoch müsse aus staatstheoretischer Sicht – so Platon in der Politeia – vor möglichen negativen Wirkungen bestimmter Kunstwerke gewarnt werden. Zum Beispiel heize die griechische Tragödie zu sehr die Emotionen an und widerspreche dem Lebensideal eines durch die Vernunft gesteuerten Menschen (vgl. zehntes Buch). Da für Platon die empirische Wirklichkeit selbst nur ein Abbild geistiger Urschöpfungen – der Ideen (griech. idea) – war, erhielt bei ihm Kunst lediglich den Rang einer Wirklichkeit dritter Ordnung.[7] Sie sei *mimesis (Abbildung, Nachbildung)* der Welt (Natur, Wirklichkeit).

Merksatz

„‚Nachahmung‘ lautete (...) bis ins neunzehnte und weit ins zwanzigste Jahrhundert hinein die philosophische Standardantwort auf die Frage, was Kunst sei.“[8]

In der Schrift *Nomoi* (Gesetze) setzte sich Platon mit der staatspraktischen Bedeutung der Künste auseinander. In Musik, Dichtung, Tanz ließen sich die von der Natur unkoordinierten Bewegungen von Kindern in ein rhythmisch schönes Maß bringen. Wegen dieser erzieherischen Funktion müsse sich der Staat genau für die schönen Künste interessieren. Doch der Athener Staat sei von den alten Tänzen und Weisen abgerückt. Im Abschnitt *„Der Anfang der*

6 Platon, Ion, (533d ff.) in: Sämtliche Werke in acht Bänden eingeleitet von O. Gigon, übertr. von R. Rufener, Zürich, München 1974.

7 vgl. Morgenstern, Matin, Zimmer, Robert, HinterGründe Die Philosophie und ihre Fragen, München 1998, S. 85.

8 Danto, Arthur C., Das Fortleben der Kunst, München 2000, S. 75.

athenischen Zügellosigkeit in der Musik" weist Platon darauf hin, welche Folgen es haben könne, wenn auf dem – zunächst nur nebensächlich erscheinenden Gebiet der Kunsterziehung – Nachlässigkeit entstehe: *„(...) nun aber ging für uns von der Musik ein auf alles sich erstreckender Weisheitsdünkel und Gesetzlosigkeit aus und in ihrem Gefolge die Freiheit."*[9]

Katharsis

Aristoteles wies in seinen Schriften *Poetik* und *Politik* der Tragödie die moralische und erzieherische Funktion zu die Bürger Griechenlands von *Furcht* und *Mitleid* zu reinigen (*katharsis, griech. Reinigung).* Ob Kunst die Menschen verderbe oder veredele, ist eine der Hauptfragen in der Geschichte der Philosophie. Augustinus empfahl den Römern ihre Theater zu schließen und Kirchen zu bauen, um einer Verweichlichung der Sitten zu entgehen und so dem Ansturm der Barbarenvölker besser standhalten zu können. Friedrich Nietzsche widmet in *Menschliches Allzumenschliches* diesem Thema einen wichtigen Aphorismus. Seiner Meinung nach ist über die kathartische Wirkung der Kunst längst noch nicht alles gesagt:

Zitat

„Sollten Mitleid und Furcht wirklich, wie Aristoteles will, durch die Tragödie entladen werden, so dass der Zuhörer kälter und ruhiger nach Hause zurückkehrt? (...) Es wäre möglich, dass Mitleid und Furcht in jedem einzelnen Falle durch die Tragödie gemildert und entladen würden: trotzdem könnten sie im ganzen durch die tragische Einwirkung überhaupt größer werden, und Plato behielte doch Recht, wenn er meint, dass man durch die Tragödie insgesamt ängstlicher und rührseliger werde."[10]

Mittelalter

Der mittelalterliche Kunstbegriff beinhaltete die Tendenz zum sinnenfeindlichen Spiritualismus. So beteuert Augustinus in einer Reflexion über Gott: *„Nicht das Aussehen eines Körpers und nicht die Anmut eines Lebensalters, nicht den Glanz des Lichtes, der diesen leiblichen Augen so lieb ist (...) Nichts von alledem liebe ich, wenn*

[9] Platon, Nomoi, in: Sämtliche Werke, Reinbek bei Hamburg 1994, Band 4, (701a), S. 252.

[10] Nietzsche, Friedrich, Menschliches Allzumenschliches, 1. Auflage, Frankfurt am Main 2000, Erster Band, § 212, S. 149.

ich meinen Gott liebe.“[11] Wie die Philosophie wurde im Mittelalter die Kunst zur *Magd der Theologie* (*ancilla theologiae*) degradiert, was natürlich nicht heißt, dass nicht auch im Mittelalter großartige Kunstwerke geschaffen worden sind; doch eben im Dienst der Kirche und des Göttlichen: „*(...) die steinerne gotische Kathedrale – wie die zugehörige Ästhetik des Mittelalters stellen den Aspekt der Repräsentation in den Mittelpunkt. Die Kunst dient dem Lob und der Verehrung Gottes, dessen Werke – die Natur und den gesamten Kosmos – sie nachahmt und abbildet.*“[12]

Aufklärung

Seit der Renaissance kommt es zu einer Aufwertung der Eigenständigkeit der Kunst. Im 18. Jahrhundert versuchten die britischen Philosophen David Hume (1711-1762) und Edmund Burke (1729-1797) Kriterien für das Schöne festzulegen. Hume beschäftigte sich mit Qualitäten, die jemand aufweisen müsse, wenn er sich ein ästhetisches Urteil erlauben wolle. In der Schrift *Of the Standard of Taste – Über die Regeln des Geschmacks* spricht Hume von das richtige Geschmacksurteil trübenden Faktoren wie Vorurteilen, negativen Einflüssen des Zeitgeistes, mangelnde Übung usw. Verfügte jedoch ein Kritiker über genügend Gelassenheit, Feinfühligkeit, Offenheit, Kenntnisse, Gespür und Erfahrung käme er infolge *der Macht der Natur und des richtigen Gefühls* nicht umhin wirkliche Schönheit zu erkennen. Aus dem gleichen Grund eines feststehenden Zusammenhangs zwischen schöner Gestalt und mentaler Empfindung bei allen Menschen könne sich eine „Kulturnation“ nur vorübergehend – nicht jedoch über längere Zeit hinweg – über die Qualität ihrer Dichter täuschen.

Of the Standard of Taste

Der englische Philosoph Edmund Burke versuchte in seiner *Philosophischen Untersuchung über den Ursprung unserer Ideen vom Erhabenen und Schönen* objektive Kriterien für Schönheit festzulegen. Burke kam zu dem Ergebnis, dass sich Schönheit durch „*1. verhältnismäßige Kleinheit, 2. Glätte; 3. Verschiedenheit in der Richtung der Teile, aber 4. nicht derart, dass die Teile winklig aufeinanderstoßen, sondern derart, dass sie gegenseitig ineinander übergehen, 5. ein zarter Bau ohne jeden deutlichen Anschein von Stärke;*

---

11 Augustinus, Bekenntnisse, Stuttgart 1989, Zehntes Buch S. 256.

12 Jung, Werner, Von der Mimesis zur Simulation Ein Einführung in die Geschichte der Ästhetik, Hamburg 1995, S. 24.

6. klare und helle, aber nicht sehr grelle und glänzende Farben und 7. wenn doch irgendeine glänzende Farbe vorhanden sein muss, dann nur zusammen mit anderen"[13] definieren lasse.

Wohl die wichtigsten Gedanken zur Ästhetik im Zeitalter der Aufklärung stammen von Immanuel Kant, der Kunstwerke als Produkte der Freiheit begriff. Schön sei, „*was ohne Begriff allgemein gefällt.*" Kunstwerke unterlägen einer ihnen eigentümlichen Ordnung, die Kant in der *Kritik der Urteilskraft* mit den Hauptbegriffen „*Zweckmäßigkeit ohne Zweck*" und „*Gesetzmäßigkeit ohne Gesetz*" beschrieb. (§16,17) Kunst dürfe nicht primär außerästhetischen – z. B. logischen, pragmatischen, moralischen – Zwecken zum Beispiel als Schmuck, Kultgegenstand, Zauber dienen. Vielmehr sah Kant im „*Wohlgefallen ohne alles Interesse*"[14] den Idealtypus der ästhetischen Wahrnehmung. „*Alles Interesse verdirbt das Geschmacksurteil und nimmt ihm seine Unparteilichkeit (...)*"[15]. Das ästhetische Urteil sei zwar subjektives Geschmacksurteil, was es vom Erkenntnisurteil in den Naturwissenschaften, wo „*das Sinnliche in seiner Einzelheit (...) nur als ein bloßer Fall einer allgemeinen Gesetzlichkeit auf(tritt)*"[16] unterscheidet. Doch wir glaubten unser Geschmacksurteil, anderen Menschen, wie Kant sagt, *ansinnen*[17] zu können. „*Das Geschmacksurteil selber postuliert nicht jedermanns Zustimmung (denn das kann nur ein logisch allgemeines, weil es Gründe anführen kann, tun); es sinnet nur jedermann diese Einstimmung an.*"[18] Für Kant, der sich meist auf den Anblick einer schönen Landschaft bezog, wenn er den Begriff des *interesselosen Wohlgefallens* erläutern wollte, besaß das Naturschöne im Vergleich zum Kunstschönen einen höheren Stellenwert.

Interesseloses Wohlgefallen

Zitat

„Wenn ein Mann, der Geschmack genug hat, um über Produkte der schönen Kunst mit der größten Richtigkeit und Feinheit zu urteilen, das Zimmer gern verlässt, in welchem jene, die Eitelkeit und allenfalls gesellschaftlichen Freuden unterhalten-

---

[13] Burke, Edmund: Philosophische Untersuchung über den Ursprung unserer Ideen vom Erhabenen und Schönen, Hamburg 1989, S. 152.

[14] Kant, Immanuel, Kritik der Urteilskraft, in: Werkausgabe Band X Herausgegeben von Wilhelm Weischedel, Frankfurt am Main, 1. Auflage 1977, §6, S. 124.

[15] Ebenda, §13, S. 138.

[16] Gadamer, Hans-Georg, Die Aktualität des Schönen, Stuttgart 1977, S. 21.

[17] Kant, Immanuel, Kritik der Urteilskraft, a. a. O., §8, S. 127.

[18] Kant, Immanuel, Kritik der Urteilskraft, a. a. O., §8, S. 130.

Zitat

den, Schönheiten anzutreffen sind, und sich zum Schönen der Natur wendet, (...) so werden wir diese seine Wahl selber mit Hochachtung betrachten (...)“[19]

Erläuterung

Der französische Soziologe Pierre Bourdieu, geb. 1930, zweifelt Kants Theorie des *interesselosen Wohlgefallens* als Merkmal ästhetischer Urteile an. In Wahrheit versuche sich mittels Geschmacksurteilen eine bestimmte Klasse von anderen abzugrenzen. Ästhetisches Verhalten laufe darauf hinaus, symbolische Macht auszudrücken, um dadurch soziale Statusgewinne zu erzielen.[20]

Das Erhabene

Des Weiteren beschäftigte sich Kant unter Rückgriff auf Edmund Burke wirkungsmächtig mit der Kategorie des *Erhabenen.* Unter dem *Erhabenen* verstand er unser Gefühl gegenüber dem unerhört Großen und auch Schrecklichen zum Beispiel an Naturereignissen wie Vulkanausbrüchen oder Orkanen in ihrer zerstörenden Gewalt. Solche Phänomene demonstrierten zwar einerseits unsere Ohmacht vor der Natur, doch – wenn wir uns von ihnen nicht unmittelbar bedroht fühlten – lösten sie auch ein ästhetisches Gefühl der Erhabenheit und Selbstachtung aus: dass nämlich der Mensch in seinen Wertungen letztlich als ein von der Natur unabhängiges Wesen zu beurteilen sei.

Merksatz

„Das Erhabene hat seine Grundlage nach Kant (anders als bei den Romantikern) nicht so sehr im nackten Vorliegen einer maßlosen Größe oder einer überwältigenden Kraft, sondern im Zurückkommen des Subjekts auf sich selbst als eines Wesens, das auch angesichts des Unverhältnismäßigen seine Würde behauptet, indem es darauf besteht, Vernunftwesen (d. h. ein nicht in Natur Auflösliches) zu sein.“[21]

Des weiteren befasste sich Kant mit dem *Geniebegriff* in der Kunst. Unter Genie sei das Talent schöne Kunst hervorzubringen zu verstehen. Der Künstler besitze die Gabe ein völlig neues Werk zu schaffen, etwas, das es zuvor noch nie gegeben hat, das uns aber dennoch in seiner vollkommenen Komposition wie eine zwingende Notwendigkeit erscheint. Bei einem großen Kunstwerk habe man zum Beispiel das Gefühl, dass man keines seiner winzigen Details

19 Kant, Immanuel, Kritik der Urteilskraft, a. a. O., §42, S. 233.

20 Bourdieu, Pierre, Die feinen Unterschiede. Kritik der gesellschaftlichen Urteilskraft, Frankfurt am Main 1984, ders., Die verborgenen Mechanismen der Macht, Hamburg 1992.

21 Sloterdijk, Peter, Im Weltinnenraum des Kapitals, Frankfurt am Main 2005, S. 43, Anm. 17.

verändern könne, ohne dadurch seinen ästhetischen Wert zu schmälern, so vollkommen schuf es sein Meister. Gerade das am höchsten artifizielle Kunstwerk erscheint wie ein Stück Natur. Genie sei somit eine *„angeborne Gemütsanlage (ingenium), durch welche die Natur der Kunst die Regel gibt."*[22]

In Kants System nimmt die ästhetische Urteilskraft eine Vermittlerrolle zwischen der Erkenntnistheorie und der Moral ein. Im ästhetischen Urteil vereinigten sich Besonderes und Allgemeines auf eine zwanglose und spontan *gemeinschaftsstiftende*[23] Weise. Die ästhetische Form verbindet Natur und Freiheit, Sinnlichkeit und Sittlichkeit[24] und erlangt dadurch, wie der Berliner Philosoph Gerhard Volker betont, gesellschaftliche Relevanz:

Zitat

„Allein die dem Lebensdruck enthobene Mitteilung fördert die ‚Geselligkeit', in der Kant eine Bedingung der ‚Humanität' erkennt. Wer sich mit seinem freien Urteil gesellig verhält, (...) möchte als ‚feiner Mensch' angesehen werden (...) Kant schließt es nämlich nicht aus, dass sich in der Verfeinerung der ästhetischen Erfahrung das Individuum allmählich auch moralisiert."[25]

Deutscher Idealismus

War Kants Ästhetik vor allem an formalen Fragen des Erkenntnisvermögens interessiert, erörtert die Inhaltsästhetik des Deutschen Idealismus die unverzichtbare Rolle der Kunst für die Kultur und das gesellschaftliche Handeln. Schon Kant hatte das Kunstschöne, weil es zur interesselosen Betrachtung anregt, als *Vorschule zur Moral* und als *Symbol der Sittlichkeit* bezeichnet. Nach der die Gefahren eines entfesselten Vernunftbegriffs offenbart habenden Französischen Revolution fragte nun Schiller, was die Kunst und dabei insbesondere das Kunstideal der Griechen zur Bildung der Menschheit beitragen könnte. *„Schiller setzt eine Schilderung der vollendeten Ausbildung der Persönlichkeit und individuellen Fähigkeiten der*

22 Kant, Immanuel, Kritik der Urteilskraft, a. a. O., §46, S. 241f.
23 vgl. Eagleton, Terry, Ästhetik die Geschichte ihrer Ideologie, Stuttgart, Weimar 1994, S.100ff.
24 Marcuse, Herbert, Triebstruktur und Gesellschaft, Frankfurt am Main 1979, S. 177.
25 Gerhardt, Volker, Immanuel Kant, Vernunft und Leben, Stuttgart 2002, S. 280.

Griechen als Kontrast gegen die Zerrüttung und Zersetzung von Individuum und Gemeinschaft in der Gegenwart.“[26] Dazu versuchte er die Kantischen Trennungen von theoretischer Wahrheit, moralischem Imperativ und ästhetischer Schönheit zu überwinden. Schiller verstand das Ästhetische als Reich des „Spiels“. In seinen *Briefen zur ästhetischen Erziehung* wird die Ästhetik als die Schwester und zugleich als Widerpart der Logik begriffen. Kunst und spielerische Phantasie bereicherten die menschlichen Wesenskräfte. Der Mensch – so Schillers berühmter Satz – sei nur da ganz Mensch, wo er *spiele.*

Merksatz

„Der Spieltrieb überwindet nach Schiller den Dualismus von Stofftrieb und Formtrieb. Unter dem einen versteht er eine Abhängigkeit vom Sinnlichen, von momentanen Empfindungen, während der andere das Prinzip der Vernunft zur Geltung kommen lasse.“[27]

Während Kants ästhetische Kategorien – Urteilskraft, Geschmack, Wohlgefallen – auf subjektive Momente im Kunsterleben verweisen, wurde die Kunst in der Philosophie des Deutschen Idealismus als eine der höchsten und wirklichsten aller Seinsebenen begriffen. Friedrich Wilhelm Joseph Schelling (1775-1854) sah im Kunstwerk eine der göttlichen Schöpfung ähnliche Vermittlung zwischen Geist und Materie; Kunst vermittele Spiritualität bei gleichzeitiger Materialität (z. B. die Töne eines Musikstückes oder die Grazie eines architektonisch gelungenen Bauwerkes). Im Staat diene die Kunst der Veredlung des Menschen. Mensch wie Natur seien von einer ständigen Schöpfungskraft beseelt. Nach Schelling komme diese Kreativität vor allem in der Kunst zum Ausdruck.

Merksatz

Schellings Kunstphilosophie beeinflusste die Kunstrichtung der Romantik, in welcher Phantasie, Spontaneität, Einbildungs- und Vorstellungskraft als die wichtigsten Gaben des Menschen galten.

War für Schelling die Kunst die höchste der Seinsebenen – *„Ich bin überzeugt, dass der höchste Akt der Vernunft, der, indem sie alle Ideen umfast, ein ästhetischer Akt ist (...)*“[28] – so sprach Hegel vom *Vergangenheitscharakter* der Kunst. Hegels berühmte These vom Ende der Kunst darf nun nicht so verstanden werden, dass es heute keine Kunstwerke mehr gebe – offensichtlich gibt es sie – son-

Ende der Kunst

[26] Popitz, Heinrich, Der entfremdete Mensch, Frankfurt am Main 1967, S. 24.

[27] Schneider, Norbert, Geschichte der Ästhetik von der Aufklärung bis zur Postmoderne, 3. Auflage, Stuttgart 2003, S. 64.

[28] Jamme, Christoph, Schneider, Helmut, Mythologie der Vernunft, Hegels ‚ältestes Systemprogramm‘ des deutschen Idealismus, Frankfurt am Main 1984, S. 12.

dern, dass Kunst im Unterschied zu früheren Epochen ihre enge Verbindung mit der Religion eingebüßt habe, wie Hans-Georg Gadamer Hegels These vom Ende der Kunst erläutert:

Zitat

„Die eigentliche These Hegels ist, dass der Gott und das Göttliche für die griechische Kultur in der Form ihres eigenen bildnerischen und gestalterischen Sagens eigens und eigentlich offenbar wurde und dass bereits mit dem Christentum und seiner neuen und vertieften Einsicht in die Jenseitigkeit Gottes ein adäquater Ausdruck ihrer eigenen Wahrheit in der Formensprache der Kunst und der Bildersprache dichterischer Rede nicht mehr möglich war.“ [29]

In der Moderne habe die Kunst ihre kultischen und religiösen Funktionen abgestreift, doch der Verlust ihrer Wahrheitsfunktion ermögliche nunmehr ihre Beurteilung aus rein ästhetischen Gründen. In den Worten von Hegel: *„Man kann wohl hoffen, dass die Kunst (...) sich vollenden werde, aber ihre Form hat aufgehört, das höchste Bedürfnis des Geistes zu sein. Mögen wir die griechischen Götterbilder noch so vortrefflich finden und Gottvater, Christus, Maria noch so würdig und vollendet dargestellt sehen – es hilft nichts, unser Knie beugen wir doch nicht mehr.“*[30]

Das 19. Jahrhundert

Im Laufe des 19. Jahrhunderts wurde die Ästhetik zu einem immer wichtigeren Bestandteil der Philosophie. Gemäß Arthur Schopenhauer kann sich der Mensch in der ästhetischen Anschauung für eine Weile von seinen egoistischen Antrieben befreien. Die Kunst und speziell die Musik wirkten – wenn man sich nur genügend in sie versenke – wie eine Erholung vom immer quälender werdenden Daseinsdrang. Genau in diesem Punkt widersprach ihm Friedrich Nietzsche, der in seiner Erstlingsschrift *Geburt der Tragödie aus dem Geist der Musik* die Welt nur noch deshalb als gerechtfertigt ansah, weil uns die Kunst angesichts der brutalen Wahrheit von der Sinnlosigkeit des Daseins in die Welt des *dionysisch* Rauschhaften und den Traum des *Apoll* entführe. Indem sie Gefühle steigere, sei sie ein gewaltiges Stimulans für das Leben, ein Gedanke, den

[29] Gadamer, Hans-Georg, Die Aktualität des Schönen, Stuttgart 1977, S.7.

[30] Hegel, Georg Wilhelm Friedrich, Vorlesungen über die Ästhetik I Werke Bd. 13 Hg. von E. Moldenhauer und K.M. Michel. Frankfurt am Main 1984, S. 142.

sich in abgewandelter Form der Amerikaner John Dewey für die Philosophierichtung des Pragmatismus zunutze machte.[31] Beim frühen Nietzsche nimmt die Kunst eine dominierende Stellung, ja fast den Rang einer Ersatzreligion (Stichwort: Artistenmetaphysik) ein. Doch nach seinem Bruch mit Wagner wurde für Nietzsche der Realitätssinn immer wichtiger. Nun forderte er, jedem – auch dem ästhetischen – metaphysischen Selbstbetrug zu entsagen. Manche Künstler gaukelten sich eine Scheinwirklichkeit vor. Sie flüchteten (speziell Wagner) in eine substanzlose Ersatzwelt, ohne die Realität wirklich verändert zu haben. Künstler – so Nietzsche – seien eigentlich immer und überall *„Epigonen (...) Sie beschwichtigen und heilen nur vorläufig, nur für den Augenblick; sie halten sogar die Menschen ab, an einer wirklichen Verbesserung ihrer Zustände zu arbeiten (...)"* Menschliches Allzumenschliches Bd. 1 §148. Demgegenüber ging es Nietzsche darum, die Potentiale der Kunst für die „nächsten Dinge" zu nutzen.

Artistenmetaphysik

Merksatz

Von seiner früheren „Artistenmetaphysik" sagte sich Nietzsche in seinem Werk „Menschliches, Allzumenschliches" los. Anders als in der „Geburt der Tragödie" verrät nun die Kunst keine versteckte Wahrheit mehr über die Abgründe des Daseins, sondern verschaffe – weit irdischer gefasst, aber deshalb keineswegs weniger wichtig – den Menschen feinere oder heftigere Erregungen im „Sieg über die Langeweile" (Bd.2 §119).

Nietzsche betont die Bedeutung des *„guten Geschmacks"* als fast sinnlicher Abschätzung über die Dinge des Lebens. Das griechische Wort *Sophia* heiße geradezu *„Geschmack"* (Menschliches, Allzumenschliches §178), den es zu verbessern gelte. Das Verhältnis zwischen Wissenschaft und Kunst (Phantasie) bestimmt Nietzsche nun folgendermaßen: *„(...) eine höhere Kultur (muss) dem Menschen ein Doppelgehirn, gleichsam zwei Hirnkammern geben, einmal um Wissenschaft, sodann um Nicht-Wissenschaft zu empfinden: nebeneinander liegend, ohne Verwirrung, trennbar, abschließbar; es ist dies eine Forderung der Gesundheit. Im einen Bereiche liegt die Kraftquelle, im anderen der Regulator: mit Illusionen, Einseitigkeiten, Leidenschaften muss geheizt werden, mit Hilfe der erkennenden Wissenschaft muss den bösartigen und gefährlichen Folgen einer Überheizung vorgebeugt werden."* Menschliches Allzumenschliches Bd. 1, §251. Während Nietzsche die Kunst gegenüber der Moral höher bewertete, vertrat der dänische Philosoph Sören Kierkegaard die Position einer Priorität der Moral, Ethik und Religi-

---

31 Dewey, John, Kunst als Erfahrung, Frankfurt am Main 1988.

on für die Existenzbewältigung eines jeden Einzelnen. Die ästhetische Lebensweise kritisierte Kierkegaard mit dem Argument, dass sie ganz auf die Plötzlichkeit[32] des ästhetisch erlebten Augenblicks – zum Beispiel beim Überwältigwerden von einem Kunstwerk – setze und damit die Tendenz der Moderne befördere, die Substanz der ethischen Ideale auszuhöhlen.

Zitat

„Die Einsicht in die immanente Tendenz zu einer Verallgemeinerung des ästhetischen Einstellungswechsels zu einer ‚ästhetischen Haltung' gehört zu den Kernstücken der modernen Reflexion auf die ästhetische Erfahrung. Sie findet ihren exemplarischen Ausdruck in Kierkegaards ablehnender Beschreibung der ästhetischen Sphäre. Er kennzeichnet sie durch eine rücksichtslose ‚Leidenschaft der Vernichtung'. Eine Erfahrung, die alles in einer nichts entscheidenden ‚Indifferenz' hält, in der alles auch ‚anders sein könnte', die ‚immer im Moment lebt, immer jedoch nur in einer gewissen Relativität', die die Reflexion bis zum Exzess der Verzweiflung treibt, die den Tod in sich aufgenommen hat und stets neben, über oder unter, aber niemals bei sich selbst ist, entwertet die Welt zu einer bloßen ‚Maskerade', zu einer Vielfalt von Bildern."[33]

Das 20. Jahrhundert

Im 20. Jahrhundert verglich Heidegger das Rätsel der Kunst mit dem Rätsel des Seins, dem man mit dem dichterischen Wort noch am ehesten auf die Spur kommen könne. Heidegger kritisierte den modernen Kunstbetrieb, in dem die Kunstwerke einfach nur so zur Schau gestellt würden, und hob den Wahrheitsaspekt an der Kunst hervor. Am Kunstwerk – zum Beispiel den berühmten Bauernschuhen van Goghs – erscheine eine sonst kaum vernehmbare Wahrheit: die *„Not, das Beben in der Ankunft der Geburt und das Zittern in der Umdrohung des Todes."*[34] In der Kritischen Theorie Theodor W. Adornos nimmt die Kunst eine zentrale – den *„Verblendungszusammenhang"* der bürgerlichen Gesellschaft aufsprengende – Stellung ein. (vgl. 5.5.2.) Jean-Paul Sartre hat mit seinem Konzept einer *litté-*

littérature engagée

[32] Vgl. Bohrer, Karl Heinz, Plötzlichkeit Zum Augenblick des ästhetischen Scheins, Frankfurt a. M. 1981.

[33] Menke, Christoph, Die Souveränität der Kunst, Ästhetische Erfahrung nach Adorno und Derrida, Frankfurt am Main 1991, S. 267.

[34] Heidegger, Martin, Der Ursprung des Kunstwerkes, Einführung von Hans-Georg Gadamer, Stuttgart 1960, S. 30.

rature engagée es als die Hauptaufgabe des Schriftstellers angesehen, durch sein Schreiben bestehende repressive Zustände offen zu legen und auf ihre Veränderung abzuzielen. Die Kunst führe in eine eigene Welt und Seinsweise um zu zeigen, dass das Leben auch ganz anders sein kann bzw. sich unsere Bewertungen und Ansichten auch ändern könnten. Wenn wir ein Werk von Tolstoi oder Kafka lesen, schlüpften wir gleichsam in eine andere Totalität und Weltsicht, lernten neue Seins- und Sichtweisen kennen. Dies wird nach Sartre unwiderrufliche Auswirkungen auf die Weltsicht des Lesers haben:

Zitat

> „Wenn er diesen Augenblick der Freiheit erlebt hat, das heißt, wenn er für einen Augenblick durch das Buch den Entfremdungs- oder Unterdrückungskräften entgangen ist, seien Sie sicher, dass er ihn nicht vergessen wird. Das, glaube ich, kann die Literatur oder zumindest eine bestimmte Literatur leisten."[35]

Eine Absage an das Konzept einer *littérature engagée* erteilt hingegen der in Frankreich lebende österreichische Schriftsteller Peter Handke:

Zitat

> „Eine engagierte Literatur gibt es nicht. Der Begriff ist ein Widerspruch in sich. Es gibt engagierte Menschen, aber keine engagierten Schriftsteller. Der Begriff ‚Engagement' ist politisch. Er ist höchstens anzuwenden auf politische ‚Schriftsteller', die aber keine Schriftsteller in dem Sinn sind, wie er uns hier interessiert, sondern Politiker, die schreiben, was sie sagen wollen."[36]

Als Begründer der philosophischen Hermeneutik kritisiert Hans-Georg Gadamer die vom *logischen Positivismus* (vgl. 9.2.2) verbreitete Ansicht künstlerische Werte seien nicht wahrheitsfähig und entsprächen subjektiven Einschätzungen und Meinungen. Anders als Ludwig Wittgensteins *„In der Kunst ist es schwer etwas zu sagen, was so gut ist wie: nichts zu sagen"*[37] weist Gadamer in seinem

---

[35] Sartre, Jean-Paul: Was kann Literatur ? In: Ders.: Gesammelte Werke. Schriften zur Literatur Bd. 6, Hrsg. v. Traugott König, Reinbek bei Hamburg 1979, S. 83.

[36] Handke, Peter, Ich bin ein Bewohner des Elfenbeinturm, Frankfurt am Main 1972, S. 43.

[37] Wittgenstein, Ludwig, Vermischte Bemerkungen, Frankfurt am Main 1977, S. 50.

Hauptwerk *Wahrheit und Methode* auf den Wahrheitswert der Ästhetik hin, die die Persönlichkeit und Weltsicht eines Menschen verändern könne. Ästhetische Überlegungen kennzeichnen auch die Philosophie des amerikanischen Pragmatismus. Hier stellte Richard Rorty die Bedeutung der Literatur heraus und dass ihr in Bezug auf die Bildung moralischer Gefühle und Werte sogar eine größere Relevanz als der Philosophie zukomme. Rorty stellt heraus, dass es sowohl in der Wissenschaft wie auch in der Kunst um die Interpretation von Symbolen gehe und sich Neuerungen dann ergäben, wenn das bisherige Vokabular veraltet sei, genauer gesagt, als veraltet empfunden werde. Ähnlich wie Rorty versucht Nelson Goodman in seinem Buch *Languae of Art (1968) –dt. Sprachen der Kunst* die strikte Trennung zwischen der Kunst und der Wissenschaft zu überwinden. In dem Werk *Weisen der Welterzeugung*[38] setzt Goodman *„auf analytischer Basis Kants und Nietzsches Einsicht in den Fiktionscharakter des Erkennens fort (...)"*[39] Verschieden in ihrem Zeichencharakter ähnelten sich Wissenschaft und Kunst im Ziel neue Erkenntnisse zu gewinnen. Eine Reihe von Denkern der Postmoderne und des Poststrukturalismus – J-F. Lyotard, M. Foucault, J. Derrida – betonen den Vorbildcharakter der zeitgenössischen Kunst, da sie als Sphäre des Widerstreits und der Vielfalt ein Beispiel für eine pluralistische Welterfahrung und -einstellung abgeben könne.[40] Die Kunst stelle Wahrnehmungspotentiale zur Verfügung, die sowohl auf Seiten des Künstlers als auch des Rezipienten besondere Wahrnehmungsfähigkeiten – *Seinlassen können, Spüren der Aura, Atmosphäre usw.* – zur Voraussetzung hätten. Dadurch ließen sich Wirklichbereiche erschließen, die dem rein logischen Denken versagt blieben.

Weisen der Welterzeugung

5.2 | Ästhetik und Kunstphilosophie

Unter philosophischer Ästhetik ist nicht nur die Theorie der Wahrnehmung, sondern auch die Theorie der Kunst bzw. Kunstphilosophie zu verstehen, ohne dass beide miteinander identifiziert werden sollten. Man werde – so Arthur C. Danto – modernen Kunstwer-

---

[38] Goodman, Nelson, Weisen der Welterzeugung, Frankfurt 1984.

[39] Welsch, Wolfgang, Vernunft Die zeitgenössische Vernunftkritik und das Konzept der transversalen Vernunft, Franfurt am Main 1996, S. 500.

[40] Welsch, Wolfgang, Ästhetisches Denken, 2. Auflage, Stuttgart 1991, S. 68ff.

ken nicht gerecht, wenn man sie ausschließlich unter dem Aspekt ihrer Ästhetik bzw. Schönheit betrachte. Marcel Duchamp begriff zum Beispiel seine *Readymades* (Fertigteile) gerade als einen Angriff auf den Terror des *Guten Geschmacks: „Als ich Readymades entdeckte, ging es mir darum, die Ästhetik zurückzuweisen (...) Ich warf ihnen das Flaschengestell und das Urinal an den Kopf als Herausforderung, und jetzt bewundern alle sie aufgrund ihrer ästhetischen Schönheit.“*[41]

Readymades

Erläuterung

Im Jahr 1913 hatte Marcel Duchamp einen handelsüblichen Flaschenständer, das Vorderrad eines Fahrrads und ein Urinbecken in einer Galerie als „Kunstwerke“ ausgestellt. Damit zeigte er, dass das, was wir als Kunst wahrnehmen, nicht allein vom Werk selbst, sondern auch von seiner institutionellen Präsentation (Galerie, Museum) abhängt.

Während es der Kunstphilosophie um die Frage nach dem ontologischen Status des Kunstwerkes bzw. um Fragen wie *„Was ist Kunst?“* und *„Was ist ein Kunstwerk?“* geht, fragt die Ästhetik *„Was ist ein ästhetisches Erlebnis?, Was ist eine ästhetische Erfahrung?“*. Außer Kunstwerken können auch andere Gegenstände (Natur, Alltag) ästhetisch erfahren werden. Ästhetik ist in dieser Hinsicht der im Vergleich zur Kunstphilosophie umfassendere Begriff.

Zum Unterschied zwischen Kunst und Ästhetik führt der amerikanische Philosoph Arthur C. Danto aus: *„(...) der ontologische Erfolg von Duchamps Werk, bei dem es sich ja um Kunst handelt, die gelungen ist, obwohl geschmackliche Erwägungen fehlen oder aufgehoben wurden, macht deutlich, dass das Ästhetische eben keine wesentliche oder bestimmte Eigenschaft der Kunst ist.“*[42]

In kunstphilosophischen Theorien geht es um die Frage nach dem Wahrheitsgehalt der Kunst zum Beispiel im Verhältnis zur Philosophie oder zu den Wissenschaften. So war Georg Wilhelm Friedrich Hegel der Meinung, dass die Kunst zwar wichtig für die Selbsterkenntnis, jedoch im Vergleich zur Religion und Philosophie von untergeordneter Bedeutung sei. Im Gegensatz dazu vertraten Schelling, Schopenhauer, der frühe Nietzsche, der späte Heidegger und

---

41 Brief von Marcel Duchamp an Hans Richter zit. nach Danto, Arthur C., Das Fortlebend er Kunst, München 2000, S. 119.

42 Danto, Arthur C., Das Fortleben der Kunst, München 2000, S. 153.

Theodor W. Adorno eine sogenannte *„überbietungstheoretische Wahrheitsästhetik“*[43], wonach das Kunstwerk einen höheren Wahrheitsgehalt als die Wissenschaften verkörpere.

5.3 | Das Wesen des Kunstwerks

Ein Kunstwerk kann weder als rein physisches noch als ausschließlich mentales Gebilde aufgefasst werden. Ein Theaterstück ist nicht nur das sinnliche Geschehen während einer Aufführung, sondern vielmehr das Original, wie es der Feder des Autors entsprang. Um den Seinsstatus von Kunst näher zu bestimmen müssen subjektive, objektive als auch intersubjektive Aspekte berücksichtigt werden. Den intersubjektiven und logischen Aspekt des künstlerischen Schaffens hebt Karl R. Popper in seiner Theorie der drei Welten hervor. Popper unterscheidet zwischen einer physischen und psychischen Welt eine dritte Welt objektiver Ideen. Unter Welt 1 versteht Popper die physikalischen Gegenstände, Welt 2 beinhaltet alle Bewusstseinszustände, Gefühle und Willensakte und unter Welt 3 begreift er die eigenständige Welt der Logik, Mathematik, rationaler Argumentation und der künstlerischen Werke. Weil sich die Menschen eine objektive Welt der Ideen, geistigen Bezüge und künstlerischen Gestaltungen eröffnet hätten, könnten immer wieder künstlerische Ideen und Entwicklungen aus der Kunstgeschichte aufgegriffen und weiterentwickelt werden.

Theorie der drei Welten

Auch für Hans-Georg Gadamer besitzt die Kunst einen – jedoch nicht an der Logik orientierten – Wahrheitsanspruch. Fühlt man sich von einem großen Kunstwerk angesprochen, dann sei dies ein die eigene Weltsicht verändernder wichtiger Wahrheitseffekt. In der Kunst finde eine Seinserhöhung der Dinge und des Betrachters, der sich davon ergreifen lasse, statt. Als Van Gogh die Bauernschuhe malte, sei damit eine zuvor unbekannte Wahrheit freigelegt worden, da es ihm offenkundig gelungen sei, einen Gegenstand der Alltäglichkeit in einem neuen nie zuvor gesehenen Licht erscheinen zu lassen. Wer sich von einem solchen Kunstwerk ansprechen lasse, sehe die Dinge zukünftig anders. Kunstwerke könnten sogar bewirken, dass wir unser Leben veränderten. Gadamer wendet sich gegen eine Auffassung der Kunst, die ihr Wesen im bloß Spieleri-

[43] Schmücker, Reinold, Was ist Kunst? Eine Grundlegung, München 1998, S. 37f.

schen und Kreativen sieht, ganz so als ob die großen Kunstwerke keine objektive Wahrheit vermitteln könnten.

Merksatz

„Gadamers Ziel ist die Wiedergewinnung der Kunst als Wahrheiterfahrung gegen die moderne szientistische Mentalität, welche die Wahrheit auf den Bereich der mathematischen Wissenschaften der Natur beschränken will und alle anderen Erfahrungen, mehr oder weniger ausdrücklich, in den Bereich der Dichtung, der ästhetischen Punktualität, des Erlebnisses verbannt hat.“[44]

In seiner Wesenbestimmung der Kunst weist Reinold Schmücker auf deren *kommunikationstheoretische* Seite hin. Kunstwerke ließen sich *„als Medien eines diskontinuierlichen Kommunikationsgeschehens auffassen (...).“*[45] Diskontinuierlich sei dieses Geschehen deshalb, weil es in ihnen zwar eine bestimmte Mitteilung gebe, ohne dass deren Inhalt jedoch definitiv zu bestimmen sei: *„Ebendarin liegt, wie mir scheint, das Wesen der Kunst.“*[46] Wenn auch der Sinn eines Kunstwerkes keineswegs restlos in unserer Alltagsprache zum Ausdruck gebracht werden könne, so sei deshalb keineswegs gleich gänzlich seine kommunikative Rolle zu bestreiten. (Adorno tat genau dies, wenn er schrieb: *„(...) kein Kunstwerk ist in Kategorien der Kommunikation zu beschreiben und zu erklären.“*[47]*)* Zwar sei keine definitive Auskunft über die Bedeutung des künstlerischen Zeichens zu geben, doch ein vielleicht nie endender Diskurs könne über den Gehalt der künstlerischen Manifestation Aufschlüsse geben.

Das Schöne | 5.4

„Das Schöne“ ist etymologisch verwandt mit Wörtern wie „schauen“, „scheinen“ und wurde in der Antike in Zusammenhang mit dem Guten (Ethik) und Wahren (Metaphysik) gesehen.[48] Das griechische Wort Kalokagathie *(von griech. Kalos kai agathos, schön und gut)* bedeutet die Einheit von schöner Erscheinung und edler Gesinnung: die schöne, edle Sittlichkeit. Besonders im Zeitalter der Aufklärung (18. Jahrhundert) erhoffte man sich von der Verfeinerung der ästhetischen Wahrnehmung eine allgemeine Verbesserung der

Kalokagathie

[44] Vattimo, Gianni, Das Ende der Moderne, Stuttgart 1990, S. 132.

[45] Schmücker, Reinold Was ist Kunst? Eine Grundlegung, München 1998, S. 282.

[46] Ebenda, S. 283.

[47] Adorno, Theodor W., GS VII, 167, zit. nach Schmücker, Reinold, Was ist Kunst?, a. a. O., S. 270.

[48] Halder, Alois, Philosophisches Wörterbuch, Freiburg i. B. 2000, S. 281.

Lebensweise (Schiller, Wieland). Wolfgang Welsch fasst diese Erwartungen an die Kunst zusammen:

Zitat

„Wer durch die Schule der Kunst gegangen ist (...) urteilt und verurteilt nicht mehr mit dem Pathos der Absolutheit und der Einbildung der Endgültigkeit, sondern erkennt auch dem anderen mögliche Wahrheit grundsätzlich zu (...)“[49]

Ästhetischer Relativismus

Doch was ist überhaupt das Schöne? Wenn *schön* das ist, was als *schön* empfunden wird, wäre dem Subjektivismus Tür und Tor geöffnet. Die griechischen Sophisten (gr. sophistos = Weisheitslehrer) lehrten, dass was der eine als schön empfinde, für den anderen je nach Kultur und Geschmack hässlich sein könne. Im Dialog *Hippias* diskutiert Sokrates mit dem gleichnamigen Sophisten die Facetten der Frage nach dem Schönen. Einmal erscheint das Schöne als gerade dieser Gegenstand, dieser schöne Mensch, dieses schöne Lebewesen usw. Dann aber scheint es auch so, als müssten wir bei der Bestimmung des Schönen eine Rangordnung beachten, sodass nach einem Wort des Heraklit der schönste Affe im Vergleich mit dem Menschen hässlich sei. Doch gilt dies – wenn überhaupt – vielleicht ja nur aus menschlicher Sicht. Weiter prüft Sokrates die Frage, ob etwas schön sein kann, ohne dass die meisten Menschen dies so empfinden? Sokrates kommt zu dem Schluss, dass über das Schöne mehr Streit herrscht als über irgend etwas anderes *„sowohl zwischen den Einzelnen als auch öffentlich zwischen den Staaten (Hippias 294d)“*

Ästhetischer Essentialismus

Platon begründete ein absolut Schönes als metaphysische Idee = *Essentialismus.* Demnach gebe es einen objektiven Maßstab – *die Idee des Schönen* – für alles konkret Schöne, das an ihrem Glanz mehr oder weniger teilhabe. Der Gedanke, dass es gegen den Skeptizismus eine objektive Wesenheit (Essenz) des Schönen gibt, hat Philosophen wie Künstler immer wieder fasziniert. So vertrat der Renaissancemaler Albrecht Dürer (1471-1528) eine Proportionslehre, wonach in der Natur kunstvoll geformte Maßverhältnisse anzutreffen sind: *„Ohne rechte Proportion“* sei kein Bild schön und vollkommen. Dürers mit

[49] Welsch, Wolfgang, Ästhetisches Denken, Stuttgart 1990, S. 76.

Zirkel und Lineal konstruierten Grundformen menschlicher Figuren erscheinen bis heute als ein einziges Bekenntnis zur schönen Form. Häufig stehen die Maßverhältnisse dabei im Größenverhältnis des *goldnen Schnitts* (eine Strecke wird so geteilt, dass die Gesamtstrecke zur größeren der beiden Teilstrecken im gleichen Maßverhältnis steht, wie die größere Teilstrecke zur kleineren Teilstrecke). Diese Maßverhältnisse findet man sowohl am Pferdekörper wie auch am Beispiel einer griechischen Skulptur und dem Parthenontempel auf der Akropolis in Athen.

Der goldene Schnitt

Am eindrucksvollsten hat wohl Georg Wilhelm Friedrich Hegel den *objektiven* Charakter der Kunst hervorgehoben. In seinem philosophischen System argumentiert Hegel, dass Kunst, Religion und Philosophie Grundformen seien, in denen sich der menschliche Geist eines Absoluten – das heißt eines letzten Sinnes, eines letzten Prinzips – bewusst werde. Wie die Religion sind für Hegel die Kunst und die Philosophie in diesem Sinne *„fortdauernder Gottesdienst"*. In der Kunst werde das Absolute *angeschaut*, in der Religion *vorgestellt* und in der Philosophie *gedacht*. Nach Hegel hat sich jedoch die Kunst in der griechischen Antike vollendet, so dass ihre Aufgabe im Mittelalter von der christlichen Religion und seit Hegels Zeit von der Philosophie übernommen worden sei. Nun entscheide letztere anhand kritisch-analytischer Begriffe über die Qualität eines Kunstwerkes. Für Hegel ist das Schöne *„das sinnliche Scheinen der Idee"*[50]. Der Dichter *veranschauliche* in seiner Formensprache eine wichtige Idee; zum Beispiel die Idee der Gerechtigkeit in einem Drama oder einem Gedicht. Hegel fordert vom Künstler, dass er uns eine Einsicht in eine wichtige Wahrheit, einen bedeutenden Sachverhalt usw. verschafft. Die Wahrheit der Kunst bestehe nicht darin, die Natur oder die Wirklichkeit abzubilden (Mimesistheorie), vielmehr müsse letztere idealisiert und verklärt werden: Denn Kunst habe nicht die Oberfläche, sondern das Wesen der Wirklichkeit zum Inhalt. *„Weit entfernt (...) bloßer Schein zu sein, ist den Erscheinungen der Kunst der gewöhnlichen Wirklichkeit gegenüber die höhere Realität und das wahrhaftigere Dasein zuzuschreiben."*[51] Wichtig am Kunstwerk

[50] Hegel, Georg Wilhelm Friedrich, Vorlesungen über die Ästhetik I-III, in Werke in 20 Bänden, (Hg.) von E. Moldenhauer und K. W. Michel, Bd. 13-15, Frankfurt am Main 1979, Bd. I, S. 151.

[51] Hegel, Georg Wilhelm Friedrich, Vorlesungen über die Ästhetik (ed. H. G. Hotho), in: Werke in zwanzig Bänden, hg. von E. Moldenhauer und K. M Michel, Frankfurt am Main 1969-1971, Bd. 13, S. 22.

sei sein geistiger Gehalt. Dieser müsse jedoch im Unterschied zur Philosophie sinnlich wahrnehmbar sein und *scheinen*. Vittorio Hösle fasst Hegels diesbezüglichen Gedankengang zusammen: *„Die Kunst will nicht nur das Sinnliche vergeistigen, (...), sondern sie will ebenso sehr das Geistige versinnlichen.*“[52]

Merksatz

„Auch ein Relativist sieht sich mit verschiedenartigen Geltungsansprüchen konfrontiert und muss die Konventionen, die er anerkennt, gegebenenfalls im Diskurs gegen Kritik verteidigen. Die Prinzipien rationaler Argumentation sind also letztlich der Maßstab, an dem sich der Geltungsanspruch eines bestimmten Begriffs des Schönen bemisst, und das schließt die Reflexion auf historische und soziale Voraussetzungen der Geltung ausdrücklich ein.“[53]

Ästhetischer Kritizismus

Zwischen einem essentialistischen und relativistischen Standpunkt vermittelt der Kritizismus wie er in Kants *Kritik der Urteilkraft* vorgezeichnet ist. Demnach ist das ästhetische Urteil zunächst subjektiv, kann aber gegenüber anderen in seinem Gehalt expliziert werden, sodass sein Wert intersubjektiv überprüft werden kann.

5.5 | Ästhetische Theorien

5.5.1 | Marxistische Ästhetik

Sozialistischer Realismus

Als Hauptvertreter der marxistischen Ästhetik arbeitete der ungarische Philosoph Georg Lukács die Theorie des *sozialistischen Realismus* aus, in welcher der Künstler auf die Geschichtsauffassung des historischen Materialismus verpflichtet wird. Gemäß dem historischen Materialismus entwickeln sich die ökonomisch-sozialen Verhältnisse notwendig zum Sozialismus bzw. Kommunismus, auch wenn es in bestimmten historischen Phasen, wie zum Beispiel während des Nationalsozialismus, alles andere als danach aussieht. Doch der Künstler soll sich nicht nur an oberflächliche Erscheinungen halten, sondern zum eigentlichen Wesen des Geschichtsprozesses vordringen. An der künstlerischen Avantgarde kritisierte Lukács ihren geschichtsphilosophischen Pessimismus.

[52] Hösle, Vittorio, Hegels System, Hamburg 1988, S. 608.

[53] Zimmermann, Jörg, Das Schöne in Martens, Ekkehard, Schnädelbach, Herbert, Philosophie Ein Grundkurs Reinbek bei Hamburg 1985, S. 352f.

Zitat

Für „Lukács ist die Avantgarde Ausdruck der Entfremdung in der spätkapitalistischen Gesellschaft, d.h. aber (...) zugleich Ausdruck der Blindheit der bürgerlichen Intellektuellen gegenüber den realen geschichtlichen Gegenkräften, die auf die sozialistische Umgestaltung dieser Gesellschaft hinarbeiten. An diese politische Perspektive knüpft Lukács die Möglichkeit einer realistischen Kunst in der Gegenwart."[54]

In der Kunst überschreite der Mensch den Horizont seiner unmittelbaren Praxis, sie mache ihm sein eigentliches Gattungswesen bewusst. Aufgabe der Kunst sei es *„das Ansich durch Evokation zum Selbstbewusstsein der Menschengattung zu machen."*[55] Kunst sei vor allem Widerspiegelung der Welt, künstlerisches Schaffen eine spezielle Form der Mimesis. Unter Widerspiegelung verstand Lukács jedoch nicht die Selbstverständlichkeit, dass Kunst vom sozialen Umfeld beeinflusst wird, sondern dass in ihren authentischen Formen die *„objektiven Strukturen"* der gesellschaftlichen Prozesse sowie die in ihnen wirksamen Gegenkräfte und Gegentendenzen behandelt und zum Ausdruck gebracht werden.

Mit den Begriffen *„Mimesis"* und *„Katharsis"* versuchte Lukács zu erklären, wie sich Kunst und Alltagsleben gegenseitig beeinflussen. Kunst reflektiere letztlich die Konflikte, die im Alltagsleben entstehen und der Kunstrezipient werde sich angesichts der in den Kunstwerken verkörperten Vernunft der Möglichkeiten der Gattung bewusst. *Katharsis* verstand Lukács so, dass sie uns klar mache, dass wir handelnde, die Gesellschaft verändernde Subjekte sein können. In den Worten von Rüdiger Dannemann: *„Die letzte Funktion der Kunst ist die Evokation des Gefühls ‚Du musst dein Leben ändern'"*.[56] Mit diesen Thesen hatte Lukács in den 60er Jahren den verknöcherten orthodoxen Marxismus erschüttert, nun war die Bedeutung der Ideenwelt – in der marxistischen Terminologie: des Überbaus – neu gewichtet und gewürdigt. Ohne die großen Kunstwerke hätten wir nur ungenügende Vorstellungen von den Möglichkeiten der Gattung und der Individuen. Kunst sprenge die eingefahrenen Wahrnehmungsmuster des Alltags auf und mache sensibel für neue Sichtweisen.

54 Bürger, Peter, Theorie der Avantgarde, 1. Auflage, Frankfurt am Main 1974, S. 120.
55 Lukács, Georg, Ästhetik III, Neuwied Darmstadt 1972, S. 59.
56 Dannemann, Rüdiger, Georg Lukács, Wiesbaden o. J., S. 37.

Große Schriftsteller wie Honoré de Balzac, Leo Tolstoi, Theodor Fontane, Gottfried Keller, Wilhelm Raabe, Anatol France, Romain Rolland, G. B. Shaw, Thomas Mann hätten es verstanden, ihre Zeit in ihren Konflikten und Widersprüchen realistisch zusammenzufassen. Dabei unterschied Lukács zwischen einem „nur" *kritischen* (bürgerlichen) Realismus und dem höherwertigen *sozialistischen Realismus,* dessen Künstler sich zur These von der geschichtlichen Notwendigkeit des Sozialismus bekennen. Indem Lukács die Kunstwerke solchermaßen auf einen zuvor definierten marxistischen Fortschrittsbegriff verpflichtete, verengte und politisierte er den Kunstbegriff. Einige Romane Maxim Gorkis, Michail A. Scholochows (z. B. *Der stille Don),* Werke von Anton S. Makarenko und Arnold Zweigs waren für Lukács Beispiele für den *sozialistischen Realismus.* Demgegenüber verkörperten Autoren wie Marcel Proust, James Joyce, Franz Kafka, Robert Musil oder Samuel Beckett die Entfremdung des modernen Menschen von seiner sozialen Wirklichkeit. In ihnen werde die Einsamkeit beschrieben, ohne dass dafür die „objektiven" Gründe in der kapitalistischen Gesellschaftsordnung verantwortlich gemacht würden.

Merksatz

Lukács' ästhetische Position führte dazu, dass die gesamte künstlerische Avantgarde, Expressionismus, Naturalismus, Surrealismus im früheren Ostblock als „dekadent" verurteilt und nicht publiziert wurde.

Wie Lukács, doch offener für die ästhetische Avantgarde, vertrat der Dichter Bertolt Brecht (1898-1956) eine Spielart des *sozialistischen Realismus.* Der sozialistisch-realistische Künstler solle die Verhältnisse zwischen den Menschen so darstellen, dass die sozialistischen Impulse erstarkten. Realistische Kunst richte sich gegen falsche – metaphysische – Anschauungen und hebe das *Sinnmäßige* und *Irdische* hervor. Sie sei kämpfende Kunst, die Einsichten in das *gesellschaftliche Getriebe* vermittele. Wie Lukács betonte Brecht, dass die Kunst nicht nur das Sein, sondern ebenso das (sozialistische) Werden im Augen behalten solle:

Zitat

„Die sozialistisch-realistischen Künstler berücksichtigen Bildungsgrad und Klassenzugehörigkeit ihres Publikums sowie den Stand der Klassenkämpfe. Die sozialistisch-realistischen Künstler behandeln die Realität vom Standpunkt der werktätigen Bevölkerung und der mit ihr verbündeten Intellektuellen, die für den Sozialismus sind."[57]

[57] Brecht, Bertolt, Gesammelte Werke. Band 19 Schriften zur Literatur und Kunst 2, Frankfurt am Main 1967, S. 548f.

Kritische ästhetische Theorie (Benjamin, Adorno) | 5.5.2

Walter Benjamin

Benjamins bekanntestes Buch *Das Kunstwerk im Zeitalter seiner technischen Reproduzierbarkeit (1935/36)* beschäftigt sich mit der Frage, was die moderne Massenkunst zum Fortschrift der Menschheit beitragen könne. In der traditionellen Kunst habe das Kunstwerk einen einzigartigen Nimbus, eine Sphäre der Unantastbarkeit und des magischen Zaubers besessen: eine Aura, die Benjamin als *„einmalige Erscheinung einer Ferne, so nah sie sein mag“*[58] definierte. Seine technische Reproduzierbarkeit im Massenzeitalter – Photographien, Schallplatte, Taschenbuchausgaben – hätten diese einzigartige Aura jedoch zerstört, weil das aus dem Hier und Jetzt gelöste Kunstwerk nun jederzeit verfügbar sei. Kunst werde damit zur Ware und zum Allgemeingut, Zerstreuung und Unterhaltung ersetzten die traditionellen Rezeptionshaltung der Kontemplation und des ehrfürchtigen Genießens. Positiv betrachtet, könne diese Entwicklung jedoch neue Schichten des Bewusstseins und offenere Wirklichkeitserfahrungen freisetzen. Aura

Beeinflusst von Sigmund Freud (1856-1939), Carl Gustav Jung (1875-1961) und den Surrealisten waren für Benjamin Phantasie und traumähnliche Erfahrungen von zentraler Bedeutung. *„Im Weltgefüge lockert der Traum die Individualität wie einen hohlen Zahn.“*[59] Von der zeitgenössischen Kunst, dem Film und der Fotographie erhoffte er sich etwa durch Zeitlupe oder perspektivische Verzerrungen Anregungen für kreative Umgangsweisen. Ihm war die aus Stahlträgern und Glas bestehende Architektur von LeCorbusier (1887-1965) geradezu ein Sinnbild für eine neue Offenheit[60] – *„Im Glashaus zu leben ist eine revolutionäre Tugend par excellence.“*[61] Benjamin untersuchte, wie das Kino, die Schallplatte, die Photographie mittels plötzlich wechselnden Kameraeinstellungen, Techniken der Montage und der Verfremdung beim Publikum neue kritische Wahrnehmungsmuster bewirken könnten. Früher habe man sich mit Kunstwerken identifiziert und ihre Aura genossen,

---

58 Benjamin, Walter, Das Kunstwerk im Zeitalter seiner technischen Reproduzierbarkeit, Frankfurt am Main 1963, S. 18.

59 Benjamin, Walter, Der Sürrealismus, in ders. Angelus Novus, Ausgewählte Schriften 2, Frankfurt am Main 1966, S. 203.

60 Steiner, Uwe, Walter Benjamin, Stuttgart 2004, S. 89.

61 Wie Anmerkung 59, S. 203.

heute führe die technologische Kunst zu distanzierteren Rezeptionshaltungen. Dem möglichen Missbrauch der neuen technologischen Kunst in den Händen des faschistischen Staates war sich Benjamin durchaus bewusst, denn die Nationalsozialisten verherrlichten in den neuen Medien die Gewalt und den Krieg. Gegen eine solche gefährliche *Ästhetisierung der Politik* forderte Benjamin die *Politisierung der Kunst,* wobei er vor allem an die Dokumentarstreifen des sowjetischen Filmers Sergej Eisenstein und das epische Theater Bertolt Brechts dachte.

Theodor W. Adorno

Im Gegensatz zu Benjamin misstraute Theodor W. Adorno der Massenkunst und verteidigte die Authentizität und Autonomie des Kunstwerkes. In der technologischen Kunst sah Adorno vor allem die Gefahr der Manipulation und des Niveauverlustes. Im scharfen Unterschied zu Benjamin und Lukács verwarf Adorno das Konzept einer auf politische Richtungen angelegten Kunstphilosophie. Während Lukács die künstlerische Moderne als dekadent ablehnte, war Adorno (in diesem Punkt einer Meinung mit Benjamin) ein Fürsprecher der Avantgarde. *„Il faut être absolument moderne!"*, wie Adorno den französischen Schriftsteller Arthur Rimbeau zitierte. In dem Aufsatz *Erpresste Versöhnung* warf Adorno Lukács vor, dass er vom Künstler Unterwerfung verlange, wenn er ihn auf den Fortschrittsbegriff des sozialistischen Realismus verpflichte. Besonders Lukács' Rede von *kranker* bzw. *dekadenter* und *normaler* bzw. *gesunder Kunst* wies Adorno entschieden zurück.

Zitat

„Eine Gesellschaftskritik, die ungeniert von normal und pervers daherredet, verharrt selbst im Bann dessen, was sie als überwunden vorspiegelt. Lukács' Hegelianische, kraftvoll-männliche Brusttöne über den Primat des substantiellen Allgemeinen vor der scheinhaften, hinfälligen ‚schlechten Existenz' bloßer Individuation mahnen an die von Staatsanwälten, welche die Ausmerzung des Lebensuntüchtigen und der Abweichung verlangen."[62]

In den 30er Jahren schrieb Adorno musiktheoretische Analysen, mit denen er belegen wollte, dass die moderne Unterhaltungsmusik nur

[62] Adorno, Theodor W., Erpresste Versöhnung, in ders. Noten zur Literatur, Frankfurt am Main 1981, S. 272.

zum Schein freie und spontane Regungen fördere. In Wirklichkeit enthalte sie weit weniger Kreativität als vermutet, da selbst in ihren avanciertesten Formen – zum Beispiel im Jazz – bestimmte Synkopen und Abläufe von vorneherein festgelegt seien. Hollywood sorge dafür, dass gefahrlos für das Funktionieren des Kapitalismus im Kino diejenigen Emotionen ausgelebt werden, die man während der Arbeit unterdrücken müsse.[63] Anders als die Machwerke der Kulturindustrie enthalte wahre Kunst Dissonanz und Sinnverweigerung. In der Musik dachte Adorno besonders an die freie Atonalität Arnold Schönbergs, Alban Bergs und Anton Weberns, die sich einer Vereinnahmung verweigerten. Nach den politischen Katastrophen des 20. Jahrhunderts könnten die Künstler nicht mehr einfach so weitermachen wie bisher. Adornos Satz, dass nach Auschwitz kein Gedicht mehr geschrieben werden könne, schwächte er jedoch später dahingehend ab, dass nach dem Holocaust zumindest keine *„heitere Kunst"* mehr möglich sei. Große Künstler spürten, dass gegenüber dem Entsetzlichen nur Schweigen und Verstummen angemessen sei.

Kulturindustrie

Merksatz

Adornos Entweder–Oder in Sachen Ästhetik kritisiert der Gießener Philosoph Martin Seel: „Mahler oder Memphis Slim – im strengsten Frankfurter Sinn des Wortes banausischer könnte die Alternative nicht sein." (Seel, Martin, *Adornos Philosophie der Kontemplation*, Frankfurt am Main, Erste Auflage 2004, S. 135)

In Adornos *Ästhetischer Theorie* spielt der Formbegriff eine entscheidende Rolle. Formal müsse der Künstler immer auf der Höhe der Zeit sein, ohne dabei die menschlichen Inhalte aus den Augen zu verlieren. Werke von Samuel Beckett, Franz Kafka, Marcel Proust, James Joyce, Paul Celan, Gustav Mahler, Paul Hindemith zeichneten sich durch raffinierteste Ästhetik aus, ohne dass dabei eine Einbuße an inhaltlicher Aussagekraft entstehe. Zusätzlich sei an ihnen etwas Rätselhaftes, nicht auf anderes Zurückführbares, auf das es Adorno ankam. *„Das Siegel der authentischen Kunstwerke ist, dass, was sie scheinen, so erscheint, dass es nicht gelogen sein kann, ohne dass doch das diskursive Urteil an seine Wahrheit heranreichte."*[64] Authentische Kunstwerke entsprächen keinem eindeutigen Programm und verweigerten sich einem simplen Verstandenwerden. Gegenüber der Kulturindustrie pochten sie auf ihre Autonomie

[63] Diesen Vorgang nennt Herbert Marcuse (1898-1979), ein weiterer wichtiger Vertreter der Kritischen Theorie der Frankfurter Schule, *repressive Entsublimierung.*

[64] Adorno, Theodor, W. Ästhetische Theorie, 3. Auflage, Frankfurt am Main 1977, S. 199.

und Widerspenstigkeit im Vergleich zu den üblichen Erwartungs- und Kommunikationsweisen.

Erläuterung

Eine Kritik an Adornos Begriff der Avantgarde als alle Konventionen sprengende künstlerische Neuheit hat Peter Bürger formuliert. Nach Bürger hat sich die Institution Kunst im Kapitalismus als anpassungsfähig erwiesen und sogar die *sperrigsten* Avantgarde-Künstler kurzerhand zu Klassikern der Moderne erklärt. Mittlerweile gehöre die Avantgarde längst zum Kulturerbe der bürgerlichen Gesellschaft, aus deren institutionellen Zwängen sie einmal ausbrechen wollte.[65]

Was die *Produktion* eines Kunstwerkes betrifft, hob Adorno weniger die spontane Aktion als die künstlerisch gelungene formale Gestaltung des Materials hervor. Auf Seiten des Rezipienten komme es auf eine kenntnisreiche Interpretation an. *„Wer nicht weiß, was er sieht oder hört, genießt nicht das Privileg unmittelbaren Verhaltens zu den Werken, sondern ist unfähig sie wahrzunehmen."*[66] Stets müsse man um ein adäquates Kunstverständnis ringen. Doch restlose Verständlichkeit bedeute wiederum das Ende aller Kunst. *„Kunstwerke, die der Betrachtung und dem Gedanken ohne Rest aufgehen, sind keine."*[67] Da die moderne Kunst – um sich von der Kulturindustrie zu unterscheiden – ihre Ausdrucksformen bis an die Grenze des Verstummens und des Unverständlichen radikalisieren müsse, sei es – so Adorno – Aufgabe der Philosophie, das Kunstwerk angemessen zu deuten. Dabei dürfe sie jedoch nicht schematisch vorgehen. Zum Verhältnis von Kunst und Philosophie bei Adorno bemerkt Rüdiger Bubner:

Zitat

„Was die Werke ganz aus sich zu sagen haben, eröffnet sich auf einer Folie philosophischen Wissens, wenn dieses Wissen lernt von sich abzusehen. (...) Andernfalls pervertierte die Kunst offensichtlich zu einem Demonstrationsobjekt, das dem Herrschaftstrieb des souveränen Denkens diente, statt ein nicht subsumierbares Eigenrecht anzumelden."[68]

---

65 Bürger, Peter, Theorie der Avantgarde, Frankfurt am Main 1974.

66 Adorno, Theodor W., Ästhetische Theorie, Frankfurt am Main, 3. Auflage 1977, S. 502.

67 Ebenda, S. 184.

68 Bubner, Rüdiger, Kann Theorie ästhetisch werden? Zum Hauptmotiv der Philosophie Adornos, in: Lindner, Burkhardt, Lüdke, Martin W. (Hg.), Materiali-

Mit Kant und gegen Hegel hob Adorno die Kategorie des Naturschönen hervor. Während jedoch Kant noch aus einem Gegensatz zwischen Mensch und Natur heraus argumentierte, zeigt die Moderne laut Adorno, wie naturverhaftet und letztlich rätselhaft alle Wirklichkeit sei. Moderne Kunst versuche zwar ihr Material zu gestalten, doch es sei gerade das Erhabene an ihr, dass sich ihr Material einer vollständigen Beherrschung durch die Form verweigere. Moderne Kunstwerke seien deshalb widerspenstig, unberechenbar und schwierig, weil auch die gegenwärtige Wirklichkeit so sei. „*Die Male der Zerrüttung sind das Echtheitssiegel von Moderne (...)*“[69]

Mimesis

Besonders kam es Adorno auf die Beachtung des mimetischen nichtbegrifflichen Potentials in der Kunst an. „*Für Adorno steht Mimesis im Gegensatz zu Herrschaft bzw. Verfügung. Das mimetische Verhalten erkennt das andere an, ohne es beherrschen zu wollen. Im Gegensatz zum kategorialen Zugriff der Wissenschaft (wie auch zum technischen Verfügen über die Natur) bleibt das Konkrete, Singuläre und Individuelle in der Kunst bewahrt.*“[70] Auf einen wichtigen Aspekt des Adorno'schen Mimesisbegriffs weist Reiner Wiehl hin. Demnach ähnelten sich die Kunstwerke der Avantgarde in ihrer Bruchstückhaftigkeit, Dissonanz, Montage der Zerrissenheit und Künstlichkeit der modernen Welt an.[71] Schließlich verstand Adorno unter Mimesis ein ursprüngliches Anheimeln bzw. eine tiefe Ergriffenheit im Gewahrwerden der Natur. An manchen Stellen der atonalen Musik zum Beispiel bei Anton Webern scheinen sich die dissonanten Töne Naturlauten anzugleichen. Dann überlaufe uns ein Schauer, der uns nach Adorno daran erinnert, was im Laufe der Zivilisation dem Menschen alles an natürlich-sinnlicher Unmittelbarkeit genommen wurde. In der Kunst „*versammelt sich, was seit undenklichen Zeiten von Zivilisation gewalttätig weggeschnitten, unterdrückt wurde samt dem Leiden der Menschen unter dem ihnen Abgezwungenen, das wohl schon in den primären Gestalten von Mimesis sich äußert.*“[72] Adornos *Ästhetische Theorie* schließt mit den Worten:

---

en zur ästhetischen Theorie Th. W. Adornos, Konstruktion der Moderne, Frankfurt am Main, 1. Auflage 1980, S. 124.

69 Adorno, Theodor W., Ästhetische Theorie, 3. Auflage, Frankfurt am Main 1977, S. 41.

70 Henckmann, Wolfhart, Lotter, Konrad (Hg.), Lexikon der Ästhetik, München 1992, S. 165.

71 Wiehl, Reiner, Philosophische Ästhetik zwischen Immanuel Kant und Arthur C. Danto, Göttingen 2005, S. 204.

72 Adorno, Theodor W. Ästhetische Theorie, 3. Auflage, Frankfurt am Main 1977, S. 487.

Zitat

„Am Ende wäre das ästhetische Verhalten zu definieren als die Fähigkeit, irgend zu erschauern, so als wäre die Gänsehaut das erste ästhetische Bild. (...) nichts ist Leben am Subjet, als dass es erschauert (...) Bewusstsein ohne Schauer ist das verdinglichte. Solche konstitutive Beziehung des Subjekts auf Objektivität in der ästhetischen Verhaltensweise vermählt Eros und Erkenntnis."[73]

5.5.3 | Kulturkonservativismus (Sedlmayr, Gehlen)

Der österreichische Kulturkritiker Hans Sedlmayr (1896-1984) führte in seiner Schrift *Verlust der Mitte* aus dem Jahre 1948 aus, dass die moderne Kunst ein Zeichen des allgemeinen Kulturzerfalls sei. Die „Abschaffung Gottes" habe die Auflösung der Architektur und Kunst und letztlich die Abschaffung des Menschen zur Folge gehabt. Denn *„zum Wesen des Menschen (gehört) ‚Persönlichkeit'"* und Persönlichkeit kann nach Sedlmayr nur *als „Ebenbild Gottes definiert und festgehalten werden."*[74] Die moderne Kunst widerspiegele die Degradierung des Menschen *„in das Untermenschliche, die Menschenmaschine (den ‚Roboter') oder das anarchische Menschenatom (das aber eben nicht ‚atom', sondern noch weiter zertrümmerbar ist) – jedenfalls aber den entstellten Menschen."*[75] Unter dem Titel *Verlust der Mitte* verstand Sedlmayr, dass die Kunst den Verlust des Bezugs auf Gott als Mitte verloren habe. Die Moderne habe alles auf Emanzipation und Avantgarde gesetzt und sei vor den extremistischsten Experimenten nicht zurückgeschreckt. Dabei habe sie den Sinn für das Maß verloren, so dass sie nicht mehr als *„normal"*, sondern als *„erkrankt"* gelten müsse. In dieser Situation gebe es jedoch kein Zurück zu alten Traditionen, sondern man müsse sich auf die Rettung der – noch gesunden – überlieferten Substanz konzentrieren.

Verlust der Mitte

Zitat

Wie Sedlmayr beklagt in seinem 1960 erschienenen Buch *Zeit-Bilder* der Anthropologe Arnold Gehlen den „Dilettantismus" der modernen Kunst mit ihren Mate-

[73] Ebenda, S. 489f.

[74] Sedlmayr, Hans, Verlust der Mitte, Die bildende Kunst des 19. und 20. Jahrhunderts als Symptom und Symbol der Zeit, Berlin 1966, S. 156.

[75] Ebenda.

Zitat

rialien Filz, Fett und alter Pappe: „Man kann leider den Gedanken nicht verdrängen, dass ausschließlich die Neo-Dada-Kunst, die Müll- und Gerümpel-Ideologie im wörtlich radikalen Sinne demokratisierbar ist. Hier bedarf es wirklich keines Metiers mehr, man braucht nur anzufangen."[76]

Postmoderne ästhetische Theorie 5.5.4

Ein Problem der ästhetischen Theorien ist darin zu sehen, dass sie die Authentizität der verschiedenen Kunstwerke jeweils unter dem Blickwickel ihrer eigenen philosophietheoretischen Annahmen messen. So war für Hegel die griechische Plastik, für Schopenhauer die Musik, für Nietzsche die griechische Tragödie, für Heidegger die Dichtung Hölderlins und für Adorno die ästhetische Moderne maßstabgebend. Dabei stellt sich jedoch die Frage, ob solche eindeutigen Konzepte dem Gesamtphänomen Kunst in seinen vielen Gestaltungen, Blickwickeln und Phänomenen gerecht werden können. Auf diese Fragen versuchen die Vertreter postmoderner ästhetischer Theorie eine Antwort zu finden.

Wolfgang Welsch

Als Vertreter der Postmoderne vertritt Wolfgang Welsch, geb. 1946, die Position, dass die Wirklichkeit immer fiktionaler und deshalb *ästhetisches Denken* immer umfassender werde.

Zitat

„Das moderne Denken hat sich seit Kant zunehmend auf die Einsicht zubewegt, dass die Grundlagen dessen, was wir Wirklichkeit nennen, fiktionaler Natur sind. Wirklichkeit erwies sich immer mehr als nicht ‚realistisch', sondern ‚ästhetisch' konstituiert. Wo diese Einsicht durchdringt – und das geschieht heute weithin -, da legt die Ästhetik den Charakter einer speziellen Disziplin ab und wird zu einem generellen Verstehensmedium für Wirklichkeit. Daraus resultiert die gegenwärtige Bedeutung ästhetischen Denkens (...)."[77]

---

[76] Gehlen, Arnold, Zeit-Bilder, Zur Soziologie und Ästhetik der modernen Malerei, 3. Auflage, Frankfurt am Main 1986, S. 232.

[77] Welsch, Wolfgang, Ästhetisches Denken, Stuttgart 1990, S. 7.

Dabei sei es weniger das *Schöne*, sondern das *Erhabene*, das die moderne Kunst präge. Während *schöne* Kunst an Versöhnung, formaler Einheit, Humanität interessiert sei, beruhe *erhabene* Kunst auf der Denkungsart des Widerspruchs, der Relativierung des Subjekts und der Berücksichtung des Naturhafen im Menschen sowie des künstlerischen Materials. Moderne Kunstwerke entzögen sich einer eindimensionalen Interpretation und könnten nicht mehr so einfach als *schön* bezeichnet werden; man denke dabei nur an Joseph Beuys Fettstuhl. In ihrer Mehrdimensionalität verkörperten sie – so Welsch – wichtige Wesensmerkmale unserer Zeit: Pluralismus, Stilvielfalt, Heteronomie, Diskrepanz, Spannung und Eigensinn. Das moderne Kunstwerk entstehe in einem Prozess zwischen Materialien – bei Beuys Filz, Kupfer und Wachs – , in dem der Künstler zwar sein Material zu formen versuche, aber doch immer so, dass die jeweilige stoffliche Eigenart erhalten und nicht der vollständigen Zurüstung durch das Subjekt zum Opfer falle. Das *Erhabene* in der modernen Kunst verweigere sich – wie die Massivität des Fetts in Beuys Werk – einer vollständigen formalen Integration. Die sperrigen modernen Kunstwerke gäben einen Fingerzeig, dass man auch in der Gesellschaft das Disparate und Abweichende nicht auf einen Nenner bringen könne, sondern dem Heterogenen Gerechtigkeit widerfahren lassen müsse. Für einen solchen postmodernen nicht einnehmenden Umgang mit dem Anderen habe schon Adorno den Begriff *Kommunikation des Unkommunizierbaren*[78] geprägt.

Das Erhabene

Jean-Francois Lyotard

Als prominentester Vertreter der ästhetischen Postmoderne gilt der französische Philosoph Jean-Francois Lyotard, der das *Erhabene* als *Darstellung des Nichtdarstellbaren* begreift. Die moderne Malerei entziehe sich dem Bildlichen und stelle nur noch in negativer Weise etwas dar. Paradigmatisch dafür stehe das *Weiße Quadrat* von Kasimir Malevitsch, das gerade dadurch etwas sichtbar mache, indem es *„zu sehen verbietet“*.[79] Der moderne Künstler habe erkannt, dass es mit der Wirklichkeit substanziell nichts auf sich habe und wenn sich die Malerei der Avantgarde auf die Wirklichkeit bezöge,

---

[78] Ebenda, S. 292.

[79] Lyotard, Jean-Francois, Beantwortung der Frage: Was ist Postmodern? In Engelmann, Peter (Hg.), Postmoderne und Dekonstruktion, Texte französischer Philosophen der Gegenwart, Stuttgart 1990, S. 44.

dann nur um zu zeigen, wie wenig wirklich die Wirklichkeit eigentlich sei. Im Hintergrund steht dabei Friedrich Nietzsches These vom Fiktionscharakter aller Realität. Wenn aber keine Darstellung ausreichend ausfüllend sein könne, dann müsse man sich eben damit begnügen, das Nicht-Darstellbare anzudeuten bzw. lediglich auf es anzuspielen. So erscheint das Kunstwerk als *„(...) ein Werk der Negativität und Leerstellen, der Nicht-Beziehung, in dessen Textur die Abwesenheit eingeschrieben ist; ein Text über nichts (Flaubert), eine Musik des Schweigens und der Stille (Cage), monochrome Bilder (Newman).“*[80] Mit dem spielerischen Element verliert das bei Kant einst so pompöse Erhabene in der Postmoderne seinen Pathos. Dazu passt, dass das französische Wort für das Erhabene *le sublime* weniger mit den Konnotationen des Außerordentlichen als des Feinen und Feinsinnigen verknüpft ist.[81]

Arthur C. Danto

Der amerikanische Philosoph Arthur C. Danto (geb. 1924) entwickelte in Anlehnung an Hegel die These vom Ende der Kunst. Zu Ende sei die Kunst, in der es entweder als selbstverständlich galt, was ein Kunstwerk ausmache bzw. in der – wie in der Moderne – bestimmte Manifeste begründen sollten, welche Stilrichtung dem Wesen der Kunst am nächsten stehe. Danto unterscheidet drei historische Phasen der Kunst. In der ersten Phase sei sie als Abbildung der Wirklichkeit (Mimesis) verstanden worden. In der Malerei habe man das Gemälde wie eine Art Durchblick auf die Schönheit der Natur verstanden. Noch im 19. Jahrhundert bestätigt Jean Paul diese Kunstauffassung in seiner *Vorschule der Ästhetik* für die Dichtkunst: *„Wer hat mehr die Wirklichkeit bis in ihre tiefsten Täler und bis auf das Würmchen darin verfolgt und beleuchtet als das Zwillingsgestirn der Poesie, Homer und Shakespeare?“*[82] In der zweiten Phase, worunter Danto die künstlerische Moderne seit dem 19. Jahrhunderts versteht, habe sich die Thematik verändert. Nun sei es nicht mehr um Nachahmung gegangen, sondern erstens darzustellen wie die Wirklichkeit auf den Künstler wirke und zweitens die Kunst selber als Kunst zu problematisieren (z. B. was das Wesen der Malerei,

---

[80] Jung, Werner, Von der Mimesis zur Simulation Ein Einführung in die Geschichte der Ästhetik, Hamburg 1995, S. 22.

[81] Welsch, Wolfgang, Ästhetisches Denken, a. a. O., S. 90.

[82] Paul, Jean, Vorschule der Ästhetik, Hamburg 1990, S. 31f.

der Dichtung usw. sei).[83] Unter dieser Fragestellung habe sich die Avantgarde in mehrere sich gegenseitig bekämpfende Stilrichtungen aufgefächert. Erst in der Posthistoire, wie Danto die jüngste Entwicklung nennt, habe sich der Gedanke durchgesetzt, dass in der Kunst alles erlaubt sei.

Zuende sei die mit einem Reinheitsgebot aufwartende Moderne. Die puristisch auftretende ästhetische Moderne, die unter Kunst Stileinheit und formale Strenge verstand, vergleicht Danto sogar mit den politischen Totalitarismen des 20. Jahrhunderts.[84] Doch mit der Pop-Art in den 60er Jahren habe sich die zeitgenössische Kunst über jede Einschränkung hinweggesetzt und sei nun durch die absolute Freiheit in der Stil- und Materialwahl definiert. Nun könne jedes Objekt ein Kunstwerk sein, je nachdem welche Philosophie ein Künstler vertrete. Zuvor sei man stillschweigend davon ausgegangen, dass Kunstwerke von außen zu erkennen seien. Doch dieser Konsens sei mit der Konzeptkunst eines Andy Warhol aufgesprengt worden:

Pop-Art

Zitat

> „Um mein Lieblingsbeispiel anzuführen: Nichts braucht äußerlich einen Unterschied zwischen Andy Warhols Brillo Box und den Brillo-Kartons im Supermarkt zu markieren. Die Konzeptkunst hat gezeigt, dass ein Werk der bildenden Kunst nicht einmal ein greifbares visuelles Objekt erfordert. Das hieß, dass sich die Bedeutung von Kunst nicht mehr anhand von Beispielen lehren ließ. Es bedeutet, das Erscheinungsbild betreffend konnte alles Kunst sein und man musste von der sinnlichen Erfahrung auf das Denken umschalten, um herauszufinden, was Kunst war. Kurz gesagt, man musste sich an die Philosophie wenden.“[85]

Danto beschäftigte sich ausführlich mit der Frage, was ein Kunstwerk überhaupt zu einem solchen mache. Wie in der bildenden Kunst (Beispiel Brillo-Box) gebe es auch in den anderen Künsten heute die Schwierigkeit, zwischen Musik und Lärm, zwischen Tanz und einfacher Bewegung, zwischen Literatur und bloßem Schreiben zu

---

[83] vgl. Vietta, Silvio, Ästhetik der Moderne, München 2000.

[84] vgl. Hebkus, Uwe, Stöckmann, Ingo (Hg.), Das Totalitäre der Klassischen Moderne München 2005. Klaus von Beyme weist in seiner Sozialgeschichte der Avantgarde auf aggressive Tendenzen in ihren Manifesten hin. Beyme, Klaus von, „Das Zeitalter der Avantgarden“, Kunst und Gesellschaft 1905 bis 1955, München 2005.

[85] Danto, Arthur C., Das Fortleben der Kunst, München 2000, S. 35.

unterscheiden. Manche bedeutenden Kunstwerke der Moderne, wie Duchamps *Urinoir*, ließen sich rein äußerlich nicht von dem entsprechendem Gebrauchsgegenstand unterscheiden. Was macht sie dann zur Kunst? Zur Beantwortung dieser Frage weist Danto zunächst einmal darauf hin, dass Kunstwerke im Unterschied zu anderen Objekten einen *Darstellungscharakter* besäßen und was diesen Darstellungscharakter anbelangt *kommentarbedürftig* seien. Kommentar und Interpretation seien modernen Kunstwerken wesenhaft zugehörig, da man sie nur unter Berücksichtigung der Intention des Künstlers, bestimmten historischen Konstellationen, Bezügen zu anderen Kunstwerken usw. angemessen rezipieren könne. Ähnlich wie Paul Feyerabend[86] geht Danto von fließenden Übergängen zwischen Kunst und Philosophie aus. Er schlägt einen Begriff von Kunstphilosophie vor, der *„mit jeder Art und Ordnung von Kunst kompatibel sein muss – mit der reinen Kunst, der pure art eines Ad Reinhardt, aber auch mit illustrativer und dekorativer, figurativer und abstrakter, antiker und moderner, morgen- und abendländischer, primitiver und nicht primitiver Kunst (...)*“[87] Das bedeute keineswegs, dass man nicht mehr zwischen „guter“ und „schlechter“ Kunst unterscheiden könne, sondern, dass es – im Gegensatz zu Adorno – keine Stilformen gebe, die historisch wahrer oder künstlerisch wertvoller seien als andere.

Rezeptionsästhetik

5.5.5

Der Romanist Hans Robert Jauß versuchte in einer berühmten Rede aus dem Jahr 1967 *Literaturgeschichte als Provokation der Literaturwissenschaft*[88] die Rezeptionsästhetik gegenüber der vorherrschenden Produktions-, Inhalts- oder Werkästhetik aufzuwerten. Bisher habe die Literaturwissenschaft die wesentliche Instanz des

---

86 „Wir können in der Tat die Philosophie als eine Kunst interpretieren wie die Malerei oder Musik oder die Bildhauerkunst mit dem Unterschied, dass die Bildhauerkunst mit Stein oder Metall arbeitet, die Malerei mit Farben und Licht und die Musik mit Klängen, während die Philosophie mit Gedanken arbeitet, sie zurichtet, verbindet, zerlegt und phantastische Traumschlösser aus diesem luftigen Material erbaut.“ Feyerabend Paul K., Irrwege der Vernunft, 1. Auflage, Frankfurt am Main 1989, S. 226.

87 Danto, Arthur C. Das Fortleben der Kunst, a. a. O., S. 63.

88 Hans Robert Jauß, Literaturgeschichte als Provokation der Literaturwissenschaft, in: Warning, R. (Hg.): Rezeptionsästhetik, 4. Auflage, München 1994.

Lesers vernachlässigt. Der Sinn eines Werkes sei jedoch weder in der bloßen Widerspiegelung gesellschaftlicher Realität noch allein aus den Textstrukturen ableitbar. Vielmehr entstehe der ästhetische Gehalt erst in einem Kommunikationsprozess zwischen Text und Leser. Die Rezeptionsästhetik begreift die aktive Partizipation des Lesers als wichtigen Bestandteil der Literatur/Kunst selber. Dabei gebe es kein richtiges oder falsches Verstehen, keinen objektiv-zeitlosen Sinn eines Werkes. Für die Rezeptionsästhetik ergibt sich die Aufgabe einer *hermeneutischen Rekonstruktion* des historisch unterschiedlichen Leseverhaltens und der Leseerwartungen (Erwartungshorizonte). Manche Werke, die im Moment ihres Erscheinens noch auf keinen ihnen entsprechenden Erwartungshorizont abzielen konnten, verfügten möglicherweise über das Potential die ästhetischen Normen eines Publikums längerfristig zu verändern.

Wie Jauß legt der Anglist Wolfgang Iser den Schwerpunkt seiner Überlegungen zur Ästhetik auf Rezeptions- und Leseprozesse.[89] Es gehe in der Kunst nicht nur um das Werk, sondern ebenso um Kommunikationsprozesse zwischen dem Kunstwerk und dem Rezipienten. An jedem Punkt der Lektüre baue der Leser aufgrund seiner bisherigen Informationen neue Erwartungshaltungen und -hypothesen über den Fortgang des Textes auf. Dieser Erwartungshorizont werde jedoch durch den Text nicht bestätigt, sondern widerlegt, so dass für den Rezipienten immer wieder neue Erfahrungen und neue Weltsichten entstünden. Iser spricht von sogenannten *Leerstellen* im literarischen Text, die der Leser dauernd ausfüllen beziehungsweise beseitigen wolle. Dadurch stelle er mögliche Beziehungen zwischen den einzelnen Textbausteinen her. Dass es einen aktiven subjektiven Beitrag gibt, zeige die einfache Tatsache, dass die Zweitlektüre eines literarischen Textes oftmals ganz andere Sinnzusammenhänge ergebe.

Leerstellen

Erläuterung

Jauß' und Isers Ansätze – häufig unter dem Begriff der *Konstanzer Schule* zusammengefasst – beeinflussten sowohl die Disziplin der Germanistik als auch die Didaktik des Deutschunterrichts, in der rezeptionsästhetische Methoden immer mehr die Stundenabläufe bestimmen. Mit der Rezeptionsästhetik wird die Bedeutung des individuellen Leseakts erkannt und der Leser als prinzipiell gleichberechtigter „*wenn auch nicht gleichinformierter Partner des Autors*"[90] begriffen.

[89] Wolfgang Iser: Die Appellstruktur der Texte, in: R. Warning (Hg.): Rezeptionsästhetik, a. a. O.

[90] Schuster, Karl, Einführung in die Fachdidaktik Deutsch, Baltmannweiler 1999, S. 78.

Literatur

Eagleton, Terry, *Ästhetik, Die Geschichte ihrer Ideologie, Stuttgart, Weimar 1994*

Gethmann-Siefert, Annemarie, *Einführung in die Ästhetik, München 1995*

Hauskeller, Michael, *Was ist Kunst? Positionen der Ästhetik von Platon bis Danto, 2. Auflage, München 1988*

Henckmann, Wolfhart, Lotter, Konrad (Hg.), *Lexikon der Ästhetik, München 1992*

Jung, Werner, *Von der Mimesis zur Simulation Ein Einführung in die Geschichte der Ästhetik, Hamburg 1995*

Nida-Rümelin, Julian, Betzler, Monika (Hg.), *Ästhetik und Kunstphilosophie Von der Antike bis zur Gegenwart in Einzeldarstellungen, Stuttgart 1998*

Pochat, Götz, *Geschichte der Ästhetik und Kunsttheorie, Von der Antike bis zum 19. Jahrhundert, Köln 1984*

Reicher, Maria E., *Einführung in die philosophische Ästhetik, Darmstadt 2005*

Schmücker, Reinold, *Was ist Kunst? Eine Grundlegung, München 1998*

Schneider, Norbert, *Geschichte der Ästhetik von der Aufklärung bis zur Postmoderne, 3. Auflage, Stuttgart 2003*

Tatarkiewicz, Wladyslaw, *Geschichte der sechs Begriffe: Kunst, Schönheit, Form, Kreativität, Mimesis, Ästhetisches Erlebnis. Aus dem Polnischen von Friedrich Greise, Frankfurt am Main 2003*

Lektüreempfehlungen

Kant, Immanuel, *Kritik der Urteilskraft, Erstes Buch*

Georg Wilhelm Friedrich Hegel, *Vorlesungen über die Ästhetik, Bd.1*

Martin Heidegger, *Der Ursprung des Kunstwerks*

Walter Benjamin, *Das Kunstwerk im Zeitalter seiner technischen Reproduzierbarkeit*

Theodor W. Adorno, *Ästhetische Theorie*

Wolfgang Welsch, *Ästhetisches Denken, Kapitel: Zur Aktualität ästhetischen Denkens*

Arthur C. Danto, *Das Fortleben der Kunst*

Übungsaufgaben

1. Welche Aufgabe erfüllt die Tragödie nach Aristoteles?
2. Erläutern Sie Kants Begriff des *interesselosen Wohlgefallens!*
3. Was versteht Schiller unter dem Spieltrieb?
4. Erläutern Sie Hegels These vom Vergangenheitscharakter der Kunst!
5. Wie definiert Hegel das Schöne?
6. Welche ästhetische Theorie arbeitete Georg Lukács aus?
7. Erläutern Sie Adornos Kritik an Benjamins Kunstwerkaufsatz!
8. Welchen Einwand formulierte Peter Handke an Sartres Begriff einer *Littérature engagée?*

6. | Philosophische Anthropologie

Die Anthropologie *(griech. Anthropos = Mensch)* ist die Wissenschaft vom Menschen. Man unterscheidet die *einzelwissenschaftliche* Anthropologie (biologische, medizinische, physiologische usw.) und die *philosophische* Anthropologie, welche den Menschen als solchen in den Blick nimmt.[1] Dabei scheint sich jedoch die Daseinsform des Menschen einer begrifflichen Bestimmung weitgehend zu entziehen. *„Die Leiblichkeit und ihre Unerklärbarkeit ist ein zentraler Grundzug einer existenzialen Anthropologie im 21. Jahrhundert.“*[2] Die moderne Anthropologie (Max Scheler, Helmuth Plessner, Arnold Gehlen) versucht sich vom Bild des Menschen als animal rationale (vernünftiges Sinnenwesen), wonach die Vernünftigkeit des Menschen einem tierähnlichen Unterbau übergestülpt sei,[3] zu lösen. Arnold Gehlen vertrat die Position, dass der Mensch *„als ganzes anders“* sei. Besonders wenn bestehende Weltbilder ins Wanken gerieten, setzte die anthropologische Reflexion ein[4]: bei den antiken Sophisten, im Humanismus der Renaissance, im Zeitalter der Französischen Revolution und im 20. Jahrhundert zwischen den beiden Weltkriegen.

animal rationale

6.1 | Historischer Überblick

In der griechischen Antike stellt sich das Menschenbild durchaus uneinheitlich dar. Für die Sophisten waren moralische und rechtliche Normen kein Geschenk der Götter, sondern Menschenwerk: *Der Mensch ist das Maß aller Dinge*, wie es bei Protagoras heißt. In dieser Bestimmung lag zugleich die Hybris und der Irrtum als *die* klassischen Themen der antiken Tragödie mit einbeschlossen. *„Ungeheuer ist viel und nichts Ungeheurer als der Mensch.“*[5] heißt es in Sophokles' (496-406) *Antigone*. Im Unterschied dazu fassten

---

1 Anzenbacher, Arno, Einführung in die Philosophie, 8. Auflage, Freiburg, Basel, Wien 2002, S. 249.

2 Irrgang, Bernhard, Einführung in die Bioethik, München 2005, S. 39.

3 vgl. Scherer, Georg, Philosophische Anthropologie, München 2005, S. 20f.

4 Lassahn, Rudolf, Grundriss einer Allgemeinen Pädagogik, Heidelberg 1977, S. 46ff.

5 Sophokles, Antigone, Übersetzt von Wilhelm Kuchenmüller, Durchgesehene Ausgabe Stuttgart 2000, S. 18.

Platon und Aristoteles den Menschen als *vernünftiges Lebewesen (zoon logon echon = Wort, Vernunft Geist, was im Lateinischen mit animal rationale = vernünftiges Sinnenwesen übersetzt wurde)* auf. Aristoteles begriff den Menschen als Vernunft- und Gemeinschaftswesen = zoon politikon.[6] Charakteristisch für Platon und Aristoteles ist die Theorie von der dreistufigen Seelenform: Die Seele habe eine vegetative, animalische und vernünftige Schicht. Die vegetative Schicht sei die niedrigste und finde sich schon bei den Pflanzen. Die animalische Funktion führe zur Fähigkeit der Bewegung und der Wahrnehmung, während die Vernunft den höchsten – spezifisch menschlichen – Seelenteil ausmache. Später lehrten die Stoiker (8.1.4), dass die Triebe qua Vernunft beherrscht werden sollten.

zoon politikon

Augustinus und die mittelalterliche Philosophie begriffen den Menschen zwar als Ebenbild Gottes, doch ebenso als durch die Erbsünde verdorbenen Sünder. In der Neuzeit vertrat dann Thomas Hobbes (1588-1679) einen *psychologischen Egoismus*. Angetrieben vom Selbsterhaltungstrieb befände sich der Mensch, wenn es keinen Staat gäbe, im Naturzustand eines Krieges aller gegen alle (homo homini lupus). Im Gegensatz dazu definiert Jean-Jacques Rousseau (1712-1778) die menschliche Konstitution als von Natur aus gut; erst die gesellschaftlichen Konventionen hätten den Charakter verdorben. Mit Kants Schrift *Anthropologie in pragmatischer Hinsicht (1798)* setzte eine vertiefte Auseinandersetzung mit den Grundfragen einer philosophischen Anthropologie ein. Kant unterschied zwischen einer physiologischen und einer pragmatischen Anthropologie. Die physiologische Anthropologie beschreibt die unveränderlichen gegebenen körperlichen Bedingungen, während sich die pragmatische Anthropologie zum Ziel setzt, die menschliche Natur zu kultivieren. Kant begriff den Menschen als durch Willensfreiheit und Moralgesetz definiertes Vernunftwesen.

Zitat

„Dass der Mensch in seiner Vorstellung das Ich haben kann, erhebt ihn unendlich über alle andere auf Erden lebende Wesen. Dadurch ist er eine Person, (...) d. i. ein

[6] *„(...) dass der Mensch seiner Natur nach ein staatsbürgerliches Wesen ist.“* (1278b) Aristoteles, Politik, übersetzt und herausgegeben von Franz F. Schwarz, Stuttgart 1989, S. 167.

Zitat

von Sachen dergleichen die vernunftlosen Tiere sind, mit denen man nach Belieben schalten und walten kann, durch Rang und Würde ganz unterschiedenes Wesen (...)“[7]

Ludwig Feuerbach (1804-1872) versuchte in seiner Religionskritik *Das Wesen des Christentums (1841)* nachzuweisen, wie der Mensch sein ureigenstes Wesen in ein übernatürliches Wesen (Gott) projiziere. Somit sei das eigentliche Geheimnis der Theologie die Anthropologie und die göttlichen Attribute wie Vollkommenheit, Heiligkeit, Ewigkeit, Allmächtigkeit seien als genuin menschliche umzuformulieren: *Homo homini deus, (Der Mensch ist für den Menschen Gott),* wie es bei Feuerbach in einer kritischen Anspielung auf Hobbes *(Homo homini lupus – Der Mensch ist für den Menschen ein Wolf)* heißt. Im Unterschied zu Feuerbach vertrat Arthur Schopenhauer (1788-1860) ein pessimistisches Menschenbild. Vernunft ist ihm, wie schon David Hume (1711-1776), nur die Dienerin der Leidenschaften. An Feuerbachs Religionskritik knüpfte Karl Marx an, wenn er die Religion als von den realen Klassenkämpfen ablenkendes *Opium des Volks* definierte: *„Die Religion ist der Seufzer der bedrängten Kreatur, das Gemüt einer herzlosen Welt, wie sie der Geist geistloser Zustände ist. Sie ist das Opium des Volks.“*[8] Marx begriff den Menschen als ein gesellschaftliches Wesen, das über die konkreten Umstände seiner gesellschaftlichen Arbeit als *homo laborans, homo faber* zu verstehen sei. Schon vor Karl Marx und Friedrich Engels hatte der amerikanische Aufklärer und Staatsmann Benjamin Franklin (1706-1790) den Menschen als *tool making animal (Werkzeug machendes Tier)* definiert.

homo homini deus

Mit Friedrich Nietzsche setzte eine Kritik ein, das Wesen des Menschen zu bestimmen, da der Mensch *„das noch nicht festgestellte Tier“*[9] sei. Von ihm beeinflusst forderte der französische Philosoph Michel Foucault (1926-1984) ein *„Ende der Verbindlichkeit einer*

[7] Kant, Immanuel, Anthropologie in pragmatischer Hinsicht, Werkausgabe Band XII Herausgegeben von Wilhelm Weischedel, 1. Auflage, Frankfurt am Main 1977, S. 407.

[8] Marx, Karl, Zur Kritik der Hegelschen Rechtsphilosophie, Einleitung, in MEW, Bd. 1, S. 378.

[9] Nietzsche, Friedrich, Jenseits von Gut und Böse, Stuttgart 1988, Drittes Hauptstück, Nr. 62, S. 68.

abstrakten anthropologischen Norm."[10] Foucault schrieb auf eine Postkarte die berühmten Worte. „*Man kann wohl wetten, dass der Mensch verschwinden würde wie am Saum des Meeres ein Gesicht aus Sand.*" Damit meinte er nicht das physische Ende des Menschengeschlechts, sondern die Versuche im Rahmen einer philosophischen Anthropologie das Wesen des Menschen z. B. als *animal rationale* (Aristoteles) oder als *verurteilt zur Freiheit* (Sartre) zu definieren. Nach Foucault steht das „Menschliche" keineswegs fest, sondern sei vor allem ein kultureller Wert des Westens. Von Foucault inspiriert entwickelte sich in den 80er Jahren des 20. Jahrhunderts in den USA eine Anthropologie, die sich von der Ethnographie fremder Kulturen ab- und den strukturellen Bedingungen der eigenen Gesellschaft zuwandte. „*(...) Feldforschungen führten nicht mehr nach New Guinea oder Afrika, sondern in die Weltbank, in Physik- und Biologielaboratorien, in Großkonzerne oder Börsen.*"[11]

Moderne philosophische Anthropologie | 6.2

Max Scheler, Helmuth Plessner und Arnold Gehlen haben in den 20er Jahren des letzten Jahrhunderts die moderne philosophische Anthropologie begründet. Sie entwickelten die Konzeption, dass sich der Mensch anders als das Tier in eine gewisse Distanz zu seiner unmittelbaren Umwelt begeben könne.

Zitat

> „Der Mensch hat Welt, er ist nicht auf eine bestimmte Umwelt festgelegt, sondern er kann die Umwelten wechseln. Weltoffenheit (...) bedeutet, dass der Mensch nicht festgestellt ist, seine leibliche Verfassung beruht darauf, dass er sein Leben erst führen muss, dass er nicht durch Instinkte geleitet und sein Leben nicht anders als instinktgeleitet gestalten kann (...). Der Mensch ist ein Wesen, das zu sich selbst Stellung nehmen muss. Er ist sich selbst noch eine Aufgabe (...). Der Mensch ist damit keine Tatsache, weder biologisch noch soziologisch, er kann nicht aus sich selbst heraus begriffen werden. Nicht zuletzt daran liegt möglicherweise das Misslingen aller anthropologischer Gesamttheorien (...) Der Mensch ist nicht programmiert, auch nicht durch seine Gene (...)"[12]

[10] Wulf, Christoph, Anthropologie Geschichte Kultur Philosophie, Reinbek bei Hamburg 2004, S. 8.

[11] Rees, Tobias, Nachwort zu Rabinow, Paul, Was ist Anthropologie?, 1. Auflage 2004, S. 165.

[12] Irrgang, Bernhard, Einführung in die Bioethik, München 2005, S. 39.

6.2.1 | Max Scheler

Max Scheler (1824-1928) argumentiert in seiner Schrift *Die Stellung des Menschen im Kosmos (1928)*, dass den Menschen in der Natur eine *Sonderstellung* und *Weltoffenheit* auszeichne, da er mit seinem Geist die Stufen des Organischen überschreiten könne. Als Person besitze er Entscheidungsfreiheit und könne Einsicht in objektiv bestehende Wertehierarchien erlangen. Scheler verstand die Anthropologie als metaphysische Fundamentaldisziplin. Dabei begriff er es als die herausragendste Fähigkeit des Menschen, dass er *„alle möglichen Lebenswerte transzendiert und in deren Richtung auf das ‚Göttliche' geht.“*[13]

6.2.2 | Helmuth Plessner

Helmuth Plessner (1892-1985) beschreibt die menschliche Konstitution in seinem Werk *Die Stufen des Organischen und der Mensch (1928)* von einem primär biologischen Ansatz her als eine körperlich-geistige Einheit. Während das Tier in seiner Leiblichkeit eng mit seiner Umwelt verflochten sei (zentrische Positionalität), sei der Mensch ein *exzentrisches* (außerhalb des Mittelpunkts liegendes) Lebewesen. *„Ist das Leben des Tieres zentrisch, so ist das Leben des Menschen, ohne die Zentrierung aufzugeben, exzentrisch. Exzentrizität ist die Positionalität des Menschen, die Form seiner Gestelltheit gegen das Umfeld.“*[14] Aus dieser Grundbestimmung leitet Plessner drei anthropologische Gesetze ab: 1. das Gesetz der „natürlichen Künstlichkeit“ (der Mensch muss sich erst zu dem machen, was er ist), 2. das Gesetz der „vermittelten Unmittelbarkeit“ (kulturelle Objektivationen prägen das Leben) und 3. das Gesetz des „utopischen Standorts“ (der Mensch sei ein auf die Transzendenz abzielendes Wesen). Plessner kommt zu dem Schluss, dass der Mensch aufgrund seiner Zwitternatur (halb Tier, halb Mensch) im objektiven Sinn unergründlich (homo absconditus) und sich selbst eine offene Frage sei.[15]

Exzentrisches Lebewesen

[13] Scheler, Max, Schriften zur Anthropologie, Stuttgart 1994, S. 72f.

[14] Plessner, Helmuth, Mit anderen Augen, Aspekte einer philosophischen Anthropologie, Stuttgart 1982, S. 9f.

[15] vgl. Gadamer, Hans-Georg, Vogler, Paul (Hg.), Neue Anthropologie Bd. 6, Philosophische Anthropologie Erster Teil, München 1974, S. 7f.

Arnold Gehlen

6.2.3

Wie einst der Sophist Protagoras[16] begreift Arnold Gehlen (1904-1976) in der Schrift *Der Mensch. Seine Natur und Stellung in der Welt (1940)* den Menschen unter organischen Gesichtspunkten als instinktarmes bzw. instinktschwaches *Mängelwesen*. Von seiner körperlichen Statur her in Schnelligkeit, Ausdauer, Härte insgesamt den Tieren unterlegen, besitze er im Ausgleich dazu Lernfähigkeit und Weltoffenheit. Seine Motorik und Wahrnehmungen seien äußerst unspezifisch, doch dafür nehme er im Vergleich zu Tieren einen viel breiteren Ausschnitt der Realität wahr. Ihn kennzeichne ständige Unsicherheit, weshalb er Sicherheit in den gesellschaftlichen Institutionen suche. Unter die Institutionen zählt Gehlen unter anderem die Sprache, aber insbesondere natürlich die politischen, sozialen und kulturellen Weltdeutungen und Normen, die den individuellen Handlungsspielraum einengen. *„Ich bin geneigt, wie Aristoteles (...) dem Gesichtspunkt der Sicherheit eine große Rolle einzuräumen. Ich glaube, dass die Institutionen Bändigungen der Verfallsbereitschaft des Menschen sind.“*[17] Um überleben zu können habe sich der Mensch kulturelle Institutionen (Sprache, Kunst, Technik) geschaffen, die ihm „Entlastung“ von seiner Mängelnatur brächten. Deshalb dürfe man die kulturellen Objektivationen nicht zu stark kritisieren und eventuell sogar damit zersetzen, denn sie böten einen notwendigen Halt im Kampf um das Dasein. Damit hat *„Arnold Gehlen ganz wesentliche Impulse für eine Anthropologie auf der Basis von Biologie geliefert.“*[18]

Merksatz

Theodor W. Adorno und Jürgen Habermas kritisierten an Gehlens Anthropologie, dass sie den Institutionen einen zu großen Eigenwert einräume, ohne auf deren mögliche repressive und autoritäre Effekte einzugehen.

---

[16] vgl. Protagoras, in Platon, Sämtliche Werke in 8 Bänden, eingeleitet von Olof Gigon übertragen von Rudolf Rufener, Zürich und München 1974, Bd.1, und Taureck, Bernhard H. F. Die Sophisten, Zur Einführung, Hamburg 1995, S. 49ff.

[17] Gehlen, Arnold, Adorno, Theodor W., Wertevermittlung durch Institutionen? In Nink, Hermann (Hg.), Standpunkte der Ethik, Paderborn 2000, S. 24.

[18] Irrgang, Bernhard, Einführung in die Bioethik, München 2005, S. 40.

6.3 | Endlichkeit/Tod

Wie kein anderer Philosoph beschäftigte sich Martin Heidegger mit der Bedeutung des Todes für den Menschen. In seinem Hauptwerk *Sein und Zeit (1927)* spricht Heidegger von der Geworfenheit des Daseins und der Notwendigkeit der Sorge um es. Die Seinserfahrung gründe in der Erfahrung des Nichts, der Vergänglichkeit und des Todes, sodass Heidegger – beeinflusst von Sören

Sein zum Tode

Kierkegaard (1813-1855) – den Menschen als *„Sein zum Tode"* definiert.

Zitat

„Wie jeder Verlust erst den vorherigen Besitz als solchen recht erkennen und würdigen lässt, so lässt gerade erst der Tod das Wesen des Lebens aufleuchten."[19]

Schon für den Vorsokratiker Anaximander von Milet (610-545) war die Endlichkeit der Preis des Daseins: *„Woraus aber das Werden ist den seienden Dingen, in das hinein geschieht auch ihr Vergehen nach der Schuldigkeit; denn sie zahlen einander gerechte Strafe und Buße für ihre Ungerechtigkeit nach der Zeit Anordnung."*[20] Ebenso betonte der antike Philosoph Heraklit von Ephesus (550-475) die Problematik und Unausweichlichkeit des Todes: „(...) *sie hinterlassen Kinder, dass wieder Todeslose entstehen."*[21] Nach dem Vorsokratiker Empedokles aus Akragas in Sizilien (um 500 – um 430 v. Chr.) gibt es in der Natur eigentlich gar keinen Tod und keine Geburt, sondern immerwährender Austausch der Elemente: Geburt und Tod seien rein menschliche Gesichtspunkte und Kategorien: *„(...) Entstehung gibt es bei keinem der sterblichen Dinge noch auch ein Enden im verderblichen Tode. Nur eines gibt es: Mischung und Austausch des Gemischten. Nur bei den Menschen gibt es dafür die Benennung: Geburt."*[22] In der klassischen griechischen Philosophie bestand für Sokrates der Sinn der Philosophie darin, eine rechte Einstellung zum Tod zu finden. *„Es scheint nämlich den anderen Menschen zu ent-*

19 Heidegger, Martin, Die Grundbegriffe der Metaphysik, Welt – Endlichkeit – Einsamkeit, Frankfurt am Main 1983, S. 387.

20 Kranz, Walther (Hg.), Die Fragmente der Vorsokratiker Griechisch und Deutsch von Hermann Diels 3 Bände, Dublin/Zürich 1966, 12. unveränderte Auflage, im Folgenden DK, DK Frgm. 1, Bd. 1, S. 89.

21 DK, Frgm. 20, S. 155.

22 Quelle: Plutarch = DK 31 B 8.

gehen, dass, wer die Philosophie richtig anfasst, auf nichts anderes ausgeht, als zu sterben und tot zu sein." (Phaidon)

Philosophiegeschichtlich großen Einfluss erlangten die antiken Philosophenschulen der Stoa und Epikurs, die dem Tod keine größere Bedeutung einräumen wollten. Bei Epikur heißt es: *„Das Schauererregenste aller Übel, der Tod, betrifft uns überhaupt nicht; wenn ‚wir' sind, ist der Tod nicht da; wenn der Tod da ist, sind ‚wir' nicht. Er betrifft also weder die Lebenden noch die Gestorbenen (...)"*[23] Für den Stoiker Epiktet besitzt der Tod sogar den tröstlichen Aspekt jederzeit dem Leben ein Ende setzten zu können: *„Der Tod ist doch der Hafen und die Zuflucht aller Menschen. Deswegen ist nichts im Leben schlimm. Sobald du willst, begib dich weg, dann wirst du nicht mehr vom Rauch belästigt."*[24] Schließlich meinte der Stoiker Seneca lakonisch zum Tod: *„Auch wir erlöschen und werden angezündet: in der Zwischenzeit erleiden wir etwas, vorher und hinterher jedoch herrscht tiefe Geborgenheit."*[25]

Die christliche Philosophie, der neuzeitliche Humanismus und der Aufklärungsphilosoph Immanuel Kant betrachteten das Leben als heilig. Für Kant ist die Selbsttötung wie die Lüge eines der schlimmsten moralischen Vergehen. Ebenso verwirft Arthur Schopenhauer trotz einer pessimistischen Grundhaltung zum Leben den Freitod. Es sei nur das falsche egoistische Willens- und Lebensprinzip auf die Spitze getrieben, wenn man sich aus einer momentanen Unzufriedenheit heraus das Leben nehme. Ludwig Wittgenstein bemerkt, dass man bei seinem Freitod keinesfalls sein Leben *hingebe*, sondern es sich in Wirklichkeit vielmehr *nehme*.[26] Nach Friedrich Nietzsche kann es – wie in der Lehre der Stoa – Situationen geben, in denen die Selbsttötung einem nicht mehr lebenswerten Dahinsiechen vorzuziehen sei.[27] Insgesamt vertritt Nietzsche jedoch eine lebensbejahende Philosophie: *„(...) nochmal leben wollen und in Ewigkeit so leben wollen! – Unsere Aufgabe tritt in jedem Augenblick an uns heran."*[28]

Freitod

[23] Epikur, Brief an Menoikeus, in: Epikur, Briefe, Sprüche, Werkfragmente, Griechisch /Deutsch, übersetzt und herausgegeben von Hans-Wolfgang Krautz, Stuttgart 1980, S. 45.

[24] Epiktet, Gespräche, IV 10.27.

[25] Seneca, Briefe an Lucilius über Ethik, *Lateinisch/Deutsch,* übersetzt und herausgegeben von Rainer Rauthe, Stuttgart 1986, 6. Buch, 54 Brief, S. 13.

[26] Wittgenstein, Ludwig, Tagebücher 1914-1916, in: Schriften I, Frankfurt am Main 1960, S. 185.

[27] vgl. Menschliches, Allzumenschliches, Erster Band §80.

[28] Nietzsche, Friedrich, Fragment aus dem Jahre 1881 KGW, V2 11 (161), S. 401.

Georg Wilhelm Friedrich Hegel gehört zu den Philosophen, die die konstitutive Bedeutung des Todesbewusstseins für das Selbstbewusstsein sowie Todesrituale, Bestattung usf. als Spezifika des Menschen hervorheben.[29] Wie erwähnt begriff Martin Heidegger im 20. Jahrhundert gemäß des Lutherschen Wortes, wonach mit der Geburt schon das Sterben beginnt, die menschliche Existenz als Sein zum Tode. So meint Heidegger über Aristoteles wesenhaft aussagen zu können, dass er geboren wurde und starb. *„Es ist der Prüfstein für die Angemessenheit und Ursprünglichkeit jeder Frage nach dem Wesen des Lebens und umgekehrt, ob sie das Problem des Todes zureichend begriffen hat und in der richtigen Weise in die Frage nach dem Wesen des Lebens hineinzunehmen vermag. (...)"*[30] In einem positiven Sinn erweist sich für Heidegger *„(...) das Vorlaufen (des Todes) (...) als Möglichkeit eigentlicher Existenz"*[31], das heißt: Nach Heideggers Existenzphilosophie verlangt die Tatsache des Hineingehaltenseins in das Nichts[32] zugleich dem Einzelnen eine jederzeitige existenzielle Stellungnahme ab.

Im Gegensatz zu Heidegger, der in *Sein und Zeit* die Realität des Menschen als *Sein zum Tode* bestimmt, betont der von ihm beeinflusste Jean-Paul Sartre, dass der Tod dem Leben niemals seinen Sinn geben könne.[33] Für Sartre kann der Tod in einer schlimmen Lage als letzter Ausweg erscheinen, ansonsten sei er das jähe Ende von Bewusstsein und Freiheit, der Zerfall der Existenz in die Sinnlosigkeit der Natur. Berühmt wurde Albert Camus' am Beginn seines Werkes

Der Mythos des Sisyphos

Der Mythos des Sisyphos stehende Bemerkung: *„Es gibt nur ein wirklich ernstes philosophisches Problem: den Selbstmord. Sich entscheiden, ob das Leben es wert ist, gelebt zu werden oder nicht, heißt auf die Grundfrage der Philosophie antworten. Alles andere – ob die Welt drei Dimensionen und der Geist neun oder zwölf Kategorien hat – kommt später."*[34] Die Idee Selbstmord zu begehen entspringe aus dem modernen Lebensgefühl von der Absurdität des Daseins; ihn wirklich zu begehen, lehnt Camus allerdings ab, da er einer

---

[29] Hösle, Vittorio, Hegels System, Hamburg 1988, S. 336.

[30] Heidegger, Martin, Die Grundbegriffe der Metaphysik, Welt – Endlichkeit – Einsamkeit, Frankfurt am Main 1983, S. 387.

[31] Heidegger, Martin, Sein und Zeit, Tübingen 1993, §53, S. 263.

[32] Heidegger Martin, Was ist Metaphysik?, 15. Auflage, Frankfurt am Main 1998, S. 37f.

[33] vgl. Decher, Friedhelm, Die Signatur der Freiheit, Ethik des Selbstmords in der abendländischen Philosophie, Lüneburg 1999, Anm. 294, S. 202.

[34] Camus, Albert, Der Mythos des Sisyphos, In neuer Übersetzung, Reinbek bei Hamburg 2002, S. 11.

Flucht vor dieser Absurdität gleichkäme. Der rumänisch-französischen Philosoph E. M. Cioran behauptete, dass ihn gerade der Gedanke an die Möglichkeit des Selbstmords davon abgehalten habe ihn zu begehen, weil ihm alleine schon die Vorstellung an die Möglichkeit eines Auswegs aus seinen Problemen die Kraft dazu gegeben hätte, diese zu bewältigen.

Gegen die herausgehobene Bedeutung des Todes im Existenzialismus plädieren die Vertreter der *Kritischen Theorie der Frankfurter Schule* Theodor W. Adorno und Herbert Marcuse für eine veränderte Einstellung zum Leben. Nach Marcuse lehre erst eine befreite Gesellschaft ein anderes Verhältnis zum Tod.

Zitat

„Die Unvermeidlichkeit des Todes widerlegt nicht die Möglichkeit einer schließlichen Befreiung. Gleich den anderen Notwendigkeiten kann er vernünftig gestaltet werden – schmerzlos. Die Menschen können ohne Angst sterben, wenn sie wissen, dass das, was sie lieben, vor Elend und Vergessen bewahrt ist. Nach einem erfüllten Leben können sie es auf sich nehmen zu sterben, zu einem Zeitpunkt ihrer eigenen Wahl.“[35]

Literatur

Decher, Friedhelm, *Die Signatur der Freiheit, Ethik des Selbstmords in der abendländischen Philosophie, Lüneburg 1999*

Landmann, Michael, *Philosophische Anthropologie, Berlin, New York 1982*

Mühlmann, Wilhelm E., *Geschichte der Anthropologie, 4. Auflage, Wiesbaden 1986*

Scherer, Georg, *Philosophische Anthropologie, München 2005*

Thies, Christian, *Einführung in die philosophische Anthropologie, Darmstadt 2004*

Wulf, Christoph, *Anthropologie, Geschichte, Kultur, Philosophie, Reinbek bei Hamburg 2004*

Lektüreempfehlungen

Aristoteles *ausgewählt und vorgestellt, von Annemarie Pieper, Philosophie jetzt, Hg. von Peter Sloterdijk, München 1995, Erstes Kapitel: Der Mensch*

Plessner, Helmuth, *Mit anderen Augen, Aspekte einer philosophischen Anthropologie, Stuttgart 1982*

Scheler, Max, *Schriften zur Anthropologie, Stuttgart 1994;* Gehlen, Arnold, *Der Mensch. Seine Natur und Stellung in der Welt*

[35] Marcuse, Herbert, Triebstruktur und Gesellschaft, Frankfurt am Main 1979, S. 232f.

Übungsaufgaben

1. Wie definiert Aristoteles den Menschen?
2. Welches Menschenbild vertritt Thomas Hobbes?
3. Worin besteht der Unterschied zwischen physiologischer und pragmatischer Anthropologie bei Kant!
4. Was bedeutet Feuerbachs Satz *Homo homini deus?*
5. Worin besteht nach Plessner, Scheler, Gehlen die Zwitternatur des Menschen?
6. Erläutern Sie den Unterschied zwischen Heideggers und Sartres Verständnis des Todes!

Philosophie des Geistes | 7.

Die Philosophie des Geistes beschäftigt sich mit den Fragen des Bewusstseins, der Willensfreiheit sowie der Natur geistiger Zustände, ihren Wirkungen und Ursachen. Zentral ist das Problem des Verhältnisses zwischen dem Geist und dem Rest der Welt bzw. wie der Geist zur Materie steht. Vor allem geht es in der modernen Philosophie des Geistes um den Zusammenhang zwischen geistigen Vorgängen wie Empfindungen und Gedanken und den dazugehörigen Ereignissen im Nervensystem, wobei „*(...) man durch zahlreiche Beobachtungen und Experimente starke Gründe dafür hat, dass Ereignisse und Zustände im Nervensystem mit geistigen Vorgängen und Zuständen zusammenhängen.*“[1] Ist der Geist eine Erscheinungsform der Materie, ist er eine eigenständige Substanz oder lässt er sich in Gänze auf körperliche Vorgänge reduzieren? Eine ganze Reihe von Fragen bezieht sich auf das Phänomen des Bewusstseins: „*Worin besteht das Bewusstsein bewusster Zustände? Was ist bei bewussten Zuständen gegenüber unbewussten anders? Was kommt zu den unbewussten Zuständen hinzu, sodass sie zu bewussten werden?*“[2]

Das Leib-Seele-Problem (auch Körper-Geist-Problem) | 7.1

Grundlegende Begriffe und Positionen | 7.1.1

Das Leib-Seele-Problem fragt nach dem Zusammenhang zwischen Körper und Geist beim Menschen und anderen Lebewesen. Ein mentales (geistiges) Ereignis kann erstens in bestimmten *phänomenalen* Zuständen *grün, bitter* etc. vorliegen – man spricht dann von *Qualia* (Singular Quale = qualitativ mentale Zustände wie Sinneswahrnehmungen oder Empfindungen, die sich irgendwie anfühlen oder aussehen, erscheinen)[3] – und zweitens als *internationaler Zu-* Qualia

1 Schröder, Jürgen, Einführung in die Philosophie des Geistes, Frankfurt am Main 2004, S. 10.

2 Ebenda, S. 216.

3 Kim, Jaegwon, Philosophie des Geistes, Aus dem Amerikanischen von Georg Günther, Wien, New York 1998, 14f.

stand wie Hoffen, Glauben, Zweifeln, der eine Einstellung oder einen Bezug des Subjekts auf einen Gegenstand zum Ausdruck bringen soll (Gedanken, Ideen, Hoffnungen). Während sich nicht-mentale Prozesse (physische Ereignisse) aus der Perspektive der dritten Person, also im Prinzip für alle nachvollziehbar, erschließen lassen, sind mentale Bewusstseinszustände privilegiert aus der Perspektive der ersten Person zugänglich.[4]

Das ZNS (Zentralnervensystem)

Erläuterung

Zentralnervensysteme setzen sich aus einer unterschiedlichen Anzahl von Neuronen (Nervenzellen) zusammen. So weist das ZNS eines Wurms ein halbes Dutzend und das einer Fliege schon 100 000 Neuronen auf. Der Mensch ist mit dem komplexesten aller ZNS ausgestattet, etwa 100 Milliarden Neuronen (10^{11}) = einer Billion. Man spricht von neuronalen Netzen, insofern diese Neuronen untereinander verbunden sind, so dass jede einzelne Zelle über mitunter einige Tausend Zugänge (Synapsen) verfügt, die ihr Impulse zuleiten. In einem bestimmten „Erregungsmuster" beginnt die Zelle zu „feuern" und leitet dabei selbst ein elektrochemisches Signal über das Axon (Zellenausgang) an andere Synapsen weiter. Mittlerweile ist die Vorstellung überholt, es handele sich beim Feuern einer Zelle um eine einfache Ein-aus-Schaltung vergleichbar mit den Schaltelementen eines Computers. Der Zeitpunkt einer neuronalen Reaktion ist nämlich veränderlich und reagiert empfindlich auf äußere Umstände. *„Neuronale Netze arbeiten nicht streng nach dem Digitalprinzip, sie sind gemischt digitalanalog, wie man sagt."*[5] Hirnzellen können mehr als 0-1 machen, sie können *„hemmen, und tanzen, moderieren und integrieren, sie verändern sich und bilden größere Einheiten."*[6] Neuronale Verknüpfungen im menschlichen Gehirn weisen einen hohen Grad an Plastizität auf. Die Nervenbahnen von anderen Lebewesen sind eindeutiger festgelegt. Der Mensch ist in diesem Sinne in hohem Maße lernfähig, wobei dies für das jüngere Gehirn in stärkerem Maße als für das ältere gilt. Aber selbst wenn es sich um einfache plus/minus Vorgänge handelte, ergibt die Anzahl der möglichen Verbindungen von Synapsen und Neuronen eine astronomische Größe. *„Nimmt man für das menschliche Gehirn 10^{11} Neuronen, 10^3 Synapsen pro Neuron und nur zwei Einstellungen (ein und aus) pro Synapse an, so ergibt sich als Gesamtzahl möglicher Gehirnzustände $2^{100\ \text{Billionen}}$, eine Zahl, die weit größer ist als die der Nukleonen im bekannten Universum."*[7] Es wäre wohl mit den heuti-

[4] vgl. Pauen, Michael, Grundprobleme der Philosophie des Geistes, Eine Einführung, 2. Auflage 2001, S. 25.

[5] Ewald, Günter, Die Physik und das Jenseits, Augsburg, 1998, S. 163.

[6] Thomas Metzinger in, Die Zeit vom 21.1.99.

[7] Bunge, Mario, Das Leib-Seele-Problem, Tübingen, 1984, S. 69.

Erläuterung

gen Mitteln aussichtslos in dieses hochkomplexe Geschehen Einblick zu bekommen, wenn es nicht „neuronale Schaltkreise" oder Module gebe: *„Ein Modul besitzt bis zu einem gewissen Grad ein selbständiges, kollektives Leben mit etwa 10 000 Neuronen und mit einer funktionalen Anordnung von feedforward und feedback, Erregung und Hemmung."*[8]

Zur Frage, in welchem Bezug solche Zustände mit dem Körper/Gehirn stehen, lassen sich folgende Positionen unterscheiden: 1. Neutraler Monismus bzw. Doppelaspekttheorie = Geistiges und Physisches sind Manifestationen einer verborgenen neutralen Substanz (Heraklit, Spinoza, Schelling, Russell, Feigl, Spinoza), 2. Idealismus, Spiritualismus = alles ist im Kern geistig, wirklich existiert nur Geistiges, den Körper gibt es nur als Inhalt geistiger Vorgänge (Berkeley, Fichte, Hegel, Schopenhauer, Mach, Whitehead, Leibniz), 2. Dualismus/Interaktionismus = Geist und Gehirn sind zwei verschiedene Substanzen, die sich gegenseitig beeinflussen (Descartes, Eccles/Popper), 3. Epiphänomenalismus/Emergenter Materialismus = der Geist ist nur eine Begleiterscheinung, Epiphänomen, Abbild, Schatten, Absonderung neuraler Vorgänge ohne kausale Rückwirkung, nach der Theorie des *Epiphänomenalismus* hat man sich den Geist wie den Dampf einer Lokomotive vorzustellen, zwar existiert der Geist sehr wohl, vermag aber nicht handlungsrelevant auf das Gehirn einzuwirken (Epikur, Lukrez, Nietzsche), 4. Eliminativer Materialismus = mentale Entitäten gibt es nicht, mentalistische Aussagen, wie *ich will, hoffe, fühle* beruhen auf einer falschen „Alltagspsychologie". Ebenso wie man heute Blitze physikalisch und nicht als Zorn Gottes und Teufel oder Dämonen als nicht existent, sondern als Halluzinationen erklärt, wird man zukünftig geistige Phänomene naturwissenschaftlich beschreiben können. Mentale Ausdrücke können prinzipiell durch neurophysiologische ersetzt werden, zum Beispiel: „Ich fühle Schmerzen" durch die Formulierung: „Eben feuern in meinem Gehirn die C-Fasern" (Feyerabend, Rorty, Churchlands), 5. Philosophischer Behaviorismus = geistige Entitäten sind nichts anderes als körperliche Verhaltensdispositionen (Skinner, Ryle, Wittgenstein, Quine).[9] Gegen

8 Eccles, John C., zit. nach Ewald, Günter, Die Physik und das Jenseits, Spurensuche zwischen Philosophie und Naturwissenschaft Augsburg 1998, S. 208.

9 vgl. Walter, Henrik, Neurophilosophie der Willensfreiheit, 2. Auflage, Paderborn 1999, Prechtl, Peter (Hg.), Grundbegriffe der analytischen Philosophie, Mit einer Einleitung von Ansgar Beckermann, Stuttgart, Weimar 2004, S. 133f.

den Behaviorismus spricht die Intuition, dass *„geistige Zustände Ursachen von Verhalten sind und keine Verhaltensdispositionen im Sinne bloßer Regelmäßigkeiten (...)"*[10] Wenn das so ist, dann *„liegt es nahe, geistige Zustände mit Zuständen im Gehirn zu identifizieren"*[11], 7. beinhaltet die Identitätstheorie, dass sich Aussagen über psychische und Aussagen über physische Prozesse in Wahrheit auf den gleichen Referenten (Gegenstand) beziehen: abgekürzt M (mentale Einheit) = N (neuronale Einheit). Geistige und Gehirnzustände seien eins, so wie Wasser identisch mit H20 oder der Blitz mit der entsprechenden elektrischen Ladung sei. So sei zum Beispiel der mentale Zustand, Schmerzen zu haben mit dem Feuern der so genannten C-Fasern im Gehirn identisch.[12]

M = N?

Erläuterung

Kritiker behaupten, dass Identitätstheorien an der zu eng angelegten Formel: M = N scheitern. Wenn man schreibt: Wasser = H2O, so müsste es korrekterweise heißen: Physikalisch-chemisch betrachtet lässt sich Wasser auf die Formel H2O bringen. Analog wäre die korrekte Formulierung, dass Schmerz neurophysiologisch betrachtet als Feuern von C–Fasern erscheint. Denn Wasser ist mehr als eine chemische Formel und Schmerz – z. B. im subjektiven Erlebnis – mehr als nur eine Nervenreaktion. Außerdem gebe es einen wichtigen Unterschied zwischen physikalischen Gegenständen und mentalen Einheiten. Über physikalische Gegenstände könne man sich täuschen, über Schmerzen im engeren Sinn nicht.

Der anomale Monismus von Donald Davidson

Eine eigenständige Position zum Leib-Seele-Problem hat der amerikanische Philosoph Donald Davidson (1917-2003) entwickelt. Im Sinne der Supervenienzheorie geht Davidson zunächst davon aus, dass jedem mentalen Ereignis ein neuronales Korrelat insofern entspricht als Veränderungen im psychischen Bereich mit neuronalen Veränderungen einhergehen, aber dies nicht umgekehrt gelten muss. Die genannte Beziehung könne man nach Davidson zwar so allgemein sagen, aber darüber hinaus sei es nicht möglich, nomologisch-physikalische Gesetze auf der neuronalen Ebene den geistigen Ereignissen zuzuordnen.

[10] Schröder, Jürgen, Einführung in die Philosophie des Geistes, a. a. O., S. 70.

[11] Ebenda.

[12] Zur Kritik an der Identitätstheorie vgl. Schröder, Jürgen, Einführung in die Philosophie des Geistes, a. a. O. ,S. 75ff, Tetens, Holm, Philosophisches Argumentieren, München 2004, S. 110ff.

Zitat

„Der anomale Monismus gleicht dem Materialismus insofern, als er sagt, dass alle mentalen Ereignisse physikalisch sind, er verwirft jedoch die These, die man gewöhnlich für wesentlich für den Materialismus gehalten hat, dass sich mentale Phänomene rein physikalisch erklären lassen. (...) Ein solchermaßen bescheidener Monismus (...) verdient kaum ‚Reduktionismus' genannt zu werden; jedenfalls ist er nicht geeignet, den nichts-anderes-als Reflex hervorzurufen (‚Die Komposition der Kunst der Fuge war nichts anderes als ein komplex neurales Ereignis' und dergleichen)."[13]

Mentales wird zwar als physikalisch regelhaft gedacht, zum anderen gilt es jedoch Geistiges als Wertvorstellung und Ausdruck eines Menschen zu begreifen, der sich gerade wegen der Natur seiner anomalen mentalen Inhalte nicht vollständig unter allgemeingültige Regeln subsumieren lässt. Der Grund dafür liegt in dem von Davidson angenommenen geistigen Holismus, das heißt der unendlich komplexen Verknüpftheit mentaler Annahmen. *„Meinungen und Wünsche ziehen nur durch die Modifikation und Vermittlung endloser weiterer Meinungen, Wünsche, Einstellungen und Rücksichten Verhalten nach sich. Dieser Holismus der mentalen Sphäre gibt klarerweise Anzeige auf die Autonomie und den anomalen Charakter des Mentalen."*[14] Denken folgt nach Davidson einer anderen Beschreibungslogik als physikalisches Geschehen auf der Ebene der Nervenbahnen. Eine Übertragung der Sprache des Geistes in diejenige der Physik ist nach Davidson nicht möglich. Geist und Materie sind in diesem Sinn letztlich inkommensurabel.

Holismus

Das Problem

7.1.2

In *De Anima* unterscheidet Aristoteles zwei verschiedene Vermögen der Seele: Einmal nehme sie als Vernunft und Wahrnehmung *Unterscheidungen* vor und zum anderen vermöge sie *Körper in Bewegung zu setzen.*[15] Doch wie hat man sich diese Beeinflussungsmacht des Geistes über den Körper vorzustellen?

13 Davidson, Donald, Mentale Ereignisse, in Bieri, Peter (Hg.), Analytische Philosophie des Geistes, 3. unverändert Auflage, Weinheim 1997, S.79.

14 Ebenda, S. 82.

15 Aristoteles, Über die Seele, Buch 3, Kap. 9. in Philosophische Schriften, Hamburg 1995, S. 81.

Nach Descartes besteht die Welt aus zwei Substanzen (*Substanz* = bleibender Träger einer wechselnden Bestimmung): einer ausgedehnten körperlichen (res extensa) und einer unausgedehnten geistigen (res cogitans). Geistiges sprach Descartes nur dem Menschen und Gott zu. Damit entseelte er im Gegensatz zur Antike (für Aristoteles haben auch Tiere und Pflanzen eine Seele) die äußere Natur. Tiere waren für Descartes nur seelenlose Maschinen. Einen Gedanken begriff Descartes als unausgedehnte intelligible (unsichtbare, nur durch den Intellekt erfahrbare) Wesenheit, während ein körperliches Objekt eine bestimmte Ausdehnung im Raum einnehme. Doch dadurch entsteht das Problem der Wechselwirkung zwischen Körper und Geist. Wie kann etwas Unausgedehntes Ausgedehntes beeinflussen und umgekehrt. Descartes Lösung, dass ein besonderes im Gehirn sich befindendes Organ – die Zirbeldrüse – für den Austausch sorge, blieb unbefriedigend. Beeinflussten mentale – von der Materie unabhängige Gegebenheiten – physikalische beobachtbare Ereignisse, käme dies einer steten Schöpfung aus dem Nichts gleich. Der gut belegte physikalische Satz – das Gesetz von der Erhaltung von Materie und Energie – besagt jedoch, dass in einem abgeschlossenen physikalischen System die Gesamtenergie konstant bleibt. Man befindet sich somit beim Körper-Geist-Problem in folgendem von Peter Bieri formulierten Trilemma:

„Ein Problem besteht dann, wenn wir zwei oder mehrere Sätze vor uns haben, an denen wir gleichermaßen festhalten wollen, die aber nicht miteinander kompatibel sind. Die (...) traditionelle Art von Leib-Seele-Problemen entsteht, grob gesprochen, durch die folgenden Sätze:

(1) Mentale Phänomene sind nicht-physische Phänomene.

(2) Mentale Phänomene sind im Bereich physischer Phänomene kausal wirksam.

(3) Der Bereich physikalischer Phänomene ist kausal geschlossen. (...)

Der Konflikt zwischen unseren drei Sätzen ist (...) sichtbar. Zwei von ihnen implizieren jeweils die Falschheit des dritten: Wenn mentale Phänomene nicht-physische Phänomene sind und wenn es mentale Verursachung gibt, dann kann der Bereich physischer Phänomene nicht kausal geschlossen sein. Wenn er jedoch kausal geschlossen ist und wenn mentale Phänomene nicht-physische Phänomene sind, dann kann es allem Anschein zum Trotz keine mentale Verursachung geben. Und wenn es sie trotz der kausalen Geschlossenheit der physischen Welt gibt, dann kann es nicht sein, dass mentale Phänomene nicht-physische Phänomene sind."[16]

Merksatz

Gottfried Wilhelm Leibniz nahm an, Körper und Geist laufen wie zwei Uhrwerke parallel und seien durch Gottes Hand aufeinander bezogen.

Eine der Theorien, die das Trilemma zu umgehen sucht, ist der sogenannte Parallelismus von Gottfried Wilhelm Leibniz. Demnach laufen geistige und körperliche Phänomene kausal unabhängig voneinander parallel ab. Gott habe die Welt so genial konstruiert, dass sich in einer *prästabilierten Harmonie* in jedem Augenblick körperliche und geistige Ereignisse ohne jede gegenseitige Beeinflussung wie zwei völlig synchron nebeneinander herlaufende Uhren entsprechen.

Das Ich als Steuermann

Karl R. Popper (1902-1994) und der Neurowissenschaftler John Eccles (1903-1997) halten am Dualismus von Geist und Materie und dem Gedanken eines *„Ich als Steuermann"* fest. Die physische Welt sei nicht kausal abgeschlossen, sondern mentale und physische Zustände interagierten miteinander (Interaktionalistischer Dualismus)[17]. In seiner *Drei-Welten-Theorie* führt Popper aus, dass es eine vom Menschen geschaffene autonom wirkende – objektive – Welt des Geistes gebe, mit der er den Lauf der Dinge gestaltend beeinflussen könne. Eine ähnliche Theorie vertritt der Mathematiker und Physiker Roger Penrose in seinem Buch *Schatten des Geistes.*[18]

7.1.3 Behaviorismus

Der Behaviorismus *(engl. behavior, Betragen, Verhalten)* lässt das mentale Innenleben außer acht. Eingeführt wurde er mit dem Werk *Behaviorism (1913)* des amerikanischen Psychologen J. B. Watson. Den Hintergrund für den Behaviorismus bildeten die Erfolge der Naturwissenschaften, die sich entsprechend den Wissenschaftsidealen des Logischen Empirismus in ihren Aussagen auf Theorien und den ihnen zugrunde liegenden Beobachtungen (den sogenannten Protokollsätzen) stützen. Die Philosophen des Wiener Kreises kritisier-

---

[16] Bieri, Peter (Hg.), Analytische Philosophie des Geistes, 3. unveränderte Auflage, Weinheim 1997, S. 5f.

[17] vgl. Tetens, Holm, Philosophisches Argumentieren, Eine Einführung, München 2004, S. 273.

[18] Penrose, Roger, Schatten des Geistes, Wege zu einer neuen Physik des Bewusstseins, Heidelberg, Berlin, Oxford 1995.

ten Hypothesen, Begriffe und Theorien, die empirisch nicht nachweisbar sind. Betrachtungen über die Seele, das Gewissen, die Wirksamkeit des Geistes mögen die Sinne anregen, mit Wissenschaft hätten sie nichts zu tun. Nur im Hinblick auf beobachtbare Dinge und Sachverhalte (Tatsachen) ließen sich Hypothesen bilden und Gesetzmäßigkeiten entdecken.

Theorien über Bewegungsabläufe in der Natur kann man verifizieren, indem man sie „methodisch streng" (deshalb: *logischer* Empirismus) auf beobachtbare Daten (über Sinne, Mikroskope etc.) zurückführt. Auf den Menschen angewandt bedeutet dies, dass man sich lediglich auf das sichtbar zum Ausdruck kommende Verhalten bezieht. Gefühle, Absichten, Wünsche, Glaubensinhalte seien nicht nachweisbar. Behavioristen wie Frederic Skinner (1904-1990) oder Iwan Pavlow (1849-1936) setzten sich in ihrem Wissenschaftsideal dafür ein, dass man sich bei der Erforschung des Menschen an konkrete Daten von Input und Output (Reiz-Reaktions / Stimulus-Respons-Schema) zu halten habe. Das Innere der Black-Box (Schachtel ohne erkennbaren Inhalt) – das heißt hier die Annahme mentaler Repräsentationen – seien nicht von Belang. Wie in der Tierwelt lasse sich beim Menschen Verhalten auf früher erfolgte oder aktuelle Konditionierungen (Ausbilden bedingter Reaktionen bei Mensch und Tier, meist durch Belohnen und Strafen) zurückführen. Selbst den Spracherwerb glaubte Skinner so erklären zu können. Von hier aus ergeben sich Parallelen zwischen menschlichem Verhalten und den Operationen von Maschinen.

Black-Box

Auch der sogenannte *logische Behaviorismus* des englischen Philosophen Gilbert Ryle relativiert das Geistige. In seinem Werk *Der Begriff des Geistes* legt er dar, wie uns ein bestimmter von der Tradition nahegelegter Sprachgebrauch dazu verleitet, von geistigen Einheiten oder Wirkungsmächten zu sprechen. Ryle bezeichnet die Descartsche „res cogitans" als in Wirklichkeit nicht vorhandenes „Gespenst in der Maschine". Bestimmbar seien allein Verhaltenswahrscheinlichkeiten von Handlungs- und Verhaltensweisen. Wenn wir also jemanden als „willensstark" bezeichnen, heiße das nicht, es gebe einen im Körper gleichsam versteckten Homunculus *(lat. Menschlein)* – das Ich, der Geist, das Wesen –, der diesen Menschen antreibt, sondern es handele sich dabei lediglich um eine durch Erfahrung bestätigte Vermutung, dass sich dieser Mensch in gewissen Situationen so und nicht anders verhält. Demgegenüber handele es sich bei der – objektivierenden – Rede vom Geist um einen „Kategorienfehler". So entspricht nach Ryle dem Terminus „Mannschaftsgeist" kein Substrat; vielmehr bezeichnen psychische Begriffe Charaktermerkmale bzw. Handlungsbereitschaften (Dispositionen). Ryle trat wie Ludwig Wittgenstein dafür ein, die Sprache daraufhin zu untersuchen, wie sie uns in ihren Wörtern oder Satzkonstruktionen zur Annahme einer geistigen Substanz verleite oder wie Wittgenstein formulierte, uns zur metaphysischen Spekulation „verhexe".

Der Behaviorismus geriet anfangs der 1950er Jahre in eine Krise, als zahlreiche Forscher bemerkten, dass sich nur aus der Außenperspektive menschliches Verhalten nicht begreifen lässt. Behavioristische Ansätze berücksichtigten nicht genügend das mentale Innenleben (Wünsche, Absichten, Gefühle). Es komme gerade darauf an zu ergründen, was in der Black-Box ist bzw. wie sie beschaffen sei.

Funktionalismus und Künstliche Intelligenz (KI) | 7.1.4

Seit den 50er Jahren begannen Gegner des Positivismus und Behaviorismus im Rahmen der Kognitionswissenschaften genauer die Funktionsweise und das spezifische Wirken des Geistes zu untersuchen. Sprachwissenschaftler wie Noam Chomsky und der Kognitionswissenschaftler Jerry Fodor kehrten zu philosophischen Konzepten angeborener Ideen zurück. Chomsky behauptete, dass über einen empiristisch gedachten Spracherwerb, ob behavioristisch (Frederic Skinner) oder entwicklungspsychologisch (Jean Piaget) nicht zu verstehen sei, wie man im Laufe eines Lebens etwa 10^{30} korrekte Sätze in seiner Muttersprache formulieren könne. Chomsky erklärt sich deshalb Sprachkompetenz als angeborenen Regelmechanismus, der erlaubt konkrete Sätze unbegrenzt zu generieren (Generative Transformationsgrammatik). Jerry Fodor weitet diese die Sprache betreffenden Erkenntnisse auf die Funktionsweise und die Struktur des Geistes oder des Denkens überhaupt aus. Seiner Meinung nach verfügen wir über eine angeborene „Sprache des Geistes" (Mentalesisch) genannt, die zwar äußerer Anregungen bedarf, die aber in ihrer komplexen Struktur angeboren ist.

Mentalesisch

Merksatz

Funktionalisten greifen auf das Paradigma der Symbolmanipulation zurück, wenn sie geistige Prozesse umreißen wollen. Unerheblich auf welcher Hardware sich eine intelligente Verkettung von Handlungs- oder Symbolreihen (Algorithmen) materialisiert, lässt sich Intelligenz als regel-geleitetes Verfahren objektivieren und begreifen. Dieser Ansatz führte bei „Expertensystemen" (Schachcomputer, automatischer Auskunftsservice) in der Computerforschung zu großen Erfolgen.

Im Funktionalismus verhalten sich Geist und Körper wie die Software zur Hardware eines Computerprogramms. Programme lassen sich auf einer unterschiedlichen Hardware realisieren.

Definition

Denken als Regel zu begreifen ist der Ansatz des Funktionalismus (Künstliche Intelligenz).

Während die Grundlage von Computern physikalisch-mechanische Elemente enthält, befindet sich das Programm des Geistes auf der chemisch-organischen Basis des menschlichen Körpers repräsentiert. Stellen wir uns vor, immer weitere Teile des Gehirns durch Implantate mechanischer Bestandteile ersetzen zu können, sodass die rationale Reaktionsfähigkeit aufgrund einer von den künstlichen Organen ebenbürtigen Verarbeitung der Sinnesdaten erhalten bliebe. Würden wir einem solchen Wesen Geist und Bewusstsein absprechen? Geist und Bewusstsein sind für Funktionalisten ein im menschlichen Körper angelegtes symbolisches Programm, wobei sie sich im Gegensatz zu Gehirnforschern weniger für die zugrunde liegende Organik als für das Beziehungsgeflecht der geistigen Symbole (Sprache, Logik, Gedächtnis) interessieren. Ein Entschlüsseln dieser Strukturelemente wird als Voraussetzung dafür gesehen, in Zukunft mit verbesserten technischen Möglichkeiten Maschinen zu bauen, die über Bewusstsein verfügen. (Forschungsprogramm der KI- Künstlichen Intelligenz).

Erläuterung

Zwei Formen der KI: Symbolismus und Konnektionismus

Man unterscheidet bei der KI zwischen von oben nach unten und umgekehrt verlaufenden Systemen als Unterschied zwischen symbolischer und konnektionistischer KI. Der Erfolg eines symbolischen Systems ist abhängig von der Universalität der ihm eingegebenen Regeln, die ein Fachgebiet betreffenden Fragen, Probleme, Spielzüge etc. im voraus zu beherrschen. Regeln sind zunächst starre Instrumente, die gegenüber der Vielfalt der Wirklichkeit oft versagen. Konnektionistische Systeme sind den primären Lernvorgängen des Gehirns nachgebaut und befinden sich in einem aktiven Austausch mit der Umwelt oder neuen Daten. Neuronale Netze entwickeln sich nach dem Prinzip der Mustererkennung, indem eingegangene Daten bestimmte Aktivitätszentren erregen. Diese Informationen werden entweder als bestimmtes Muster oder Hologramm gespeichert oder mit einem schon vorliegen-

Erläuterung

den verglichen. So erklärt sich die Neurobiologie Lernprozesse auf der Ebene der Sinneswahrnehmungen zum Beispiel des Geschmacksinns oder des Sehsinnes. Beiden Systemen gemeinsam ist die Struktur des binären Computercodes als Verkettung von Nullen und Einsen (0/1).

Unerheblich auf welcher Hardware sich eine intelligente Verkettung von Handlungs- oder Symbolreihen (Algorithmen) materialisiere, lasse sich die Psyche und die Intelligenz als regelgeleitet objektivieren und begreifen. So könnten wir zum Beispiel Schmerz als folgende Kausalrelation umschreiben und als Computerprogramm formalisieren: *„(T) Für jedes x gilt: Wenn x einen Gewebeschaden erleidet und* **bei normalem Bewußtsein** *ist, hat x Schmerzen; wenn x wach ist, ist er wahrscheinlich* **bei normalem Bewußtsein;** *wenn x Schmerzen hat, windet sich x und stöhnt und* **wechselt in einen Zustand des Sich-nicht-Wohlfühlens;** *und wenn x* **nicht bei normalem Bewußtsein ist oder sich nicht wohl fühlt,** *macht x in der Regel mehr Tippfehler. (...) Die kursiv gesetzten Ausdrücke sind nicht-mentale Prädikate, die beobachtbare, physikalische, biologische und behaviorale Eigenschaften (...) bezeichnen. die fettgedruckten Ausdrücke sind psychologische Ausdrücke, die mentale Eigenschaften bezeichnen.*"[19] Diese Kausalreihe wird in einem weiteren Schritt derart umgeformt, dass sie keine mentalen Ausdrücke mehr enthält. (Dies wird „Ramseyfizieren", nach dem Erfinder dieser Methode „Ramsey" genannt) „(TR) Es gibt Zustände M1,M2 und M3, sodass für jedes x gilt: Wenn x *einen Gewebeschaden erleidet* und im Zustand M1 ist, hat x Schmerzen; wenn x *wach* ist, ist er wahrscheinlich in M2; wenn x Schmerzen hat, *windet sich x und stöhnt* und wechselt in M3; und wenn x nicht in M2 oder in M3 ist, *macht x in der Regel Tippfehler.*"[20]

Wie man Geistiges in Analogie zu Computern näher beschreiben könnte, legte im Jahr 1950 der amerikanische Mathematiker A. M. Turing dar. *„Wann können wir mit Recht sagen, dass eine Maschine über Bewusstsein verfügt? Die intuitive Antwort wäre, dass die Maschine sich wie ein bewusstes Wesen verhalten müsste; wenn eine Maschine sich genauso verhält wie wir, dann ist es vernünftig zu sagen, sie*

[19] Kim, Jaegwon, Philosophie des Geistes, Aus dem Amerikanischen von Georg Günther, Wien, New York 1998, S. 116.

[20] Ebenda, S. 117.

Turing-Test *sei genau so bewusst wie wir. Der Turing –Test, benannt nach Alan Turing, verleiht dieser intuitiven Vorstellung Ausdruck (...)*"[21] Turings Gedankenexperiment handelt von einem Fragesteller C, der mittels einer Tastatur mit zwei anderen Personen A (Mann) und B (Frau) in getrennten Räumen kommuniziert. Ziel von C ist es nun, in einem intelligenten Frage-Antwort-Spiel herauszufinden, wer von den beiden die Frau ist; wobei der Mann den Fragesteller dadurch in die Irre zu führen versucht, dass er ebenfalls behauptet, eine Frau zu sein. Während also A den Fragesteller C in seinen Bemühungen, die Wahrheit herauszufinden zu täuschen versucht, versucht ihm B in seinen Antworten zu helfen. A sei nun kein Mensch, sondern ein entsprechend programmierter Computer, so müsse man nach Turing einer solchen Maschine dann Intelligenz zusprechen, wenn sie mit ihren Antworten die Fiktion aufrechterhalten kann, eine Frau zu sei. Turing versuchte bestimmte Teilleistungen des Gehirns maschinell zu simulieren und Menschen darin zu übertreffen. Solange wir nicht wüssten, was mit Bewusstsein genau gemeint sei – so Turing – genüge die Umschreibung einiger seiner Funktionen, um Denken näher bestimmen zu können.

7.1.5 | Kritik am Funktionalismus

Aber kann man Maschinen bzw. künstlichen Lebewesen wirklich Geist zusprechen oder ist dieses Attribut nur der biologisch definierbaren Spezies Mensch und in einem gewissen Grad anderen Lebewesen zu eigen? Der amerikanische Philosoph und ehemalige Funktionalist John R. Searle hat seine Kritik am Funktionalismus in dem Buch *Die Wiederentdeckung des Geistes* ausgeführt. Im Unterschied zu Maschinen verfügten Menschen über Subjektivität – subjektive Erlebnisse, Absichten und Gefühle –, von der wir bei der Erforschung des Geistes nicht abstrahieren dürften. Nur Menschen wissen, was es heißt, ein Mensch zu sein, wie ein Mensch zu fühlen und zu verstehen (vgl. hierzu Thomas Nagels berühmter Aufsatz *Wie ist es, eine Fledermaus zu sein?*[22]*)*. Das Denken einer Maschine verläuft linear, ist Produkt ei-

[21] McGinn, Colin, Wie kommt der Geist in die Materie? Das Rätsel des Bewusstseins, München 2001, S. 208.

[22] Nagel, Thomas, Wie ist es, eine Fledermaus zu sein? in: Bieri, Peter (Hg.), Analytische Philosophie des Geistes, 3. unveränderte Ausgabe, Weinheim 1997, S. 261ff.

nes Input-Output-Mechanismus, während der menschliche Geist ein unvergleichlich komplexeres Gebilde ist, das auf dem Hintergrund einer persönlichen und soziokulturellen Geschichte sowie spezifisch biologischen Grundlagen und ihrer Intentionalität verstanden werden will.[23] Unter Intentionalität versteht Searle geistige Zustände wie Hoffen, Wollen, Wünschen, allgemein gesprochen das Vermögen zur Sinngebung und dem Verfolgen von Zielen und Absichten.

Das chinesische Zimmer

Den Unterschied zwischen Mensch und Computer verdeutlicht Searle mit dem Beispiel des „Chinesischen Zimmers“[24], das er in Analogie zu Turings Gedankenexperiment entwarf. Man stelle sich einen Raum vor, in welchem ein Mann A sitzt, dem von außen Zettel mit Fragen in chinesischer Sprache zugesteckt werden. A verfügt über einen Zahlencode, wie er den chinesischen Fragen jeweils Antworten in chinesischen Zeichen zuordnen kann und reicht die entsprechenden Zettel aus dem Zimmer weiter. Dieser Mann würde zwar in korrektem Chinesisch geantwortet haben, aber er verstünde deshalb noch kein einziges Wort Chinesisch. Bewusstsein sei als Programm der Verarbeitung von Informationen nicht vollständig zu begreifen. Nach Searle kann eine Maschine genau so wenig denken, wie der Mann im Zimmer Chinesisch kann. Bewusstsein ist deshalb nach Searle ein vom Gehirn hervorgebrachtes (emergentes) spezifisches Können, das selbst nicht mit genau den gleichen Kategorien wie biologische oder physikalische Systeme beschrieben werden könne (Emergenztheorie).

Erläuterung

Weitere kritische Einwände zum Funktionalismus:
Der Funktionalismus, der den Geist in Analogie zum mathematischen Kalkül begreift, stößt an folgende Grenzen: 1. Computerprogramme sind syntaktische Systeme, sie beschäftigen sich nicht mit den *extrinsischen* Bedeutungen des Errechneten, also dem Weltbezug. Sie kennen Symbole und Signifikanten ohne die dazugehörigen Signifikate/Referenzen. Anders formuliert: Computer sind keine semantische, sondern syntaktisch/intrinsische Systeme. (Wie verhält es sich jedoch

[23] Dem Argument der Linearität wurde entgegengehalten, dass Roboter und Computer gelegentlich auch unerwartet reagieren, vgl. Randow, Gero von, Roboter, unsere nächsten Verwandten, Hamburg 1997, S.145ff. Außerdem arbeiteten neue künstliche Systeme mit Lernverfahren und Chips, die selbständig untereinander Schaltungen einrichten können, so dass in Zukunft ein wesentlich höherer Komplexitätsgrad erreichbar sei, vgl. Die Evolution der Chips, in „konrad“ 11/98.

[24] Searle, John R., Geist, Hirn und Wissenschaft, Frankfurt am Main 1986.

Erläuterung

mit Robotern, die mit Sensorien und einem dem Gehirn nachgebauten konnektionistischen Verarbeitungssystem ausgestattet sind? Wie beziehen sie sich auf die Außenwelt? Können sie intentionale Begriffe wie Wollen, Beabsichtigen und Meinen entwickeln?) 2. Bei einer Kritik des Funktionalismus gilt es ganz allgemein auf die Grenzen von auf mathematischen Kalkülen aufgebauten Systemen hinzuweisen. Wie der Mathematiker und Physiker R. Penrose darlegt, bleiben Roboter an die allgemeine Art ihrer Programmierung gekettet. Zwar könne man sie mit Lernprogrammen ausstatten, aber die Wahrheit mathematischer Sätze, wie sie der Mensch aus intuitiver Einsicht begreift, könnten sie nicht erfassen.[25] Auch der ehemalige Funktionalist Hilary Putnam kritisiert den Versuch Denken auf Rechnen zu reduzieren: *„Es besteht kein Grund, weshalb die Erforschung der menschlichen Kognition verlangen sollte, das kognitive Vermögen auf Rechenvorgänge oder Gehirnprozesse zurückzuführen. Es kann uns durchaus gelingen, theoretische Gehirnmodelle ausfindig zu machen, die unser Verständnis der Funktionsweise des Gehirns enorm steigern, ohne auf den meisten Gebieten der Psychologie sonderlich nützlich zu sein. Ebenso kann es gelingen, im Bereich der kognitiven wie der übrigen Psychologie bessere Modelle zu entdecken, ohne dass damit der Gehirnwissenschaft gedient wäre. Die Vorstellung, nur reduktionistisches Verstehen verdiene wirklich die Bezeichnung ‚Verstehen', ist ein abgenutzter Gedanke, der seinen Einfluss auf unserer wissenschaftliche Kultur aber offenbar noch nicht eingebüßt hat.“*[26]

7.1.6 | Neurophilosophie

Seit der vom amerikanischen Kongress ausgerufenen *„Dekade des Gehirns“* (90er Jahre des zwanzigsten Jahrhunderts) versuchen immer mehr Wissenschaftler im Rahmen der Neurowissenschaften die Erforschung des Bewusstseins mit naturwissenschaftlichen Methoden voranzutreiben. Die leitende Forschungshypothese ist dabei, dass Gefühle, Gedanken und Entscheidungen den Kausalgesetzen neuronaler Prozesse unterliegen. Wenn wir auch noch nicht über einen korrekten Begriff über das Bewusstsein verfügten, so könne man dennoch zumindest einige Aspekte, wie vor allem die visuelle Wahrnehmung, mit naturwissenschaftlichen und nicht philosophi-

[25] Penrose, Roger, Schatten des Geistes, Wege zu einer neuen Physik des Bewusstseins, Heidelberg, Berlin, Oxford 1995.

[26] Putnam, Hilary, Für eine Erneuerung der Philosophie, Stuttgart 1997, S. 31f.

schen Kategorien erforschen[27]. Auf die Einwände, dass Bewusstsein letztlich wissenschaftlich nicht erklärbar ist, da es immanente – nur der Selbsterfahrung zugängliche – subjektive Elemente enthält, antworten diese Wissenschaftler mit dem Hinweis darauf, dass schon viele Entdeckungen zunächst für unmöglich gehalten wurden. Wenn eine naturwissenschaftliche Erklärung bedeutet, dass Oberflächenerscheinungen auf ihre zugrunde liegenden physikalischen Ursachen zurückgeführt werden (z.B. die Erscheinung des Blitzes auf das Phänomen der elektromagnetischen Kräfte), so bedeute dies für das Bewusstsein, dass man es eben auf neurologische Erklärungen zurückführen könne. Zahlreiche Wissenschaftler haben ihr ursprüngliches Tätigkeitsfeld als Biologen oder Informatiker gewechselt, um zur Erforschung des Gehirns beizutragen.

Dabei stehen sich zwei Strategien in der Bewusstseinsforschung auf der Basis der Neurophysiologie gegenüber. Der Entdecker der Formel für die Genanalyse (DNA) Francis Crick vertritt mit dem Neurobiologen Christof Koch die These, dass einzelne „Bewusstseinsneuronen" für das bewusste Erleben und Wahrnehmen zuständig sind. Demnach sei für Bewusstsein nicht das universelle Zusammenwirken Hunderter von Milliarden Nervenzellen nötig, sondern eine geringere Anzahl von etwa zehntausend oder hunderttausend Nervenzellen würden Bewusstsein herstellen. Dem steht die von immer mehr Hirnforschern vertretene These entgegen, dass Bewusstsein sich aus dem komplexen Zusammenwirken verschiedener Teilsysteme des Gehirns zusammensetzt. *„Das Bewusstsein erscheint mehr und mehr als ein Tanz verschiedener, konkurrierender Gehirnteile."*[28]

Wenn Bewusstsein lückenlos kausal erklärt werden könnte, hätte dies vermutlich Folgen für die Rechts- und Moralphilosophie. Denn wie ist von Schuld und Sühne zu sprechen, wenn alles Handeln determiniert ist? Dazu hat der Philosoph H. J. Morowitz angemerkt: *„Wenn wir in unseren Artgenossen nur Tiere oder Maschinen sehen, entziehen wir den zwischenmenschlichen Beziehungen das volle Menschsein."*[29] Anders als Morowitz glaubt der Neu-

[27] Pöppel, Ernst, „Das Wechselspiel zwischen KI und Hirnforschung" Gespräch in Spektrum der Wissenschaft, Dossier; Kopf oder Computer 4/97, Crick, Francis, Was die Seele wirklich ist. Die naturwissenschaftliche Erforschung des Bewusstseins, Hamburg 1997.

[28] Kaku, Michio, Zukunftsvisionen Wie Wissenschaft und Technik des 21. Jahrhunderts unser Leben revolutionieren, München 1998, S. 117.

[29] Hofstadter, Douglas, R., Dennett, Daniel C. (Hg.), Einsichten ins Ich, Fantasien und Reflexionen über Selbst und Seele, Frankfurt 1982, S. 48.

rophilosoph Paul Churchland, dass die Hirnforschung zu einem ethischen Fortschritt führt, da sie uns helfe, *„unser ständig ablaufendes psychologisches Drama besser verstehen (zu) lernen (und) uns auf menschlichere Art und Weise damit auseinander zu setzen.“*[30]

7.2 Bewusstsein

7.2.1 Bewusstsein und Selbstbewusstsein

Descartes nahm als Träger des Bewusstseins einen geistigen Stoff – res cogitans – an und unterschied ihn von der körperlichen Substanz – res extensa. Der Preis eines solchen Annahme ist, dass eine geistige Substanz mit empirischen Methoden kaum nachweisbar ist. Nach Descartes sind Ich und Bewusstsein als eine Art geistige Folie vorzustellen, auf der Erfahrungsgehalte sowie angeborene Ideen eingeprägt sind. Im Gegensatz zu Descartes tritt Immanuel Kant „reinen“ Denkannahmen wie der res cogitans in seinem Hauptwerk *„Kritik der reinen Vernunft“* entgegen. Wir wissen nichts über die wirkliche oder wahre Substanz der Dinge, es lässt sich aber erschließen, dass wir uns nicht voraussetzungslos, sondern vermittels bestimmter Anschauungs- und Denkformen (Kategorien) auf die Wirklichkeit beziehen. Ohne eine die äußeren Eindrücke zusammenfassende Form eines Ichs (Ich als Form) verfügten wir zwar über gewisse Anschauungen, flüchtige Bilder und Reizempfindungen, könnten dies jedoch nicht als Weltwissen bezeichnen. Erkenntnisse bedürfen der Form eines Subjekts oder wie Kant sagt, eines *„ich denke, das alle meine Vorstellungen begleiten können muss“.*

Kants Theorem, dass das *„Ich denke, (...) alle meine Vorstellungen begleiten können (muss)“*[31], bleibt in der Konsequenz unbestimmt, da Kant lediglich die Voraussetzungen von Erkenntnis prüft. *„Die synthetische Einheit des Bewusstseins ist also eine objektive Bedingung aller Erkenntnis (...) und ohne diese Synthesis (würde) das Man-*

---

30 zit. nach Schnabel, Ulrich, Sentker, Andreas, Wie kommt die Welt in den Kopf? Reise durch die Werkstätten der Bewusstseinsforscher, Reinbek bei Hamburg 1997, S. 290.

31 Kant, Immanuel, Kritik der reinen Vernunft 1, in Werkausgabe in 12 Bänden a. a. O., Band III, B 132, 133, S. 136.

nigfaltige sich nicht in einem Bewusstsein vereinigen."[32] Johann Gottlieb Fichte vertiefte die Frage nach der Bedeutung des Selbstbewusstseins als Ausgangspunkt eines jeden Denkens. Nach Fichte setzt sich im Denken das Ich in Gegensatz zu seinem Nicht-Ich = Subjekt-Objekt-Modell. Ein in die Natur verwobenes Wesen oder eine Maschine werden nicht jene Kluft zwischen Subjekt und Natur empfinden, die für Fichte der Ursprung des Bewusstseins ist. Im Menschen erwacht die Einsicht, von seiner Umwelt und der Natur verschieden zu sein (Subjektivität). Das Subjekt löst sich in einem bestimmten Moment von den unmittelbaren natürlichen Antrieben (Reiz-Reaktions-Schema) und entwickelt ein freiheitliches Verständnis von sich und seiner Umwelt. „*Das Ich setzt ursprünglich schlechthin sein eignes Sein*"[33], wie es bei Fichte heißt. Aus dem Selbstbewusstsein der Freiheit entspringt erst alles Gedankliche. Bei Fichte setzt sich ein „*Ich (...) ein ‚Nicht-Ich' entgegen, es unterscheidet sich von sich selbst und öffnet damit den Raum, in dem die Welt der Gegenstände aufgeht und thematisiert wird.*"[34] Fichte nennt dies die ursprüngliche „*Tathandlung*"[35] des Ichs, die als solche niemand erinnern kann, weil sie am Ausgangspunkt aller mentaler Ereignisse steht.

Das Ich setzt ein Nicht-Ich

Erläuterung

Schelling, Hölderlin und Hegel wandten sich schon bald gegen Fichtes Konzeption eines Gegensatzes zwischen Natur und Selbstbewusstsein und versuchten die Prinzipien des Geistes mit denjenigen der Natur zu versöhnen.[36] In der Gegenwartsphilosophie kritisiert der Philosoph Ernst Tugendhat Fichtes absolutes Ich, das erst die Unterscheidung zwischen dem Ich und der Welt hervorbringt. Wer oder was sollte ein Ich sein, das noch einmal das eigene Ich im Unterschied zur Objektwelt beobachtet? Für Tugendhat gibt es kein Ich hinter dem Ich, sondern der Begriff Selbstbewusstsein meint in einem praktisch/ pragmatischen Sinn, dass sich der Mensch Gedanken über seine Handlungen, Wünsche, Ziele machen kann.[37]

---

32 Ebenda, B 138,139, S. 140.

33 Fichte, Johann, Gottlieb, Grundlagen der gesamten Wissenschaftslehre, Hamburg 1988, S. 18.

34 Gamm, Gerhard, Der Deutsche Idealismus, Eine Einführung in die Philosophie von Fichte, Hegel und Schelling, Stuttgart 1997, S. 52.

35 Fichte, Johann, Gottlieb, Grundlagen der gesamten Wissenschaftslehre, a. a. O., S. 18.

36 vgl. Sandkühler, Hans J., Handbuch Deutscher Idealismus, Stuttgart 2005.

37 Tugendhat, Ernst, Selbstbewusstsein und Selbstbestimmung, Sprachanalytische Interpretationen, Frankfurt 6. Auflage 1997.

7.2.2 | Bewusstsein und Gesellschaft

Von Georg Wilhelm Friedrich Hegel wurde der Gedanke entwickelt, dass Bewusstsein im Kern ein historisch gesellschaftliches Phänomen ist. Sprache, Wertungen und Wahrnehmungsweisen seien intersubjektiv vorgeformt. Sich etwas bewusst zu machen oder Selbstbewusstsein zu haben geschehe unter den Augen der anderen. Im Kapitel *Herrschaft und Knechtschaft* in der *Phänomenologie des Geistes* erläutert Hegel, wie es beim Selbstbewusstsein um Anerkennung geht. Die wesentliche Aussage lautet, dass ich mich nur im Verhältnis zu anderen selbst verstehen kann. Hegels philosophischer Denkansatz der Dialektik besagt, dass Dinge nur im Gesamtzusammenhang zu verstehen sind. Wir hätten keinen Begriff vom Guten, wenn es nicht das Böse gäbe, keinen Begriff vom Leben ohne den vom Tod.

Für das Selbstbewusstsein bedeutet dies, dass es sich von der Anerkennung der anderen nährt. Hegel arbeitet heraus, dass ein Gutteil menschlicher Bemühungen dem Ringen um Anerkennung gewidmet ist. Zwar kann ich ein gewisses Selbstbewusstsein auch aus technischen oder handwerklichen Fertigkeiten beziehen, aber letztlich ist für die Beurteilung dieser Fertigkeiten doch das Urteil der anderen entscheidend. Warum ist das so? Das Interesse an der Anerkennung ist deshalb so groß, weil sich unser Verhältnis zu anderen Menschen im Vergleich zum Bezug zur Natur in einem Punkt wesentlich unterscheidet. Die Natur beurteilt mich nicht. Beurteilungen können nur Menschen vornehmen. Sie können dies, weil sie frei sind, auch anders zu urteilen. Deshalb kann Anerkennung nicht wirklich erzwungen werden. Wie Hegel ausführt, scheitert der Versuch Anerkennung erzwingen zu wollen an einem immanenten Widerspruch: Jemand will die – prinzipiell freie – Anerkennung eines Anderen *erzwingen*. Doch auf Gewalt aufgebaute Anerkennung kann sich nicht halten. Wirkliche Anerkennung ist nur unter gleichberechtigt freien Wesen möglich. *„Sie anerkennen sich, als gegenseitig sich anerkennend.“*[38]

Hegels Sozialphilosophie wurde von Marx aufgegriffen, der vom Menschen als einem gesellschaftlichen Wesen spricht. Heute knüpft

---

[38] Hegel, Georg Wilhelm Friedrich, Phänomenologie des Geistes, Texte-Auswahl und Kommentar zur Rezeptionsgeschichte von Gerhard Göhler, Frankfurt/M, Berlin, Wien, 1973, 2. erweiterte Auflage 1973, S. 115.

an sie – in Anlehnung an George Herbert Meads Überlegungen zur Bedeutung des Sozialisationsprozesses bei der Subjektwerdung – der kommunikationstheoretische Ansatz von Jürgen Habermas an. Sprachanalytisch vertrat der späte Wittgenstein die Theorie von der Vorrangigkeit der gesellschaftlichen Sprachpraxis gegenüber allen Bewusstseinsinhalten, wozu der Berliner Philosophieprofessor Albrecht Wellmer erläutert, dass : *„(...) erst diese Praxis, in die wir eingeübt worden sind, (...) es möglich (macht), dass wir Intentionen und Absichten haben können, dass wir mit Worten etwas meinen und anderen etwas mitteilen und dass wir verstehen können.“*[39]

Pragmatischer Selbstbezug 7.2.3

Der amerikanische Pragmatismus versucht die Frage nach dem Selbstbewusstsein weniger theoriebeladen anzugehen. Unabhängig von der Frage, wie nun das Phänomen des Selbstbezugs in seiner Genese zu verstehen ist, können wir dennoch etwas zu seiner Funktion und Wirkung sagen. *„Sich seines Tuns bewusst zu werden“* sei eine höherwertige Reflexion, die von dem Philosophen Harry G. Frankfurt als Volition (willentlicher Wunsch) zweiter Stufe bezeichnet wurde. In solchen Wünschen versuchen wir unsere unmittelbaren Antriebe, Bedürfnisse und Motivationen zu bewerten und zu steuern. Wertebindungen sind für die Personalität eines Menschen deshalb wichtig, weil Selbstbewusstsein im Prozess wertgesteuerter Handlungen entsteht. Nach Charles Taylor gehören Werteorientierungen zu den anthropologischen Grundkonstanten. *Jeder* beurteile und handele nach bestimmten für ihn verbindlichen Werteskalen. Ohne Wertbegriffe, *„starke Wertungen“*, wie sie Taylor nennt, könne sich kein Mensch entwickeln. In *„starken Wertungen“* definieren und transformieren wir uns letztlich selber, indem wir unsere unmittelbaren Antriebe, Bedürfnisse und Motivationen in die entspreche Richtung steuern. starke Wertungen

Neuere Bewusstseinstheorien 7.2.4

Empiristische Ansätze fassen das Selbst als Sammelbegriff für die Erfahrungen auf. Über die Erinnerung bin ich mir meiner als Per-

[39] Wellmer, Albrecht, Sprachphilosophie Eine Vorlesung, Frankfurt am Main 2004, S. 81.

son bewusst. Was ist, wenn diese Erinnerung ausfällt, z. B. bei einem Gedächtnisschwund, handelt es sich dann noch um die gleiche Person? Aufgrund solcher Fragen empfiehlt der analytische Philosoph *Derek A Parfit* (geb 1942) ein Umdenken im Hinblick auf den Personenbegriff. In einem Leben bleiben wir nicht die gleiche Person, sondern es lösen sich verschiedene Ichs, die mehr oder weniger – Parfit benutzt den Ausdruck „graduell" – miteinander verbunden sind, ab. *„Nicht ich werde es sein, sondern eines meiner zukünftigen Ichs. Es gibt keine zugrundeliegende Person, die wir beide sind."*[40] Damit will Parfit sagen, dass es mehrere personale Identitäten im Laufe eine Biographie geben kann, denn der Begriff *„personale Identität"* bezieht sich auf Parameter wie Gedächtnis und körperliche Kontinuität, beides Variabeln, bei denen die Veränderungen fließend sind. Damit trifft sich Parfit mit einigen Vertretern der französischen Postmoderne F. Lyotard, M. Foucault, G. Deleuze und ihrer These, dass die Erfahrung von Intensitäten (Entfaltung von Kraftlinien, Energien und Aktivitäten) die eigentlichen Fluchtpunkte im Leben eines Menschen seien.

Gegen Parfit argumentiert Christine M. Korsgaard mit Descartes, Kant und Fichte, dass das Selbstbewusstsein kein Ergebnis, sondern die Voraussetzung von Erfahrung ist. Ihr Grundgedanke lautet, dass in unseren Überlegungen und Körperimpulsen jeweils verschiedene Motivationen um die Vorherrschaft ringen. Nach Korsgaard ist es nun eine bestimmte Instanz – das Ich oder das Selbstbewusstsein –, das die Entscheidung darüber fällt, welche der Motivationen zum Durchbruch gelangt. Damit begreift sie das Ich aktivistisch und als Entscheidungsträger und von der praktischen Vernunft her. Korsgaard unterscheidet zwischen einer *„bewussten Tätigkeit"* und *„sich einer Tätigkeit bewusst zu sein"*. *„Ein ausgewachsenes Raubtier etwa, das sich an eine Beute heranpirscht, weiß in einem direkten praktischen Sinn sehr genau, was es gerade tut. Es wäre aber merkwürdig, würde man sagen, dass es sich seines Tuns bewusst ist (...)"*[41] Aufgrund der Schwierigkeiten den Kern des Selbstbewusstseins zu bestimmen und sich dabei nicht in einen Regress zu begeben – Das Ich, das das Ich beschaut, das das Ich beschaut usw. – vertritt die *„Heidelberger-Schule"* (D. Henrich, U. Pothas) die Auffassung, dass das Selbstbe-

40 Derek Parfit, Personale Identität, in: Quante, Michael (Hg), Personale Identität, Paderborn 1999, S. 95.

41 Korsgaard, Christine M., Personale Identität und die Einheit des Handelns in Quante, Michael (Hg.), Personale Identität, a. a. O., S. 217.

wusstsein eine Art unmittelbare und nicht mehr weiter zu analysierende Vertrautheit mit uns selbst ist. Diese unhintergehbare Tatsache bildet wiederum die Voraussetzung für bewusstes Erleben. Es handelt sich also beim Selbstbewusstsein – wie schon Fichte lehrte – um eine Quelle in uns, aus der erst Denken und Argumentation entsteht, die aber mittels Wissenschaft nicht zu erschließen ist.

Ernst Tugendhat hat von dem Standpunkt der analytischen Philosophie der Heidelberger-Schule vorgehalten, dass sie aufgrund eines falschen methodischen Ansatzes argumentiert. Wer Bewusstsein wie die *Heidelberger Schule* und Fichte nach dem Subjekt-Objekt-Modell (Ich-Nicht-Ich) untersucht, der müsse sich notwendig in Paradoxien und Widersprüchen verwickeln, so dass schließlich nur der Ausweg des Unsagbaren bleibt: Bewusstsein als zwar unhintergehbare Instanz, aber als letztlich unerklärbare Tatsache. Bewusstsein ist aber nach Tugendhat ein Phänomen, das sich über eine Analyse des Sprachgebrauchs verstehen lässt. Wie Wittgenstein verweist Tugendhat auf die Verständlichkeit der Sprache, in der wir über Bewusstseinsphänomene berichten. Wenn ich über meinen Zahnschmerz spreche, setze ich voraus, dass der andere meinen Bericht davon versteht. Und dass das möglich ist, bedeutet nach Tugendhat, dass entgegen dem Anschein Bewusstsein wesentliche intersubjektive Komponenten enthält.

Gegen diese Argumente wendet Manfred Frank ein, dass immer noch ein Unterschied zwischen Sprachgebrauch und Bewusstsein besteht. Sprache sei zwar ein wesentliches intersubjektives Phänomen, aber Sprache sei nicht alles, das Gefühl der Liebe sei zum Beispiel durchaus von seinem sprachlichen Ausdruck zu trennen, ebenso wie der Schmerz vom Schmerzausdruck. Folglich komme man dem Phänomen Bewusstsein nicht mit der reinen Sprachanalyse näher, sondern müsse von einer Irreduzibilität von Bewusstsein und Subjektivität sprechen. Man könne sogar mit Wittgenstein sprachanalytisch argumentieren und nachweisen, dass es einen Gebrauch des Wortes „Ich“ gibt, der auf die unableitbare Instanz des Subjektiven verweist. Wittgenstein habe im sogenannten *Blue Book* zwischen einem Subjekt- und einem Objektgebrauch des Personalpronomen „ich“ unterschieden. Im Unterschied zu der Äußerung *„Ich blute am Arm“*, über die ich mich täuschen kann, ist über die Äußerung *„Ich versuche meinen Arm zu bewegen“* kein Irrtum möglich. Selbst wenn es mir aus irgendeinem Grund nicht möglich sein sollte, meinen Arm zu heben, so weiß ich doch sicher, dass ich es immerhin versucht habe. Deshalb gebe es eine absolut tiefe Vertrautheit mit sich selbst, über die keine andere Instanz als ich selber befinden könne. Frank kritisiert an Tugendhats sprachanalytischem Ansatz zur Bewusstseinsphilosophie, dass letzterer Bewusstsein vorrangig als soziales Phänomen begreift.

Das Ich als vom Gehirn erzeugtes Selbstmodell

Wieder einen anderen Ansatz zur Bewusstseinsphilosophie wählen die Hirnforscher, wenn sie das Ich-Bewusstsein als reine Illusion des Gehirns entlarven wollen. Die Erfahrung, dass wir uns als eigenständige Subjekte begreifen, nennt der Mainzer Neurophilosoph Thomas Metzinger einen *„Zaubertrick"* der Natur. Das Ich sei ein vom Gehirn erzeugtes Selbstmodell, das seine Abhängigkeit von den neuronalen Vorgängen nicht bemerke. Metzinger meint, dass nicht wir denken, sondern unser Gehirn uns denkt. Auch der Bremer Gehirnforscher Gerhard Roth kritisiert die Überschätzung des autonomen Selbstbewusstseins, wenn er behauptet, dass 90 Prozent unserer Entscheidungen unbewusst getroffen werden. Schließlich glaubt Wolf Singer vom Max-Planck-Institut in Frankfurt, dass alle Prozesse im Gehirn determiniert sind und dass das mit einem freien Willen ausgestatte Ich lediglich ein Konstrukt unserer (westlichen) Kulturgeschichte sei.[42]

Literatur

Bieri, Peter (Hg.), *Analytische Philosophie des Geistes, 3. unverändert Auflage, Weinheim 1997*

Beckermann, Ansgar, *Analytische Einführung in die Philosophie des Geistes, Berlin, New York 1999*

Crick, Francis, *Was die Seele wirklich ist. Die naturwissenschaftliche Erforschung des Bewußtseins, Hamburg, 1997*

Denneth, Daniel C., *Spielarten des Geistes, Wie erkennen wir die Welt, Ein neues Verständnis des Bewusstseins, München 1996*

Dörner, Dietrich, *Bauplan für eine Seele, Reinbek bei Hamburg 1999*

Gardner, Howard, *Dem Denken auf der Spur, Der Weg der Kognitionswissenschaft, Stuttgart, 1989*

Gold / Engel (Hg.) *Der Mensch in der Perspektive der Kognitionswissenschaften, Frankfurt 1998*

Hofstadter, Douglas, R., Dennett, Daniel C. (Hg.), *Einsichten ins Ich, Fantasien und Reflexionen über Selbst und Seele, Frankfurt 1982*

Horgan, John, *Der menschliche Geist, München 2000*

Kim, Jaegwon, *Philosophie des Geistes, Aus dem Amerikanischen von Georg Günther, Wien, New York 1998,*

Krämer, Sybille (Hg.), *Bewusstsein, Philosophische Beiträge, Frankfurt am Main 1996*

Lanz, Peter, *Vom Begriff des Geistes zur Neurophilosophie, in* Hügli/Lübcke, (Hg.) *Philosophie im 20. Jahrhundert, Bd.2, Hamburg, 1993*

Linke, Detlef, *Einsteins Doppelgänger, Das Gehirn und sein Ich, München 2000*

McGinn, Colin, *Wie kommt der Geist in die Materie? Das Rätsel des Bewusstseins, München 2001*

[42] Wolf Singer im Interview, in Spektrum der Wissenschaft, Februar 2001.

Meixner, Uwe, Newen, Albert (Hg.), *Seele, Denken, Bewusstsein Zur Geschichte der Philosophie des Geistes, Berlin 2003*

Metzinger, Thomas (Hg.), *Bewusstsein, Beiträge aus der Gegenwartsphilosophie, Paderborn 1995*

Pauen, Michael, *Grundprobleme der Philosophie des Geistes, Frankfurt am Main 2001*

Quante, Michael (Hg.), *Personale Identität, Paderborn 1999*

Randow, Gero, *Roboter, unsere nächsten Verwandten, Hamburg 1997*

Ryle, Gilbert, *Der Begriff des Geistes, Stuttgart, 1969*

Schleichert, Hubert, *Der Begriff des Bewusstseins, Ein Bedeutungsanalyse, Frankfurt am Main 1992*

Schröder, Jürgen, *Einführung in die Philosophie des Geistes, Frankfurt am Main 2004*

Searle, John, R., *Die Wiederentdeckung des Geistes, Frankfurt, 1996*

Sellars, Wilfrid, *Der Empirismus und die Philosophie des Geistes, Paderborn 1999*

Tetens, Holm, *Geist, Gehirn, Maschine, Stuttgart, 1994*

Zoglauer, Thomas, *Geist und Gehirn, Göttingen 1998*

Lektüreempfehlungen

De La Mettrie, Julien Offray, *Der Mensch, eine Maschine*

Turing, Alan M, *Maschinelle Rechner und Intelligenz (Turing-Test), in Hofstadter,* Douglas R., Dennett, Daniel C., *Einsicht ins Ich S. 59-72*

Bieri, Peter (Hg.), *Analytische Philosophie des Geistes, Einleitung*

Ryle, Gilbert, *Der Begriff des Geistes, Stuttgart 1969 Einleitung und Descartes' Mythos*

Searle, John, *Das chinesische Zimmer, in* Freese, Hans-Ludwig, *Abenteuer im Kopf, Philosophische Gedankenexperimente, Weinheim, Berlin 2. Auflage 1996, S. 140-142*

Nagel, Thomas, *Wie ist es, eine Fledermaus zu sein?* in Bieri, Peter, a. a. O.

Derek Parfit, *Personale Identität, in:* Quante, Michael *(Hg), Personale Identität, Paderborn 1999*

Übungsaufgaben

1. Unterscheiden Sie zwischen *phänomenalen* und *intentionalen* geistigen Ereignissen!
2. Welches Trilemma formuliert Peter Bieri beim Körper-Geist-Problem?
3. Erläutern Sie die Positionen des Dualismus und des eliminativen Materialismus!
4. Was versteht man unter Epiphänomenalismus? Nennen Sie Vertreter dieser Theorie!
5. Rekapitulieren Sie den Turing-Test?
6. Mit welchem Gedankenexperiment glaubt John R. Searle den Funktionalismus widerlegen zu können?
7. Welchen Beitrag liefert Derek A Parfit zum Problem personaler Identität?
8. Wie erklärt sich der Neurophilosoph Thomas Metzinger das selbstbewusste Ich?

8. Geschichte der Philosophie

Die Geschichte der Philosophie wird in die vier Epochen *Antike, Mittelalter, Neuzeit, Gegenwart* eingeteilt. Dabei können drei sich einander ablösende Paradigmen unterschieden werden[1]. Während in der Antike und im Mittelalter nach der Verfassung des Seins (*Ontologie*) gefragt wurde, befasst sich die neuzeitliche Philosophie seit *Descartes* mit dem menschlichen Erkenntnisvermögen. Sie ist im Wesentlichen *Epistemologie – Erkenntnislehre* (episteme, griech. Kenntnis, Wissen, Wissenschaft). In der Philosophie der Gegenwart stehen nicht mehr das Subjekt und sein Bewusstsein, sondern die Bedeutung der Sprache und die Intersubjektivität im Mittelpunkt (linguistic turn, sprachliche Wende).

Zitat

Es hat sich eingebürgert, den aus der Wissenschaftsgeschichte stammenden Paradigmenbegriff auf die Philosophiegeschichte zu übertragen und anhand von ‚Sein', ‚Bewusstsein' und ‚Sprache' eine grobe Epocheneinteilung vorzunehmen."[2]

8.1 Antike (6. Jh. v. Chr. bis 6. Jh. n. Chr.)

Die abendländische Philosophie nahm um das 6. Jh. v. Chr. in den griechischen Kolonien der Westküste Kleinasiens ihren Anfang. Dort herrschte in Städten wie Milet und Ephesus ein materieller Wohlstand, der auf dem Handel mit anderen Kulturen (Babylonier, Ägypter, Phönizier) beruhte. Wissenschaften und Künste befanden sich im Aufschwung; die dazu nötige Seefahrt förderte die geographischen und astronomischen Kenntnisse. Der Milesier *Thales* gilt als erster Philosoph, weil er sich in seiner Argumentation von mythischen Erklärungen löste und somit zum Begründer einer rationalen Theoriebildung wurde. Er gab auf die Frage nach den ersten Ursachen nicht mehr übernatürliche, sondern sachliche Erklärungen. Thales versuchte ein Grundprinzip *(griech. arché – Anfang, Ur-*

1 Tugendhat, Ernst, Wolf, Ursula, Logisch-semantische Propädeutik, Stuttgart 1983, S.7ff.

2 Habermas Jürgen, Nachmetaphysisches Denken, Frankfurt am Main 1988, S. 15.

sprung, Prinzip) der Natur zu finden, aber nicht mehr im zeitlichen, sondern im Sinne eines Urgrundes oder Urstoffes. Der Urgrund aller Dinge war für *Thales* das Wasser.

Merksatz

Die milesischen Naturphilosophen Thales, Anaximander und Anaximenes versuchten die Welt aus natürlichen Prinzipien heraus und mit rationalen Mitteln zu begreifen und nicht wie vormals als Mythos zu deuten. Dieser Beginn der Philosophie wird gemäß eines Buchtitels von Wilhelm Nestle mit der Formel Vom Mythos zum Logos beschrieben.

Dafür, dass die Philosophie in Griechenland ihren Anfang nahm, lassen sich folgende Gründe anführen:

1. Die Städte *Milet, Ephesus, Abderea* waren wichtigste Handelsmetropolen in der damaligen Zeit, die einen regen Güter- und Gedankenaustausch mit anderen Völkern pflegten. In dieser weltoffenen Atmosphäre konnten sich die ersten philosophischen Theorien über den Aufbau der Welt und das menschliche Zusammenleben in der *kritischer Diskussion* mit anderen Lehren entwickeln.

2. Die Griechen hatten an der ionischen Küste im Zuge der Kolonisation die städtische Lebensform der *Polis (griech. polis, zunächst Burg, dann Stadt-Staat)* etabliert, die zum Vorbild für ganz Griechenland wurde. In der Polis war der Einzelne nicht nur Privatmann, sondern er fühlte sich für die Gemeinschaft mitverantwortlich. Während in früheren Hochkulturen ein straff geführter Beamtenapparat das Land von oben nach unten verwaltete, stellte die Polis eine autonome politische Einheit dar, in der sich ein freier philosophischer Geist entfalten konnte.

3. Im Gegensatz zu anderen Hochkulturen ist die griechische weder eine Priester- noch eine Buchreligion. Es gab in Griechenland weder einen sakrosankten Religionsführer wie Zarathustra in Persien oder Buddha in Indien noch festgelegte religiöse Glaubensinhalte. Vielmehr standen jedem griechischem Vollbürger die Philosophie und die freie geistige Betätigung offen. Es entstanden Schulen und Philosophenzirkel, die sich meist um einen Meister, zum Beispiel Pythagoras, Sokrates oder Platon scharten.

4. In ihrer Fähigkeit Komposita zu bilden, zum Beispiel Nomina mit Präpositionen zu verbinden sowie durch die Vorhandenheit des bestimmten Artikels eignete sich die griechische Sprache besonders gut zum Philosophieren. Durch den Gebrauch des bestimmten Artikels konnten Eigenschaften wie das Unbegrenzte, das Feuchte

usw. substantiviert werden und philosophische Begriffe wie *das Sein* und *das Nichts* gebildet werden.[3]

5. Die griechische Alphabetschrift ist keine Wort- oder Silben-, sondern eine Buchstabenschrift. Anders als im phönizischen Alphabet führten die Griechen für alle Vokale systematisch Zeichen ein und trugen damit maßgeblich zur allmählichen Ablösung der Mündlichkeit durch die Schriftlichkeit bei. So konnte sich die Philosophie aufgrund dieser neuen Möglichkeiten, die die griechische Alphabetschrift bot, fortentwickeln.

---

[3] Vgl. Niehues-Pröbsting, Heinrich, Die antike Philosophie, Schrift, Schule, Lebensform, Frankfurt am Main 2004, S. 28ff. Über den Status substantivierter Begriffe herrscht Uneinigkeit, einerseits erleichterten sie wohl die wissenschaftliche Begriffsbildung, andererseits sind bei Begriffen wie das Sein und das Nichts gemäß den Positionen der analytischen Sprachkritik sachliche Inhalte nicht nachweisbar (vgl. 3.4 und 9.1.3.2). In der Philosophie der Gegenwart hält Martin Heidegger an der philosophischen Bedeutung des *Nichts* fest. Vgl. Ruffing, Reiner, Einführung in die Philosophie der Gegenwart, Paderborn 2005, S. 27ff.

Zeitleiste

8.1.1

Abb 3

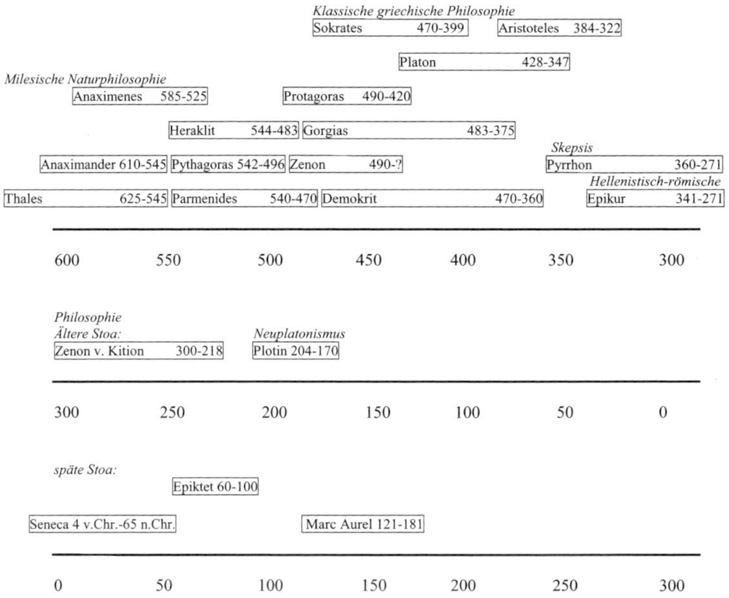

Klassische griechische Philosophie
Sokrates 470-399
Aristoteles 384-322
Platon 428-347
Milesische Naturphilosophie
Anaximenes 585-525
Protagoras 490-420
Heraklit 544-483
Gorgias 483-375
Skepsis
Anaximander 610-545
Pythagoras 542-496
Zenon 490-?
Pyrrhon 360-271
Hellenistisch-römische
Thales 625-545
Parmenides 540-470
Demokrit 470-360
Epikur 341-271

600 550 500 450 400 350 300

Philosophie
Ältere Stoa:
Zenon v. Kition 300-218
Neuplatonismus
Plotin 204-170

300 250 200 150 100 50 0

späte Stoa:
Epiktet 60-100
Seneca 4 v.Chr.-65 n.Chr.
Marc Aurel 121-181

0 50 100 150 200 250 300

Vorsokratik

8.1.2

Die erste Phase bis zu *Sokrates* wird *Vorsokratik* genannt. Dazu gehören neben den *milesischen Naturphilosophen – die Schule der Pythagoreer, Heraklit, Xenophanes, Parmenides, Zenon von Elea, Empedokles, Anaxagoras und Demokrit.* Eine eigene Denkrichtung innerhalb der *Vorsokratik* stellt die *Sophistik* mit der These des *Protagoras* dar, wonach der Mensch das Maß aller Dinge sei (*„Homo-mensura-Satz“).*

Homo-mensura-Satz

Die *milesischen bzw. ionischen Naturphilosophen* begreifen den Urgrund der Dinge – *arché* – in den Erscheinungen als Naturstoff – z. B. das Wasser bei *Thales*, das *apeiron* (das Grenzenlose) bei *Anaximander* oder die Luft bei *Anaximenes.* Demgegenüber sahen die *Pythagoreer* in der Zahl das den ganzen Kosmos formende Weltprinzip. *Heraklit* – Urstoff ist für ihn das Feuer – zieht das Moment der Bewegung und der Veränderung in seine Philosophie des Werdens mit ein. Heraklit steht für die Bewegung panta rhei, alles fließt. Al-

Merksatz

„Demokrit nimmt an, dass die Atome (...) im unendlichen Leeren, wo es kein Oben und Unten, keine Mitte und keine äußere Grenze gibt, sich so bewegen, dass sie durch Zusammenstöße untereinander zusammenhängen, woraus dann alles das (an Dingen) entstehe, was in der sichtbaren Welt bestehe; und diese Bewegung der Atome habe nie einen Anfang gehabt, sondern man müsse es so verstehen, dass sie seit urewiger Zeit erfolge.“[4]

lerdings wird häufig übersehen, dass es auch bei ihm einen Haltepunkt gibt. Das Gesetz, dass sich nämlich alles ändert und dieses ändert sich nicht. Also der Logos bleibt. Mit Logos meinten die Griechen die heute auseinanderfallenden Begriffe *Vernunft, Gesetz, Logik* in einem. Parmenides aus Elea *(Unteritalien)* vertrat die Lehre von der „Ruhe“ und der Unwandelbarkeit des Seins. Das sich Bewegende sei Schein. Dabei argumentierte er mit den Mitteln der Logik. Entweder es ist etwas oder es ist nichts. Da nicht nichts sein kann, gilt: Alles ist Sein. Denken und das Sein sind für Parmenides dasselbe. Die Logik wird zum Maßstab. Das eigentlich Wirkliche ist das Geistige. Diese Lehre vom Schein der Bewegung versuchte *Zenon* durch ausgeklügelte Argumente (Paradoxien, z. B. Achill und die Schildkröte, der fliegende Pfeil) zu begründen. (vgl. 1.4) Das eigentlich Wirkliche ist das Denken.

Empedokles aus *Akragas in Sizilien (um 500 – um 430 v. Chr.)* ging von vier Elementen (Feuer, Wasser, Luft und Erde) als den Grundstoffen aus. *Demokrit* schließlich verknüpfte die Lehre von der Bewegung und Vielfalt *(Heraklit)* mit der des Seins *(Parmenides)*. Für unsere Sinnesorgane seien die Dinge voneinander unterschieden, in Wirklichkeit bestünden sie jedoch aus in sich unwandelbaren Atomen, die im Raum umhergewirbelt würden (*Atomismus*).

Gegenüber der naturwissenschaftlich orientierten nicht-sophistischen *Vorsokratik* stellten die *Sophisten* (Lehrer der Weisheit) *Gorgias, Protagoras, Thrasymachos* den Menschen in den Mittelpunkt ihrer Betrachtung. Für sie ist alles Wissen eine menschliche Satzung gemäß *Protagoras'* Homo-mensura-Satz: *„Aller Dinge Maß ist der Mensch, der Seienden, dass (wie) sie sind, der Nichtseienden, dass (wie) sie nicht sind.“*[5] Wichtig war den Sophisten die *Rhetorik* und der gelungene öffentliche Auftritt um die Bürger in der griechischen Volksversammlung für bestimmte Ziele zu gewinnen. Die Sophisten boten ihre Kenntnisse und ihr Wissen für Geld jungen Adligen oder reichen Bürgern an.

---

[4] Quelle: Cicero = DK 68 A 56, Kranz, Walther (Hg.), Die Fragmente der Vorsokratiker Griechisch und Deutsch von Hermann Diels 3 Bände, Dublin/Zürich 1966, 12. unveränderte Auflage, hier und im Folgenden DK.

[5] DK Frgm.1 Bd. 2, S. 263 = Homo-mensura-Satz.

Lektüreempfehlung: Aristoteles Metaphysik, Buch I, Kap. 3-5, *Diogenes Laertius, Leben und Meinungen berühmter Philosophen,* Kirk, Geoffrey S, Raven John E., Schofield, Malcom, Die vorsokratischen Philosophen, Einführung, Texte und Kommentare, Studienausgabe, Stuttgart Weimar 2001

Antike Klassik

8.1.3

Sokrates

Sokrates, Platon und Aristoteles stehen für die *klassische Phase der antiken Philosophie. Sokrates,* der die Methode der Selbstprüfung und der theoretischen Begriffsbildung als Aufsuchen des Wesentlichen in den Einzelbeispielen lehrte, war wohl die wichtigste Persönlichkeit in der Geschichte der Philosophie. Er selbst hinterließ keine Schriften, sondern wirkte allein durch seine Reden und Taten und seine Diskussionen mit den Bürgern auf dem Markplatz von Athen. Von seinem Leben und Sterben – er wurde als „Gotteslästerer" und „Jugendverderber" zum Tode verurteilt – zeugt das Werk seines Schülers *Platon. Platon* gründete 387 v. Chr. die berühmte Akademie. Für *Platon* liegt die Wahrheit in einer Ideenwelt hinter den Dingen verborgen. Platon hebt dabei die Welt der Zahlen hervor und erweitert sie im Hinblick auf seine Lehre von den Ideen des Guten, des Wahren und des Schönen. Nur durch Vernunft lasse sich das Sittengesetz erfassen und der eigene Platz im gerechten Staatsgefüge (politeia) finden. Erkenntnis ist für Platon Wiedererinnerung an die in unserer Seele immer schon angelegten vollkommenen Ideen. Paradigmatisch für Platons Ideenlehre steht das Höhlengleichnis.

Erläuterung

Platons Höhlengleichnis

In einer Höhle sitzen Menschen von Geburt an so gefesselt, dass sie nur auf die ihnen gegenüberliegende Wand sehen können. In ihrem Rücken befindet sich für sie unsichtbar der etwas höher gelegene Höhlenausgang. Auf halber Höhe zum Ausgang wird von Unbekannten ein Feuer entfacht, vor welchem sie hinter einem Vorsprung hölzerne Figuren hin- und hertragen. Durch den Schein des Feuers fällt ein Schatten auf die Wand, auf die die Gefesselten starren müssen. Die Träger der Figuren unterhalten sich lautstark, sodass die Gefesselten annehmen müssen, dass die Trugbilder *(griech. eidolon)* wirkliche Gestalten sind. Bände man nun einen dieser Gefangenen los, würde es ihm laut *Platon* nur unter größten intellektuellen Anstrengungen gelingen, die Wahrheit zu erkennen und sich von seinen Illusionen zu befreien. *„Schleppte man ihn aber von dort mit Gewalt den rauen und steilen Aufgang*

Erläuterung

hinauf, (...), und ließe ihn nicht los, bis man ihn an das Licht der Sonne hingezogen hätte – würde er da nicht Schmerzen empfinden und sich nur widerwillig so schleppen lassen? Und wenn er ans Licht käme, hätte er doch die Augen voll Glanz und vermöchte auch rein gar nichts von dem zu sehen, was man ihm nun als das Wahre bezeichnete?"[6] Die sinnliche Wahrnehmung (*aisthesis*) ist für *Platon* nicht der Maßstab des Wissens. Zur Wahrheit gehört der Wille über Gegebenes hinaus das *Gute, Wahre* und *Schöne* in den Ideen *(gr. idea = das Urbild, die Form)* erblicken zu wollen.

Aristoteles schließlich schuf die große wissenschaftliche Synthese der klassischen griechischen Philosophie. Das Allgemeine wird bei ihm in die Individuen hineingenommen. Aristoteles unterschied an den Dingen Stoff (hyle) und Form (eidos, morphe). Die Form der Dinge enthüllt ihren Zweck, das Ziel = Telós. Bewegung erklärt Aristoteles, dadurch, dass Formen zum Ziel streben. Postuliert wird ein ersten Beweger, die reine Aktivität = Gott. Aristoteles begründete die Logik (Syllogismus) und Metaphysik als „Erste Philosophie" *(griech. prote philosophia, lat. prima philosophia).* In seiner Ethik (*von griech. ethos Sitte, Gewohnheit*) geht es ihm im Gegensatz zu *Platons* Idealismus um die gewohnheitsmäßige Einübung in die Führung eines tugendhaften Lebens.

Lektüreempfehlung: Platons Frühdialoge, Phaidon, Apologie, Das Gastmahl, Der Staat zum Beispiel die von Wilhelm Nestle ausgewählten Ausschnitte Erziehung der Wächter, Eigenschaften des Philosophen u.a., in Platon, Hauptwerke, Stuttgart 1973, Aristoteles, Einleitung der Metaphysik, Nikomachische Ethik Kap. 1-6, Anfang der Physik, Metaphysik XII

8.1.4 | Die hellenistischen Schulen

Den Abschluss der griechischen Philosophie bilden die hellenistischen Schulen des *Epikureismus, Stoizismus* und *Skeptizismus* mit ihren Weisheits- und Tugendlehren. Die Schule der *Epikureer* (benannt nach Epikur) vertrat eine Ethik der Sinnenfreude, während die Philosophen der *Stoa (von stoa poikilé = bunte Säulenhalle) Zenon v. Kition, Seneca, Epiktet und Marc Aurel* eine strenge Tugendmoral entwickelten. Die von *Pyrrhon von Elis* ausgehende hellenistische Schule der Skeptiker (*Arkesilaos, Karneades* – Mitte des 2. Jh.

[6] Platon, Der Staat, in: Sämtliche Werke in 8 Bänden, eingeleitet von Olof Gigon übertragen von Rudolf Rufener, Zürich und München 1974, Bd. IV S. 355.

v. Chr. – *Sextus Empiricus*) vertrat einen sophistischen Subjektivismus und Relativismus in der Wahrheitsfrage.

Neuplatonismus

8.1.5

Plotins Neuplatonismus trägt schon deutlich religiöse Züge und leitet über zur Phase der christlich beherrschten Philosophie des Mittelalters. Für *Plotin*, der sich seines eigenen Körpers schämte, ergibt sich alles Seiende aus dem *Einen*, weil dieses *Eine* wegen seiner Vollkommenheit überströmen musste (Emanationslehre). Erkennen bedeutet für Plotin Überschreiten des Ichs. In einer exstatischen Schau des Übersinnlichen werde der Mensch für einen Moment lang eins mit Gott.

Literatur

Bächli, Andreas, Graeser, Andreas, *Grundbegriffe der antiken Philosophie Ein Lexikon, Stuttgart 2000*

Crescenzo, Luciano de, *Geschichte der griechischen Philosophie, Die Vorsokratiker, Zürich 1985*

Crescenzo, Luciano de, *Geschichte der griechischen Philosophie, Von Sokrates bis Platon, Zürich 1988*

Horn, Christoph, Rapp, Christof (Hg.), *Wörterbuch der antiken Philosophie, München 2002*

Kranz, Walther (Hg.), *Die Fragmente der Vorsokratiker Griechisch und Deutsch von Hermann Diels 3 Bände, 12. unveränderte Auflage, Dublin/Zürich 1966*

Ludwig, Ralf, *Die Vorsokratiker für Anfänger, München 2002*

Niehues-Pröbsting, Heinrich, *Die antike Philosophie, Schrift, Schule, Lebensform, Frankfurt am Main 2004*

Paprotny, Thorsten, *Kurze Geschichte der antiken Philosophie, Freiburg 2003*

Röd, Wolfgang, *Kleine Geschichte der antiken Philosophie, München 1998*

Schadewaldt, Wolfgang, *Die Anfänge der Philosophie bei den Griechen, Tübinger Vorlesungen Bd. I, Frankfurt am Main 1978*

8.2 | Mittelalter (6. bis 14. Jh.)

8.2.1 | Zeitleiste

Abb 4

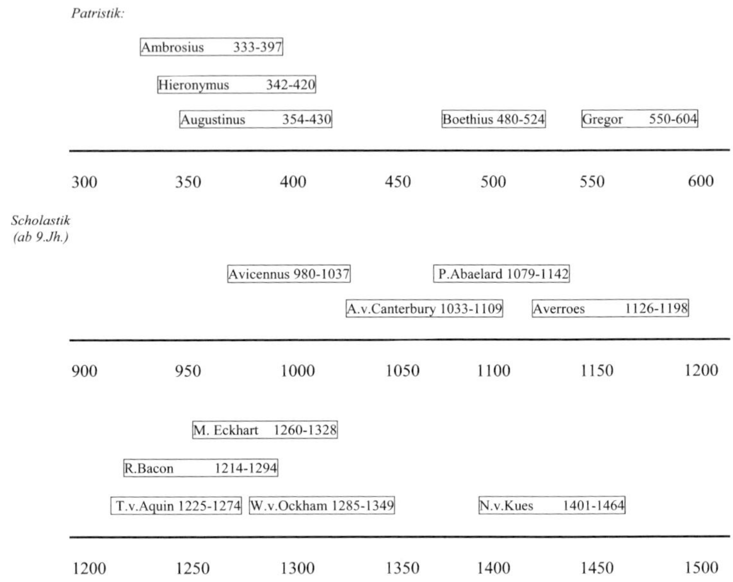

Patristik:

Ambrosius 333-397
Hieronymus 342-420
Augustinus 354-430
Boethius 480-524
Gregor 550-604

300 350 400 450 500 550 600

Scholastik (ab 9.Jh.)

Avicennus 980-1037
P.Abaelard 1079-1142
A.v.Canterbury 1033-1109
Averroes 1126-1198

900 950 1000 1050 1100 1150 1200

M. Eckhart 1260-1328
R.Bacon 1214-1294
T.v.Aquin 1225-1274
W.v.Ockham 1285-1349
N.v.Kues 1401-1464

1200 1250 1300 1350 1400 1450 1500

Die mittelalterliche Philosophie stand ganz im Zeichen der christlichen Kirche, deren Siegeszug die Schließung der *Platonischen* Akademie durch *Kaiser Justinian* im Jahre 529 (rund 900 Jahre nach ihrer Gründung) symbolisierte. Nun durfte in Athen keine Philosophie mehr gelehrt werden. Die Philosophie wurde *zur Magd der Theologie* (*ancilla theologiae*), die im Wesentlichen die Aufgabe hatte, die Lehrmeinungen der *auctoritas = Autoritäten* (Bibel, Werke der Kirchenväter) auszulegen. Vor allem in formaler Hinsicht – Sprachphilosophie, Logik, Begriffsanalyse – entwickelte sich die Philosophie im Mittelalter weiter. Es entstanden in Städten wie Bologna, Paris, Oxford und Köln die für die europäische Geistesgeschichte so wichtigen *Universitäten* als Gemeinschaft von Lernenden *(scholares)* und Lehrenden *(magistri)*.

ancilla theologiae

Patristik

8.2.2

Die erste Phase der mittelalterlichen Philosophie wird *Patristik* genannt, weil bedeutende Kirchenväter (*lat. patres = Väter*) und christliche Lehrer wie Clemens von Alexandria, Origenes, Ambrosius von Mailand, Hieronymus, Gregor der Große und Aurelius Augustinus versuchten den Platonismus (Ideenlehre, Gott als Demiurg, Seelenlehre) mit dem Christentum zu verknüpfen, um so den christlichen Glauben zu stärken. Ihr bedeutendster Vertreter ist zweifellos Aurelius Augustinus, der – beeinflusst von der Gnosis und dem Neuplatoniker Plotin – die Grundlagen für die gesamte mittelalterliche Philosophie schuf.

Definition

Unter der *Gnosis* versteht man verschiedene spätantike Schulbildungen, die einen mystischen Erkenntnisbegriff vertraten. Die Welt sei von einem von Gott abgefallenen Demiurgen geschaffen worden. Deshalb sei sie voller Mängel und Schlechtigkeit. Die materielle Welt – vor allem das Fleisch und die sinnlichen Begierden – seien mit Abscheu zu betrachten, denn sie hätten nichts mehr mit Gott und dem Guten gemein. Dennoch gebe es Grund zur Hoffnung. Eine bestimmte, wenn auch kleine Anzahl von Menschen, sei zur Schau Gottes befähigt. Sie erkennten die Fehler der Welt und befänden sich in einem unmittelbaren Verhältnis zu Gott.

Augustinus lehrte, dass Gott außerhalb der Zeit sei und die Welt aus dem Nichts – *creatio ex nihilo* – geschaffen habe, die Zeit sei keine objektive Kategorie, sondern als Erinnerungsvermögen und Erwartungshaltung von subjektiv geistigem Gehalt.

Zitat

Augustinus über seinen Gottesglauben: „Für mich aber ist es gut, mich an Gott zu halten, denn wenn ich keinen Halt finde in ihm, finde ich ihn schon gar nicht in mir."[7]

[7] Augustinus, Aurelius, Bekenntnisse, Stuttgart 1989, (7/11), S. 185.

Zitat

Augustinus zum Begriff der Zeit: „Was also ist die Zeit? Wenn niemand mich danach fragt, weiß ich es; wenn ich es jemandem auf seine Frage hin erklären soll, weiß ich es nicht.“[8]

Neben Augustinus besaß Boethius für das Mittelalter große Bedeutung. In seinem im Kerker geschriebenen Hauptwerk *Trost der Philosophie* verfasste er seine berühmte Apologie der Philosophie.

Ab dem 9. Jahrhundert beginnt die Periode der mittelalterlichen Scholastik *(schola – Schule, Scholastik – Schullehre)*, die in drei Teile untergliedert wird: Frühscholastik, Hochscholastik und Spätscholastik.

8.2.3 | Scholastik

Merksatz

Die scholastische Lehre hatte zum Ziel, die christlichen Glaubenssätze systematisch auszulegen und sie als mit der Vernunft in Einklang stehend zu erklären. Vor dem Hintergrund von Universitäts- und Ordensgründungen ging es darum, das Wissen der Zeit schulmäßig in das christliche Weltbild zu integrieren. Die Scholastik bezeichnet darüber hinaus eine Methode, mittels derer theologische und philosophische Fragen in Bezug auf die autoritativen Texte der Kirchenväter eingehend diskutiert und ausgelegt wurden.

Anselm von Canterbury („Vater der Scholastik“) war der wichtigste Vertreter der Frühscholastik (8-12 Jh.). Sein Begriff des Glaubens, der nach Einsicht sucht – *fides quaerens intellectum*, wurde zur Leitidee der Epoche. Anselm versuchte die Existenz Gottes rational zu beweisen („*ontologischer Gottesbeweis*“). (vgl.3.2.1)

Durch die Scholastik zieht sich der sogenannte *Universalienstreit* um die Seinsweise der Allgemeinbegriffe:

Erläuterung

Die realistische Position im Universalienstreit, dass das allgemein Wesenhafte der Begriffe auch wirklich vorhanden sei, vertrat Wilhelm von Champeaux (1070-1121). Roscelin von Compiègne (um 1050-1120) steht für die nominalistische Position, wonach ein Allgemeinbegriff lediglich ein von Menschen geschaffener *terminus technicus* sei. Schließlich entwickelte P. Abälard eine Erkenntnistheorie, die schon lange vor Kant auf die Wirklichkeit schaffenden Kräfte des Geistes verwies.

[8] Augustinus, Aurelius, Bekenntnisse, a. a. O., (11/14), S. 314.

Im 12. Jahrhundert wurden durch die Vermittlung über arabische und jüdische Philosophen (Avicenna, Averroes, Moses Maimonides 1135-1204) die Schriften des Aristoteles in Europa bekannt: *„(...) durch Avicenna wurde das Abendland erstmals in die Philosophie eingeführt,“*[9] sodass die mittelalterliche Philosophie insgesamt von einer Interdependenz der Kulturen gekennzeichnet war.[10] Thomas von Aquin schuf in der Hochscholastik (11-12. Jahrhundert) eine weitreichende Synthese zwischen Aristoteles und der christlichen Philosophie, in der die natürliche und gesellschaftliche Wirklichkeit positiv gewertet werden. Glaube und Vernunft sind nach Thomas keine Gegensätze, sondern benötigten einander, um zur Wahrheit zu gelangen. Die Vernunft gehe rastlos über alle konkreten Wissensbeschränkungen hinweg und finde erst im Glauben an Gott ihre Erfüllung. Umgekehrt sei aus der Offenbarung nur zu entnehmen, *dass* Gott die Welt erschaffen habe (quia est), erst die Vernunft zeige, *wie* die Welt beschaffen sei (quomodo est). Die Hauptaufgabe der Vernunft ist nach *Thomas*, die Naturgesetze und den Aufbau der Welt zu erkennen und nicht mehr wie bei *Anselm* die obersten Glaubenssätze zu erläutern. Ein anderer Vertreter dieser Periode, *Raimundus Lullus (1232 -1256)*, arbeitete damals schon an einer formalisierten Sprache (*Ars Lulliana*). Mit Meister Eckhart schließlich wurde die in der mittelalterlichen Philosophie immer schon angelegte Mystik weiter ausgebaut. In der Spätscholastik (14 Jh.) ist schon die beginnende naturwissenschaftlichen Ausrichtung der Neuzeit bei Nikolaus von Kues erkennbar.

Literatur

Decorte, Jos, *Eine kurze Geschichte der mittelalterlichen Philosophie, Paderborn 2006*

Flasch, Kurt, *Das philosophische Denken im Mittelalter, Von Augustin bis Machiavelli, Stuttgart 1986*

Heinzmann, Richard, *Philosophie des Mittelalters, Grundkurs Philosophie Band 7, 2. durchgesehene und erg. Auflage, Stuttgart, Berlin, Köln 1998*

Libera, Alain de, *Die mittelalterliche Philosophie, München 2005*

Schulthess, Peter, Imbach, Ruedi, *Die Philosophie im lateinischen Mittelalter Ein Handbuch mit einem bio-bibliographischen Repertorium, Düsseldorf und Zürich 2000*

[9] Libera, Alain de, Die mittelalterliche Philosophie, München 2005, S. 23.

[10] Vgl. ebenda, S. 26.

8.3 Neuzeit (14. bis 19. Jh.)

Literatur

Friedell, Egon, *Kulturgeschichte der Neuzeit, 2 Bände, München 2001*

Hazard, Paul, *Die Herrschaft der Vernunft, Hamburg 1949*

Polanyi, Karl, *The Great Transformation, Politische und ökonomische Ursprünge von Gesellschaften und Wirtschaftssystemen, Frankfurt am Main 1990*

Paprotny, Thorsten, *Kurze Geschichte der Philosophie der Aufklärung, Freiburg 2005*

Zimmer, Robert, *Philosophie Von der Aufklärung bis heute, Pocket Thema, Berlin 2001*

8.3.1 Zeitleiste

Abb 5

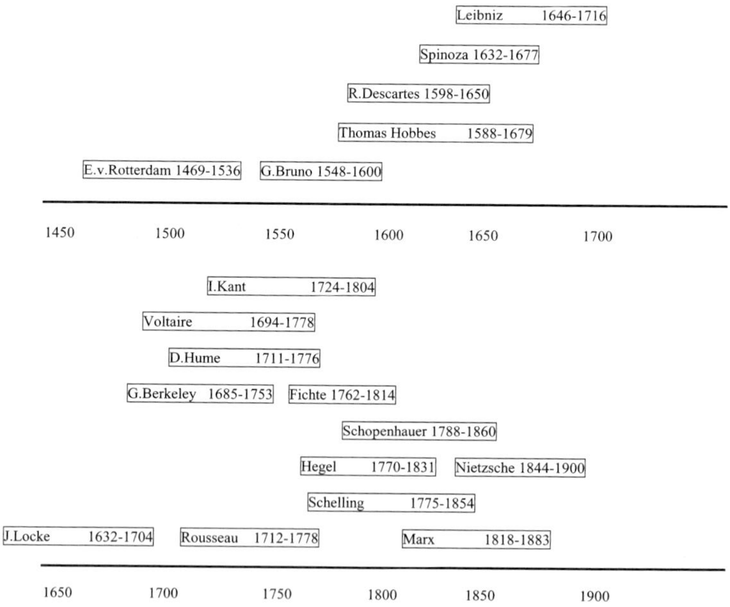

Leibniz 1646-1716
Spinoza 1632-1677
R.Descartes 1598-1650
Thomas Hobbes 1588-1679
E.v.Rotterdam 1469-1536
G.Bruno 1548-1600

1450 1500 1550 1600 1650 1700

I.Kant 1724-1804
Voltaire 1694-1778
D.Hume 1711-1776
G.Berkeley 1685-1753
Fichte 1762-1814
Schopenhauer 1788-1860
Hegel 1770-1831
Nietzsche 1844-1900
Schelling 1775-1854
J.Locke 1632-1704
Rousseau 1712-1778
Marx 1818-1883

1650 1700 1750 1800 1850 1900

In der Philosophie der Neuzeit tritt der Mensch als bewusstes Subjekt der Geschichte und der Erkenntnis hervor. Kennzeichnend sind die enger werdenden Beziehungen der Philosophie zu den Wissenschaften, insbesondere zur mathematischen Naturwissenschaft sowie grundlegende Untersuchungen zum menschlichen Geist und Erkenntnisvermögen. Entdeckungen wie die Lehre des Kopernikus (1473-1543), dass sich die Erde um die Sonne dreht, Keplers (1571-1630) Gesetze der Planetenbewegung sowie die Begründung der modernen Physik durch Galilei (1564-1641) stärkten das Selbstbewusstsein. Die Entdeckungsreisen des Kolumbus, die Erfindung der Buchdruckerkunst des Mainzers J. Gutenberg und die die geistige Vorherrschaft der katholischen Kirche brechende Reformation revolutionierten das europäische Geistesleben.

Nach der Übergangsepoche des *Humanismus* und der *Renaissance* (15./16. Jh.), die zu einer Neuentdeckung der Antike führte, teilt sich die neuzeitliche Philosophie in die beiden Hauptrichtungen des *kontinentalen Rationalismus* und des *britischen Empirismus* (17. Jh.) auf. Das 18. Jahrhundert war das Zeitalter der *Aufklärungsphilosophie*, dem die Systeme des *Deutschen Idealismus* (Fichte, Schelling, Hegel) folgten. Im neunzehnten Jahrhundert stellten schließlich Denker wie Karl Marx, Sören Kierkegaard, Arthur Schopenhauer und Friedrich Nietzsche die Autonomie der Vernunft wieder in Frage. René Descartes gilt mit seinem Ausspruch *„cogito, ergo sum“ – „ich denke, also bin ich“* als der Vater der *neuzeitlichen* Philosophie, die im Wesentlichen *Epistemologie – Erkenntnislehre (episteme, griech. Kenntnis, Wissen, Wissenschaft)* ist. *Rationalisten* wie Descartes, Spinoza und Leibniz räumen den Sinnesorganen im Vergleich zu den angeborenen Verstandesideen nur eine untergeordnete Bedeutung ein. Vorbild für die Erkenntnis seien die Geometrie, Logik sowie die Mathematik. Die britischen Philosophen John Locke, George Berkeley, David Hume schlugen einen anderen Argumentationsweg ein. Für den Begründer des *Empirismus* John Locke entsteht alle Erkenntnis aus der Erfahrung, angeborene Ideen kennt er nicht. Wirkungsmächtig wurde seine Unterscheidung zwischen *primären* und *sekundären Qualitäten* (vgl. 2.1). David Hume vollendete fürs erste den empiristischen Ansatz, indem er den Geist nur noch sensualistisch begriff. Kants *„kopernikanische Wende“* in der Erkenntnistheorie entstand zu einem großen Teil als Reaktion auf Humes Kritik am *Kausalitätsgesetz* und dem *Induktionsschluss* und hatte zum Ziel, das Vertrau-

cogito ergo sum

en in die Leistungsfähigkeit der Wissenschaften wieder herzustellen.

8.3.2 | Aufklärung

Die Aufklärungsphilosophie (17. und 18. Jahrhundert) brachte den wichtigsten Einschnitt in der Philosophie der Neuzeit. Berühmt ist die Definition von Immanuel Kant:

Zitat

Sapere aude

„Aufklärung ist der Ausgang des Menschen aus seiner selbst verschuldeten Unmündigkeit (...) Sapere aude! Habe Mut dich deines eigenen Verstandes zu bedienen! ist also der Wahrspruch der Aufklärung.“[11]

Die französischen Aufklärungsphilosophen Jean-Jacques Rousseau, Voltaire, Denis Diderot (1713-1784), Paul Henri Thiry Baron von Holbach (1723-1789), Julien Offray de La Mettrie (1709-1751), Étienne Bonnot de Condillac (1714-1780), Charles de Montesquieu (1689-1755), Claude Adrien Helvétius (1715-1771) stellten sich konsequent auf einen antimetaphysischen Standpunkt und gaben wesentliche Impulse für die Forderungen der großen *Französischen Revolution: Freiheit, Gleichheit, Brüderlichkeit.* Helvétius vertrat die Auffassung, dass die Menschen ausnahmslos nach Lust strebten und Egoisten seien. Alle Menschen seien von Natur aus gleich, die Unterschiede ergäben sich allein aus der Erziehung. Holbach bekämpfte den Glauben an Gott, die Willensfreiheit, die Seele und die Unsterblichkeit als verhängnisvolle Irrtümer der Menschheit. Concillac steht für einen konsequenten Sensualismus, wonach sich alle Geistesinhalte auf einfache Sinneserfahrungen zurückführen lassen. Denis Diderot und Jean Le Rond d' Alembert leiteten das einzigartige Projekt *„Encyclopédie ou Dictionnnaire raisonné des sciences, des arts et des métiers“*, bei dem es sich um ein wissenschaftliches Konversationslexikon (weitere Mitarbeiter: *Rousseau*, Voltaire *Condillac, Helvétius, Holbach*) mit dem Anspruch handelte, das Wissen der damaligen Zeit zusammenzufassen. Julien Offray de la Mettrie vertrat

[11] Kant, Immanuel, Beantwortung der Frage: Was ist Aufklärung? in Werkausgabe Bd. XI, Herausgegeben von Wilhelm Weischedel, Frankfurt am Main 1977, S. 53.

den radikalen Materialismus, dass der Mensch eine Maschine sei: *„Ziehen wir also den kühnen Schluss, dass der Mensch eine Maschine ist.“*[12] Baron Charles de Montequieu entwickelte in seinem Werk *Vom Geist der Gesetze (Esprit des Lois) 1748* die politische Theorie der Gewaltenteilung (Legislative, Exekutive, Judikative). Voltaires *„Écrasez l'infame“ – Vernichtet die Niederträchtige* (gemeint ist die katholische Kirche) und Rousseaus *„Der Mensch ist frei geboren und trotzdem überall in Ketten“* wirkten im 18. Jh. wie ein Fanal für die Emanzipation des Bürgertums. Die Philosophen der Aufklärung waren wegweisend für die Einforderung der Menschenrechte in ganz Europa.

Unter den Aufklärern nahm Jean-Jacques Rousseau (1712-1778) insofern eine Sonderstellung ein, als er nicht nur die Vormachtstellung des Adels und der Kirche, sondern die gesamte abendländische Kulturentwicklung kritisierte. Im Gegensatz zu dem Intellektualismus der meisten Aufklärer trat Rousseau für die Rechte des Gefühls und des Herzens ein. Seine Forderung: „Zurück zur Natur!“ drückt seine Sehnsucht nach einem Leben unter einfachen und gegenseitig wohlwollenden Menschen aus.

Zitat

> „Der erste, der ein Stück Land eingezäunt hatte und auf den Gedanken kam zu sagen ‚Dies ist mein‘ und der Leute fand, die einfältig genug waren, ihm zu glauben, war der wahre Begründer der zivilen Gesellschaft. Wie viele Verbrechen, Kriege, Morde, wie viele Leiden und Schrecken hätte nicht derjenige dem Menschengeschlecht erspart, der die Pfähle herausgerissen oder den Graben zugeschüttet und seinen Mitmenschen zugerufen hätte: ‚Hütet euch davor, auf diesen Betrüger zu hören. Ihr seid verloren, wenn ihr vergesst, dass die Früchte allen gehören und dass die Erde niemandem gehört!‘“[13]

In seinem *Contract social (1762)* reklamiert Rousseau die Menschenrechte gegenüber dem Staat, der nicht das Privateigentum einer Gruppe oder eines Einzelnen, sondern die Sache des ganzen Volkes sein solle. Rousseau vertrat das Ideal einer direkten Demokratie, in der das souveräne Volk das Recht hat, die Regierenden jederzeit wieder abzuwählen.

---

[12] La Mettrie, Der Mensch eine Maschine, Aus dem Französischen übersetzt von Theodor Lücke, Nachwort von Holm Tetens, Stuttgart 2001, S. 97.

[13] Rousseau, Jean-Jacques, Abhandlung über den Ursprung und die Grundlagen der Ungleichheit unter den Menschen, Stuttgart 1998, S. 74.

Kants Werk *„Kritik der reinen Vernunft" (1781)* ist deshalb ein Epocheneinschnitt in der Philosophie, weil er in einer von ihm so benannten *„kopernikanischen Wende"* die Erkenntnistheorie neu formulierte. Es sei unser Geist, der die Welt nach Raum und Zeit forme und alle Wahrnehmungen nach festgefügten Kategorien ordne. *Kant* unterschied zwischen einer wissenschaftlich erfassbaren Welt der *Erscheinung* (*Phänomenon*) und dem *Ding an sich (Noumenon)*. Die Ideen von *Gott*, der *Unsterblichkeit der Seele* und der *menschlichen Freiheit* ließen sich nicht wissenschaftlich beweisen, jedoch – gegen die französischen Materialisten gewandt – auch keinesfalls widerlegen. Vielmehr müsse man von ihnen als notwendigen Postulaten (*Glaubenssätze*) der moralischen Vernunft ausgehen. Mit seiner Formulierung des kategorischen Imperativs begründete Kant eine von der Religion unabhängige Moralphilosophie, in der der Mensch trotz aller Berücksichtigung der äußeren Erscheinungswelt (Empirie) ein Wesen der Transzendenz ist, das seine Würde aus seinem Innern bezieht, nämlich dem moralischen Gesetz.

Zitat

„Zwei Dinge erfüllen das Gemüt mit immer neuer und zunehmender Bewunderung und Ehrfurcht, je öfter und anhaltender sich das Nachdenken damit beschäftigt: Der bestirnte Himmel über mir, und das moralische Gesetz in mir."[14]

8.3.3 Der Deutsche Idealismus

Johann Gottlieb Fichtes Philosophie begründete in der Folge Kants den *Deutschen Idealismus*, in der die Kraft der Idee, des Selbstbewusstseins und des Geistes zur wichtigsten Grundlage der Wirklichkeit erklärt wurde. In seiner Natur- und Geistphilosophie des *objektiven Idealismus* versuchte Friedrich W. J. Schelling Subjekt und Objekt miteinander zu versöhnen. Mit Georg Wilhelm Friedrich Hegel erreicht der *Deutsche Idealismus* schließlich seinen Höhepunkt. Hegel fasst das Subjekt dynamisch. Während noch in Kants erkenntnistheoretischer Fragestellung die Formen der Anschauung (Raum, Zeit) und des Verstandes (Quantität, Qualität, Relation, Modalität) aller Erfahrung unabänderlich vorausgelagert sind – sie Erfahrung

[14] Kant, Immanuel, Kritik der praktischen Vernunft, in Werke a. a. O., Bd. VII., S. 300.

erst möglich machen und somit das Subjekt die Dinge ihrer Form nach hervorbringt, verschmelzen sich Subjekt und Objekt bei Hegel in eindringlicherer Weise.

Zitat

„In der Aufmerksamkeit, wie Hegel sie fasst, versenkt sich das Ich in die Sache, doch nicht minder die Sache in das Ich, sie wird ihm einverleibt; daher gebraucht Hegel von früh auf für dieses Verhältnis den Begriff, ja die Anschauung des Verzehrens."[15]

Hegel versuchte das gesamte Sein als objektiv vernünftig zu begreifen. In den Worten von Friedrich Engels lautet sein großer Grundgedanke, *„dass die Welt nicht als ein Komplex von fertigen Dingen zu fassen ist, sondern als ein Komplex von Prozessen."*[16] Nach Hegel ist die Wahrheit nicht etwas Vorgegebenes, sondern es komme alles darauf an *„das Wahre nicht als Substanz, sondern eben so sehr als Subjekt aufzufassen und auszudrücken."*[17] Wie Gerhard Gamm ausführt, vertrat Hegel erkenntnistheoretisch eine holistische *(lat. das Ganze betreffende)* Position, wonach das Ganze das Wahre ist: *„Man kann (nach Hegel R.R.) nicht über die Wahrheit oder Falschheit eines Satzes ohne Kenntnis des Kontextes, in dem er steht, urteilen."*[18] Die Philosophie habe aufzuzeigen, wie sich in der Geschichte die gesellschaftliche Wirklichkeit und die Wissenschaften zu immer höheren Stadien der Freiheit und der Erkenntnis entwickelten. *„Die Weltgeschichte ist der Fortschritt im Bewusstsein der Freiheit – ein Fortschritt, den wir in seiner Notwendigkeit zu erkennen haben."*[19] Hegel entwickelte eine wirkungsmächtige Philosophie der *Anerkennung.* Wir suchen – so *Hegel* – die Anerkennung von einem anderen Selbst. Wenn jedoch zwei Selbstbewusstseine aufeinander träfen, käme es zum Kampf um Anerkennung, den derjenige gewinne, der am wenigsten den

Kampf um Anerkennung

[15] Bloch, Ernst, Subjekt – Objekt, Erläuterungen zu Hegel, Frankfurt am Main 1962, S. 41.

[16] Engels, Friedrich, Ludwig Feuerbach und der Ausgang der klassischen deutschen Philosophie, 14. Auflage, Berlin 1972, S. 51.

[17] Hegel, Georg, Wilhelm Friedrich, Phänomenologie des Geistes, Frankfurt am Main/ Wien 1973 2. Auflage, S. 28.

[18] Gamm, Gerhard, Der Deutsche Idealismus, Eine Einführung in die Philosophie von Fichte, Hegel und Schelling, Stuttgart 1997, S. 118.

[19] Hegel, Georg Wilhelm Friedrich, Vorlesungen über die Philosophie der Geschichte, in Werke, a. a. O., Bd. 12 S. 32.

Tod fürchte, während der Besiegte nur unter der Bedingung weiterleben dürfe, von nun an als Knecht für seinen Herrn da zu sein. Hegels Anerkennungsphilosophie wurde in der Folge u.a. von Karl Marx (Klassenkampf), Alexandre Kojève und Jean-Paul Sartre (Existenzielle Bedeutung des Kampfs auf Leben und Tod), Francis Fukuyama[20] (geb. 1945, Kampf um Anerkennung führt zur weltweiten Demokratie) und Axel Honneth (Moralische Grammatik sozialer Konflikte[21]) weiterentwickelt.

Literatur

Gamm, Gerhard, *Der Deutsche Idealismus, Eine Einführung in die Philosophie von Fichte, Hegel und Schelling, Stuttgart 1997*

Hösle, Vittorio, *Philosophiegeschichte und objektiver Idealismus, München 1996*

Sandkühler, Hans J., *Handbuch Deutscher Idealismus, Stuttgart 2005*

8.3.4 | Philosophie im 19. Jahrhundert

Im Gegensatz zu Hegel begriff Karl Marx die materielle Basis und nicht den gedanklichen Überbau als den die ökonomischen und historischen Gesetzmäßigkeiten bestimmenden Faktor.

Zitat

„Die Produktionsweise des materiellen Lebens bedingt den sozialen, politischen und geistigen Lebensprozess überhaupt. Es ist nicht das Bewusstsein der Menschen, das ihr Sein, sondern umgekehrt ihr gesellschaftliches Sein, das ihr Bewusstsein bestimmt."[22] „Wie die Individuen ihr Leben äußern, so sind sie. Was sie sind, fällt zusammen mit ihrer Produktion, sowohl damit, was sie produzieren, als auch damit, wie sie produzieren. Was die Individuen also sind, das hängt ab von den materiellen Bedingungen ihrer Produktion."[23]

Nach Marx bestimmt das Sein das Bewusstsein, das heißt, das Denken der Menschen fußt auf ihren materiellen Grundlagen und Produktionsbedingungen (Technik, Produktivkräfte) bzw. Produktions-

---

20 Fukuyama, Francis, Das Ende der Geschichte, München 1992.

21 Honneth, Axel, Kampf um Anerkennung, Zur moralischen Grammatik sozialer Konflikte, Frankfurt am Main 1992.

22 Marx, Karl, Vorwort zur Kritik der politischen Ökonomie, MEW Bd. 13, S. 8f.

23 Marx, Karl, Engels, Friedrich, Die Deutsche Ideologie, MEW 3, S. 21.

verhältnissen (Eigentumsverhältnisse, rechtliche Regelungen). Die Geschichte begriff Marx als eine Abfolge von Machtkämpfen zwischen den besitzenden und besitzlosen Klassen. Da aufgrund der Konzentration des Kapitals die Masse der Ausgebeuteten immer größer werde, werde es eine Revolution geben, die zur Errichtung einer klassenlosen Gesellschaft (Sozialismus, Kommunismus) führe (vgl. Kap. 3.3.3).

Sören Kierkegaard kritisierte den Glauben an überindividuelle historische Gesetzmäßigkeiten, seien sie durch die Vernunft (Hegel) oder Produktionsgesetze (Marx) bestimmt. Als Vorläufer des Existenzialismus stellte er die Priorität des individuellen Lebensvollzugs gegenüber jeder Theorie heraus. Erkenntnis sei keine *„bloße Kontemplation"*, sondern habe etwas mit einer existenziellen Entscheidung und mit einer Selbstwahl zu tun: *„(...) darum habe ich statt des Ausdrucks ‚sich selbst erkennen' mit Fleiß den Ausdruck ‚sich selbst wählen' gebraucht."*[24] Kierkegaard unterscheidet drei Formen der Selbstwahl: die ästhetische, in der sich das Individuum lediglich als ein genießendes versteht, die ethische, in der es sich an die Gebote der Menschlichkeit hält und die religiöse, in der der Glaube an Gott im Mittelpunkt steht. Bei Arthur Schopenhauer handelt es sich um den wohl erbittersten Gegner Hegels und des Deutschen Idealismus. Für Schopenhauer regiert keineswegs die Vernunft, sondern ein blinder Wille die Welt. Schließlich teilte zwar Friedrich Nietzsche Schopenhauers Skepsis hinsichtlich des modernen Fortschrittsglaubens, versuchte jedoch dessen Pessimismus durch eine das Dasein steigernde Philosophie zu überwinden. Ausgehend von seinem berühmten *„Gott ist tot"* entwickelte Nietzsche in seinem Hauptwerk *Zarathustra* die Lehre vom *Übermenschen* und des *Willens zur Macht*. In Nietzsches Sicht kreist die „Weltgestalt" als ewige Wiederkehr des Gleichen um sich selbst. Es gibt keinen freien Raum zwischen den Dingen. Es gibt nach Nietzsche nur eine in sich verankerte Entladung von Kräftekombinationen. In diesem ewigen Kreislauf gehe es den einzelnen Organismen um den Ausbau ihrer Einflüsse, um Macht. Zentral ist die Lehre von der ewigen Wiederkehr des Gleichen.

Gott ist tot

[24] Kierkegaard, Sören, Entweder/Oder in Gesammelte Werke hg. von Hirsch, Emanuel, Gerdes, Hayo, Zweiter Teil Bd. 2 (II 232), S. 275f.

Zitat

„Wie, wenn dir eines Tages oder Nachts ein Dämon in deine einsamste Einsamkeit nachschliche und dir sagte: ‚Dieses Leben, wie du es jetzt lebst und gelebt hast, wirst du noch einmal und noch unzählige Male leben müssen; und es wird nichts Neues daran sein, sondern jeder Schmerz und jede Lust und jeder Gedanke und jeder Seufzer und alles unsäglich Kleine und Große deines Lebens muss dir wiederkommen, und alles in derselben Reihe und Folge – und ebenso diese Spinne und dieses Mondlicht zwischen den Bäumen, und ebenso dieser Augenblick und ich selber. Die ewige Sanduhr des Daseins wird immer wieder umgedreht – und du mit ihr ‚Stäubchen vom Staube.'" Fröhliche Wissenschaft §341

Nietzsches Modell eines Kreisprozesses des Alls enthält folgende Annahmen: 1. Endlichkeit des Quantums an Energie und ihrer Erhaltung = Erster Hauptsatz der Thermodynamik, 2. Unendlichkeit des Werdens und Vergehens = Zeit-Unendlichkeit. Unter diesen beiden Voraussetzungen postuliert Nietzsche seine Lehre der ewigen Wiederkehr, dass sich nämlich unter der Voraussetzung der zeitlichen Unendlichkeit irgendwann die gleichen Konstellationen der Kräfte und Ereignisse wiederholen müssen. Es handelt sich bei diesem Gedanken Nietzsches um die – seiner Meinung nach – der Welt und dem Leben entgegenzubringende höchste Bejahung und Verehrung. *„Wer nicht an einen Kreisprozeß des Alls glaubt, muß an den willkürlichen Gott glauben – so bedingt sich meine Betrachtung im Gegensatz zu allen bisherigen Theistischen!"* (Notiz aus dem Jahre 1881).

Literatur

Brandt, Reinhard, Sturm, Thomas (Hg.), *Klassische Werke der Philosophie Von Aristoteles bis Habermas, Stuttgart 2002*

Delius, Christoph u.a., *Geschichte der Philosophie von der Antike bis heute, Köln 2000*

Folscheid, Domininque, *Philosophie im Überblick, Von den Vorsokratikern bis zur Gegenwart, Mit einem Beitrag zur analytischen Philosophie von Kathrin Glüer, Freiburg im Breisgau 2000*

Helferich, Christoph, *Geschichte der Philosophie, Von den Anfängen bis zur Gegenwart und Östliches Denken, mit einem Beitrag von Peter Christian Lang, München 1998*

Höffe, Otfried (Hg.), *Klassiker der Philosophie, München 1981*

Höffe, Otfried, *Kleine Geschichte der Philosophie, München 2001*

Jacoby, Edmund, *50 Klassiker Philosophen, Hildesheim 2001*

Magee, Bryan, *Geschichte der Philosophie, Hildesheim 2000*

Ruffing, Reiner, *Einführung in die Geschichte der Philosophie, Paderborn 2004*

Russell, Bertrand, *Philosophie des Abendlandes, Zürich 1950*
Schulte, Günther, *Schnellkurs Philosophie, Köln 2002*
Schupp, Franz, *Geschichte der Philosophie im Überblick, Hamburg 2003*
Skirbekk, Gunnar, Gilje Nils, *Geschichte der Philosophie, Zwei Bände, Frankfurt am Main 1993*
Steenblock, Volker, *Kleine Philosophiegeschichte, Stuttgart 2002*
Stokes, Philip, *100 große Denker und ihre Ideen Von der Antike bis heute, Bindlach 2003*
Störig, Hans Joachim, *Kleine Weltgeschichte der Philosophie, Frankfurt am Main 1997*
Vogt, Matthias, *Dumonts Handbuch Philosophie, Köln 2003*
Weischedel, Wilhelm, *Die philosophische Hintertreppe, München 1979*

Übungsaufgaben

1. Erläutern Sie den Satz: *Vom Mythos zum Logos*!
2. Was nahmen Thales, Anaximenes und Heraklit jeweils als Urstoff an?
3. Wie lautet der *Homo-mensura-Satz* des Protagoras?
4. Unter welcher Anklage wurde Sokrates zum Tode verurteilt?
5. Wie heißen die drei hellenistischen Schulen der Philosophie!
6. Unterscheiden Sie zwischen der realistischen und der nominalistischen Position im Universalienstreit!
7. Mit welchem Ausspruch gilt René Descartes als der Vater der neuzeitlichen Philosophie?
8. Wie lautet Kants Definition der *Aufklärung*?
9. In welchem Bezug stehen nach Marx Sein und Bewusstsein?
10. Unterscheiden Sie die drei Formen der Selbstwahl bei Kierkegaard!

9. Methoden und Richtungen der Gegenwartsphilosophie

Die Gegenwartsphilosophie unterteilt sich in die folgenden Methoden und Richtungen: Analytische Sprachphilosophie, Wissenschaftstheorie, Phänomenologie, Existenzialismus, Hermeneutik, Kritische Theorie, Strukturalismus, amerikanischer Pragmatismus. Als gemeinsamer Fixpunkt in Thematik und Methode lässt sich der Bezug auf die Sprache – *linguistic turn, sprachliche Wende* – feststellen: *„Klarerweise war das zwanzigste Jahrhundert das Jahrhundert der Sprache in der Philosophie (...)“*[1] Schwerpunkte der Philosophie im Zwanzigsten Jahrhundert bilden die Ansätze der analytischen Sprachphilosophie, des Existenzialismus und der Kritischen Theorie.

Linguistic turn

.*Analytische Sprachphilosophie* (Gottlob Frege, Bertrand Russell, Ludwig Wittgenstein): In der analytischen Sprachphilosophie sollen sprachliche Äußerungen genau auf ihren analytischen und tatsächlichen Aussagewert untersucht werden. Welche verschiedenen Behauptungen, Gedanken stecken unter Umständen in einem einzigen Satz? Sinnvolle Sätze bilden in ihrer logischen Form Sachverhalte genau ab. „Unsinnige Sätze“ sind für den Hauptvertreter der analytischen Philosophie, Ludwig Wittgenstein, alle ethischen, ästhetischen, metaphysischen Urteile, da man sie im Sinne der Aussagenlogik nicht eindeutig beweisen kann. Mit dieser Unterscheidung beeinflusste Wittgenstein den Wiener Kreis des logischen Positivismus (Moritz Schlick 1882-1936, Rudolf Carnap 1891-1970, Otto Neurath 1882-1945, Herbert Feigl 1902-1988, Kurt Gödel 1906-1978, Friedrich Waismann 1896-1959). Der *logische Empirismus* unterschied zwischen logisch wahren und empirisch wahren Sätzen und suchte nach einem sogenannten Verifikationskriterium, um metaphysisch *„sinnlose“* von wissenschaftlich verwertbaren Aussagen zu trennen. Später hat Wittgenstein einige seiner logizis-

---

1 Brandom, Robert B., Begründen und Begreifen Eine Einführung in den Inferentialismus, Frankfurt am Main 2001, S. 14. In Anlehnung an die *„sprachliche Wende“* wird seit den 90er Jahren des letzten Jahrhunderts zunehmend der Begriff *iconic turn* benutzt, der die Bedeutung des Bildes in der Nachmoderne betont, vgl. Boehm, Gottfried (Hg.), Was ist ein Bild?, 3. Auflage, München 2001, Flusser, Vilém, Ins Universum der technischen Bilder, 6. Auflage, Göttingen 1999.

tischen Grundannahmen durch eine Handlungstheorie der Sprache (Sprachspiele) ersetzt. Mit diesen Überlegungen beeinflusste Wittgenstein die Oxforder *ordinary language philosophy* (Gilbert Ryle, John L. Austin) und den amerikanischen Pragmatismus (Richard Rorty, Charles Taylor). Aus der sprachanalytischen Schule entwickelte sich die philosophische Disziplin der Wissenschaftstheorie (Karl Popper, Imre Lakatos, Thomas S. Kuhn, Paul Feyerabend).

Existenzialismus: In seinem Hauptwerk „*Sein und Zeit*" 1927 legte Martin Heidegger dar, dass der Sinn des Daseins nicht durch metaphysische Theorien, sondern durch dessen In-der-Welt-sein und Zeitlichkeit (Endlichkeit) bestimmt wird. Die Konstruktion von Theorien jeder Art setze immer schon ein gewisses lebensweltliches Vorverständnis voraus. Wegen seines *Seins zum Tode* müsse sich der Mensch immer wieder neu darauf besinnen (*sich sorgen)*, welche Existenz er führen wolle; er sei *„Das Seiende, dem es in seinem Sein um dieses selbst geht"*. Heidegger kritisierte den europäischen Geist als vom *rechnenden* Denken *behext* und strebte eine grundsätzliche Kehre an, die er mit Begriffen wie *Gelassenheit, besinnlichem Denken* und *Seinlassen* lediglich andeutete. Heideggers Überlegungen, dass sich der Mensch immer schon verstehend im Dasein befinde, arbeitete der Heidelberger Philosoph Hans-Georg Gadamer zu einer allgemeinen philosophischen Hermeneutik (Lehre vom Verstehen, Auslegungskunst) aus. Heideggers Kritik an der neuzeitlichen Bewusstseins- und Subjektphilosophie beeinflusste die Denker des französischen Strukturalismus Michel Foucault und Jacques Derrida. Autoren der Postmoderne Jean-Francois Lyotard, Jean Baudrillard, Gilles Deleuze, Julia Kristeva, Luce Irigary, Emmanuel Lévinas, Paul Ricoeur, Paul Virilio, Gilles Deleuze, Felix Guattari, Pierre Klossowski beziehen sich auf Heideggers Begriff der ontologischen Differenz, das heißt, dass es am Sein neben seiner begrifflichen Bestimmbarkeit immer ein Mehr gibt (etwas Anderes, Rätselhaftes, Unverfügbares).

Hermeneutik

Kritische Theorie (Theodor W. Adorno, Max Horkheimer, Jürgen Habermas): Der *Kritischen Theorie* ging es um eine umfassende Kritik von gesellschaftlichen Entfremdungsverhältnissen in der Moderne. Dass es so weiter geht – so Benjamin – sei die Katastrophe. Adorno und Horkheimer kritisierten das instrumentelle Denken, das alles in Statistiken, Formularen auf den gleichen Nenner zu bringen versuche (Identitätszwang). Einzig in den modernen Kunstwerken sah Adorno gegenüber den Vereinnahmungstendenzen der Kulturindustrie den Vorschein einer besseren Welt. Im Gegensatz dazu gelangt die Zweite Generation der Frankfurter Schule (Jürgen Habermas, Albrecht Wellmer) zu einer ausgewogeneren Analyse der Moderne. In seiner Theorie der kommunikativen Vernunft sieht Jürgen Habermas im gesellschaftlichen Konsens ein ernst zu nehmendes Wahrheitskriterium.

9.1 | Analytische Sprachphilosophie

Vertreter der analytischen Sprachphilosophie sehen in der Sprache den eigentlichen Ausgangspunkt für die Lösung von philosophischen Problemen. Wenn man sich mit der Wahrheit von Aussagen, mit der Begründung von Ansprüchen, Regeln, Werten, Weltbildern befasst, dann geschieht dies in Form von sprachlichen Argumentationen. Deshalb sollten sprachliche Äußerungen genau auf ihren analytischen Aussagewert untersucht werden. Welche verschiedenen Behauptungen, Gedanken stecken unter Umständen in einem einzigen Satz? Wie schaffen es sprachliche Ausdrücke, etwas zu bedeuten (Semantik) und verstanden zu werden. In der Sprachphilosophie herrschte bis zum 20. Jahrhundert das Locke'sche Modell der Zuordnung von Gedanke/Idee und sprachlichem Zeichen vor. Wörter dachte sich Locke als konventionelle Zeichen für Ideen oder von Vorstellungen. Zuerst besitze man die Vorstellung einer Sache und dann „klebe" man ihr gewissermaßen eine passende Bezeichnung an (Sprache als Etikett). Versucht man jedoch jenes ideale Vorstellungsbild, das vor dem Sprachgebrauch liegen soll, zu beschreiben kommen wir – so der Ausgangspunkt der modernen Sprachphilosophie – nicht ohne die Sprache aus.

Es lassen sich innerhalb der analytischen Sprachphilosophie die Richtungen *Philosophie der Idealsprache* (Frege, Russell, Wittgenstein I), der es um die Konstruktion einer Idealsprache, und die *Philosophie der normalen Sprache* (Wittgenstein II, Ryle, Austin), der es um die Aufhellung der Umgangssprache geht, unterscheiden.[2]

---

[2] Vgl. Prechtl, Peter (Hg.), Grundbegriffe der analytischen Philosophie, Stuttgart 2004, S. 156.

Philosophie der Idealsprache

9.1.2

Die Philosophie der idealen Sprache versucht die Sätze der natürlichen Sprache in eine logisch präzise Sprache zu übertragen. Ziel ist es, sprachliche Äußerungen auf ihren exakten Aussagewert (logisch wahr, logisch falsch) hin zu untersuchen und durch die Konstruktion einer Idealsprache alle möglichen Missverständnisse auszuschließen.

Merksatz

„Der Zweck der Übersetzung in eine künstliche Sprache besteht darin, die Aussagen in eine Sprache zu transformieren, deren Aussagen und Aussageformen die Eigenschaft ‚logisch wahr' oder ‚logisch falsch' zugeschrieben werden kann."[3]

Erläuterung

„Ein logische Kunstsprache hilft Missverständnisse zu vermeiden, ein Beispiel von Russell: A sagt zu B, Ich glaubte, deine Yacht sei größer als sie ist. B' s Erwiderung: Nein, meine Yacht ist nicht größer, als sie ist."[4] „Würde man solche Missverständnisse ausräumen können, dann müsste es, so Leibniz, möglich sein bei philosophischen Streitfragen zu sagen ‚kalkulieren wir!'" Es gibt heute logische Kunstsprachen, die zahlreiche Missverständnisse ausschließen können (...)"[5]

Gottlob Frege

Nach Gottlob Frege verwischt die Sprache oft die Reinheit des Gedankens, so wie in der Natur vorkommende Kreise oder Dreiecke nicht den exakten geometrischen Verhältnissen entsprächen. *„Befreiung von der Wortherrschaft mit ihren mannigfaltigen Ausdrucksmitteln, Befreiung auch von den hinterlistigen Täuschungen, die durch die rein grammatischen, jedoch oft nicht logischen Beziehungen zwischen den Begriffen hervorgerufen werden, ist das Ziel Freges. Auf die direkte Darstellung der logischen Beziehungen kam es also an (...)"*[6]

In Freges Symbolschrift[7] sollten die logischen Beziehungen unmittelbar *evident* gemacht werden. Um Genauigkeit zu erzielen unterscheidet er zwischen *Sinn* und *Bedeutung*.

---

3 Ebenda.

4 Liske, Michael-Thomas, Logik, in Griffke, Franz, Herold, Norbert (Hg.), Philosophie, Problemfelder und Disziplinen, Münster 1996, S. 139.

5 Ebenda, S. 140.

6 Trettin, Käthe, Die Logik und das Schweigen, Weinheim 1991, S. 69.

7 Freges Formel für den Satz *Wenn dieser Vogel ein Strauß ist und nicht fliegen kann, dann folgt, dass manche Vögel nicht fliegen* findet sich u. a. in Höffe, Otfried, Kleine Geschichte der Philosophie, München 2001, S. 284 dargestellt.

Erläuterung

Sinn und Bedeutung

Sprachliche Ausdrücke wie Namen (singuläre Termini), Prädikate und Sätze besitzen nach Frege sowohl einem *Sinn* als auch eine *Bedeutung*. Erstens beziehen sich Eigennamen auf etwas: etwa das Wort „Venus" auf den entsprechenden Planeten – Frege nennt diesen Bezug die *Bedeutung* des Ausdrucks – und zweitens stellen sie uns den entsprechenden Gegenstand in einer bestimmten Gegebenheitsweise dar: Es ist ein Unterschied den Planeten Venus einmal als *Abendstern* und zum anderen als *Morgenstern* zu bezeichnen. Beide Male handelt es sich zwar um den gleichen Himmelskörper, aber jeweils in einer anderen Sicht- oder Zugangsweise.

In einer Art der platonischen Ideenlehre nahm Frege an, dass sich Gedanken als solche nicht veränderten, sondern nur ihr Wahrheitswert (z. B. bleibt der Pythagoreische Lehrsatz wahr oder falsch, der Satz, dass sich die Sonne um die Erde dreht bleibt wahr oder falsch). Gedanken wie *„Die Mitte einer gegebenen Strecke"* oder *„Etwas links von der Mitte einer gegebenen Strecke"* brächten einen für alle Zeit verständlichen Wert zum Ausdruck. Ungenaue Sprachverwendung führe jedoch häufig dazu, dass der gemeinte Gedanke nicht richtig erfasst werden kann. Außerdem begründete Frege das Kontextprinzip, wonach wir Wörter nur als potentielle Bestandteile von Sätzen verstehen können.

Kontextprinzip

Bertrand Russell

Frege wollte sowohl die Mathematik als auch die Sprachanalyse in der Logik begründen. In einer Kritik an diesem „logizistischen Programm" wies nun Bertrand Russell darauf hin, dass die Logik für sich genommen in eine Antinomie führe (Russell'sche Antinomie). Am Beispiel des Begriffs *Menge aller Mengen* oder dem *Lügner- Paradoxon* – Ein Kreter sagt: *„Alle Kreter sind Lügner"* – lasse sich zeigen, dass der Begriff der Menge widersprüchlich ist, wenn sich die in Frage stehende Menge auf sich selber bezieht. In der Tradition des englischen Empirismus bezieht sich Russells *logischer Atomismus* anders als Freges *Gedankenplatonismus* mehr auf die Erfahrungswelt. Komplexe Satzaussagen ließen sich – so Russell – in letzte einfache „atomare" Bestandteile auflösen. *„Für ein derartiges Analyseverfahren hat der Grundsatz, von absolut unbestreitbaren Fakten auszugehen, erste Priorität."*[8]

[8] Prechtl, Peter, Sprachphilosophie, Stuttgart, Weimar 1999, S. 94.

Die Welt besteht aus einzelnen Bestandteilen. Die letzten Einheiten (logische Atome) sind entweder Dinge (Individuen) oder Prädikate bzw. Relationen. In der Welt begegnen uns Tatsachen, die wir mit Hilfe sprachlicher Aussagen zu erfassen versuchen. Die Aussage *Es regnet* ist bei einem bestimmten Zustand des Wetters wahr oder falsch.[9] Aus der Zusammensetzung mehrerer atomarer Tatsachen ergäben sich komplexe molekulare Aussagen. So bestehe die Wirklichkeit aus atomaren Tatsachen, die in einer *Idealsprache* wahrheitsfunktionaler Aussagen dargestellt werden können. Zweck der Idealsprache sei es, die Alltagsprache in ein logisches System zu bringen, in dem präzise zwischen wahr und falsch unterschieden werden kann. Fakten wiederum erschließen sich uns nach Russell 1) durch unmittelbare *Bekanntschaft* (Wissen durch Bekanntschaft, z. B. Geräusche, Farben, Gerüche, gewisse Universalien wie „Schwärze", „Verschiedenheit") und 2) durch ein System von *Kennzeichnungen*, über die man Wissen auch über Gegenstände anhand von Beschreibungen und den Mitteln des logischen oder argumentativen Schließens erhalten kann (Wissen durch Beschreibung, z. B. über Bücher, andere Menschen)[10].

Merksatz

Die Wirklichkeit erschließt sich uns nach Russell nur, wenn es uns gelingt, die Kenntnisse, die wir durch Beschreibung erlangen, auf die elementareren Erkenntnisse über Bekanntschaft zurückzuführen.

Wittgenstein I

Im Frühwerk *Tractatus logico-philosophicus (1918)* arbeitete Wittgenstein die Grundprinzipen einer logischen Idealsprache heraus: *„Die Welt ist alles, was der Fall ist. Die Welt ist die Gesamtheit der Tatsachen, nicht der Dinge. (...) Die Welt zerfällt in Tatsachen. (...) Was der Fall ist, die Tatsache, ist das Bestehen von Sachverhalten Der Sachverhalt ist eine Verbindung von Gegenständen (Sachen, Dingen). (...) Wir machen uns Bilder der Tatsachen. (...) Das Bild ist ein Modell der Wirklichkeit.(...) Das Bild stimmt mit der Wirklichkeit überein oder nicht; es ist richtig oder falsch."*[11]

Die Welt ist alles, was der Fall ist

[9] vgl. Prechtl, Peter (Hg.) Grundbegriffe der analytischen Philosophie, Stuttgart, Weimar 2004, S. 25.

[10] Russell, Bertrand, Probleme der Philosophie, Frankfurt am Main 1967, S. 43ff.

[11] Wittgenstein, Ludwig, Tractatus logico-philosophicus, Werkausgabe Bd.1, Frankfurt am Main 1993, S. 11ff.

Merksatz

„Wittgenstein meinte (im Tractatus), dass die logische Idealsprache die Tiefenstruktur der tatsächlichen Sprache, der Normalsprache, ist.“[12]

Wittgensteins These lautet, dass die Welt das ist, was man mit Sprache sagen kann. *„Einen Satz verstehen, heißt, wissen, was der Fall ist, wenn er wahr ist.“*[13] Darüber hinaus beginnt das für uns Unerkennbare und unsagbare Mystische. *„Wovon man nicht sprechen kann, darüber muss man schweigen.“*[14] Wittgenstein meinte zu diesem Zeitpunkt, dass sich die Sprache auf die Welt wie ein Abbild beziehen lasse. So wie eine Schallplatte mit ihren Rillen ein Bild der Musik, so sei ein sinnvoller Satz ein Abbild eines Sachverhaltes. Sinnvolle Sätze bildeten in ihrer logischen Form Sachverhalte genau ab. Sei dies nicht der Fall, dann handele es sich um unsinnige Sätze. *„Unsinnige Sätze“* sind für Wittgenstein ethische und metaphysische – auch die Sätze der Logik selbst –, da sie sich nicht auf Sachverhalte in der Wirklichkeit beziehen, sondern Wertungen sind.

9.1.3 | Philosophie der normalen Sprache

Definition

„In der Philosophie der normalen Sprache wird die Regelkenntnis als Quelle des Sprachverständnis ersetzt durch die Festlegung der Wortbedeutung durch den geregelten Sprachgebrauch.“[15] Die Sprache bildet die Wirklichkeit nicht ab (Idealsprache), sondern Sprache und Welterschließung können nicht voneinander getrennt werden. Die Philosophie der normalen Sprache hat eine philosophietherapeutische Funktion: Viele Probleme, die die Philosophen bisher beschäftigten, seien lediglich Probleme des Sprachgebrauchs.

Wittgenstein II

Sprechen und Handeln sind für den späten Wittgenstein enger miteinander verknüpft, als die Philosophie einer logischen Idealspra-

[12] Gabriel, Gottfried, Ludwig Wittgenstein: Tractatus logico-philosophicus, in: Brandt, Reinhard, Sturm, Thomas (Hg.) Klassische Werke der Philosophie Von Aristoteles bis Habermas, Stuttgart 2002, S. 252.

[13] Anm. 11, 4.024, S. 28.

[14] Ebenda, 7, S. 85.

[15] Vgl. Prechtl, Peter, (Hg.) Grundbegriffe der analytischen Philosophie, Stuttgart 2004, S. 156.

che wahrhaben will. Wittgenstein fragt, mit welchen Mitteln wir denn den logischen Kern der Sprache bloßlegen wollten. Wir könnten es doch nur mit dem groben Instrumentarium der Sprache selbst. *„Es ist uns, als sollten wir ein zerstörtes Spinnennetz mit unseren Fingern in Ordnung bringen."*[16] Philosophische Scheinprobleme entstünden, wenn man Ausdrücke aus der Alltagsprache herausreiße und hinter Wörtern eine hinter ihnen bestehende Wesenheit suche. Es gebe aber keine Wesenheiten der Bedeutung, sondern nur „Familienähnlichkeiten" und „Verwandtschaftsbeziehungen" zwischen den Wörtern. Die Philosophie soll die Regeln von unterschiedlichen Sprachpraktiken – Wittgenstein sagt *Sprach-spielen* – durchleuchten und analytisch erhellen. *„Das Wort ‚Sprachspiel' soll hier hervorheben, dass das Sprechen der Sprache ein Teil ist einer Tätigkeit, oder einer Lebensform. Führe dir die Mannigfaltigkeit der Sprachspiele an diesen Beispielen, und anderen, vor Augen: Befehlen, und nach Befehlen handeln – Beschreiben eines Gegenstands nach dem Ansehen, oder nach Messungen – Herstellen eines Gegenstands nach einer Beschreibung (Zeichnung) – Berichten eines Hergangs – (...) Theater spielen – Reigen singen – Rätsel raten – Einen Witz machen; erzählen – (...) Bitten, Danken, Fluchen, Grüßen, Beten. – Es ist interessant, die Mannigfaltigkeit der Werkzeuge der Sprache und ihrer Verwendungsweisen, die Mannigfaltigkeit der Wort- und Satzarten, mit dem zu vergleichen, was Logiker über den Bau der Sprache gesagt haben. (Und auch der Verfasser der Logisch-Philosophischen Abhandlung.)"*[17]

Sprachspiele

Die Bedeutung eines Wortes sei sein Gebrauch in der Sprache bzw. *„eine Art seiner Verwendung"*.[18] Um dies zu zeigen, benutzt Wittenstein das Bild des Werkzeugkastens. *„Denk an die Werkzeuge in einem Werkzeugkasten: es ist ein Hammer, eine Zange, eine Säge, ein Schraubenzieher, ein Maßstab, (...) – So verschieden die Funktionen dieser Gegenstände, so verschieden sind die Funktionen der Wörter"*.[19] Nicht die Sachverhalte abbildende Logik, sondern der Gebrauch der Wörter entscheide über ihre Wahrheit. Das bedeute nicht, dass der Sprachgebrauch ungeregelt verlaufe. Vielmehr beste-

---

[16] Wittgenstein, Ludwig, Philosophische Untersuchungen, in Werkausgabe Bd. 1, §106, S. 297.

[17] Ebenda, Nr. 23, S. 250.

[18] Wittgenstein, Ludwig, Über Gewissheit, Herausgegeben von G.E.M. Anscombe und G.H. von Wright, Frankfurt a. Main 1992, Nr. 61, S. 24.

[19] Wittgenstein, Ludwig, Philosophische Untersuchungen, a. a. O., Nr.11, S. 243.

he eine *„Entsprechung zwischen den Begriffen ‚Bedeutung' und ‚Regel'"*[20]. Regeln versteht Wittgenstein als eine Art sozialer Gepflogenheiten, das heißt, dass unsere Kenntnis der Bedeutung von Wörtern mit der Beherrschung einer sozialen Praxis zu tun habe, sich also in Beispielen äußert. Wichtig ist nach Wittgenstein also die Praxis unseres Sprechens. *„Um eine Praxis festzulegen, genügen nicht Regeln, sondern man braucht Beispiele. Unsre Regeln lassen Hintertüren offen, und die Praxis muss für sich selbst sprechen."*[21] *„Darum ist ‚der Regel folgen' eine Praxis."*[22] Änderten sich die Sprachspiele, änderten sich die Begriffe *„und mit den Begriffen die Bedeutungen der Wörter."*[23] Einer Sprachregel zu folgen habe weniger mit der Anwendung eines mathematischen Kalküls zu tun, als dass sie einen Sinn für Angemessenheit richtig zu handeln – der traditionell auch Phronesis (Aristoteles) oder Urteilkraft (Kant) genannt wird[24] – erfordere.

Erläuterung

Wenn die Bedeutung eines Wortes in den meisten Fällen sein Gebrauch in einer Sprachgemeinschaft ist, könnte sich als eine mögliche Konsequenz ergeben, dass Wahrheit nicht mehr in Bezug auf fest umrissene Gegenstandsbereiche, sondern nur noch als Quersumme subjektiver Sprachpraktiken interpretiert wird. Wittgensteins Ansatz wurde zur sogenannten Sapir-Whorf-Hypothese, wonach verschiedene Sprachen und Weltbildern unübersetzbar sind und die reale Welt weitgehend auf unbewussten Sprachgewohnheiten der Gruppe beruht, weiterentwickelt.

Ordinary Language Philosophy

Wittgensteins Gebrauchstheorie der Bedeutung beeinflusste die Oxforder *„ordinary language philosophy"* (Gilbert Ryle, John L. Austin, H. Paul Grice, Peter Frederick Strawson). Ryle argumentiert, dass philosophische Probleme aus einem falschen Sprachgebrauch, genauer einem Kategorienfehler, entstünden. Unter einem Kategorienfehler versteht Ryle die Zuweisung eines Begriffs zu einer falschen

[20] Wittgenstein, Ludwig, Über Gewissheit, a. a. O., Nr. 62, S. 25.
[21] Wittgenstein, Ludwig, Über Gewissheit, a. a. O., Nr. 139, S. 44f.
[22] Wittgenstein, Ludwig, Philosophische Untersuchungen, a. a. O., Nr. 203, S. 345.
[23] Wittgenstein Ludwig, Über Gewissheit, a. a. O., Nr. 65, S. 25.
[24] Vgl. Stüber, Karsten, Donald Davidsons Theorie sprachlichen Verstehens, Frankfurt am Main 1993, S. 107.

Kategorie, wenn z. B. ein abstrakter Begriff wie „Mannschaftsgeist" als wirklich existierend und gegenständlich gedacht und damit mystifiziert wird. Einen typischen Kategorienfehler begehe zum Beispiel, *„wer die Bibliothek, die Hörsäle und das Verwaltungsgebäude einer Universität kennen gelernt hat und dann verlangen würde, auch noch ‚die Universität selbst' zu sehen."*[25] Die Substantivierung von Verben wie *denken, fühlen, glauben* verleite uns dazu, so etwas wie einen Gedanken oder ein Gefühl, einen Glauben (im Sinne eines geistigen oder physischen Substrats) anzunehmen. In Wirklichkeit gibt es aber nach Ryle nur Dispositionen zu *denken, fühlen* und zu *glauben*, die sich in entsprechenden Handlungen äußerten. Wörter, die Gefühle und Gedanken bezeichneten, bezögen sich deshalb nicht auf Gegenstände, sondern auf das menschliche Verhalten *(methodischer bzw. logischer Behaviorismus).* Die Descart'sche *„res cogitans"* bezeichnet Ryle als in Wirklichkeit nicht vorhandenes *„Gespenst in der Maschine"*. Bestimmbar seien allein Verhaltenswahrscheinlichkeiten *(Dispositionen)* von Handlungs- und Verhaltensweisen. Wenn wir jemanden als „willensstark" bezeichnen, heiße das nicht, es gebe einen im Körper irgendwie gearteten versteckten Homunculus – das Ich, der Geist, das Wesen –, der diesen Menschen antreibt oder umtreibt, sondern es handele sich dabei lediglich um eine durch Erfahrung bestätigte Vermutung, dass sich dieser Mensch in gewissen Situationen so und nicht anders verhält. Ryle trat dafür ein, die Sprache daraufhin zu untersuchen, wie sie uns in ihren Wörtern oder Satzkonstruktionen zur metaphysischen Spekulation „verhexe".

Gespenst in der Maschine

Sprechakttheorie

Wittgensteins Thesen zur Sprachpragmatik wurden in den Sprechakttheorien von John Langshaw Austin (1911-60) und John R. Searle (geb. 1932) fortgeführt. Als Begründer der Sprechakttheorie[26] hob Austin in den 50er Jahren den Handlungscharakter der Sprache hervor und unterschied bei den Äußerungen eines Sprechers zwischen einem *lokutionären* (die Äußerung als solche), *illokutionären* (eigentliche Sprachhandlung wie behaupten, fragen, befehlen) und ei-

[25] Pauen, Michael, Grundprobleme der Philosophie des Geistes Eine Einführung, Frankfurt am Main 2001, S. 84.

[26] Austin, John L. Zur Theorie der Sprechakte (How to do things with Words), Deutsche Bearbeitung von Eike von Savigny, 2. Auflage, Stuttgart 1979.

nem *perlokutionären* (den Effekt anzeigenden) Akt. Austin stellte als erster die Forderung nach einer Theorie sprachlicher Handlungen, *„die vollständig und allgemein darlegt, was man tut, wenn man etwas sagt.“*[27] John R. Searle entwickelte Austins Ansatz in seinem Buch *Speech acts* aus dem Jahre 1969 (deutsch: Sprechakte 1971) zu einer Taxonomie illokutionärer Akte weiter. Dabei sind für Searle das Prinzip der Ausdrückbarkeit (alles, was man meinen kann, muss man auch sagen können) und der Konventionalität der Sprechakte (Sinn ergibt sich nicht aus der Sprecherintention, sondern ist sozial festgelegt) wichtig.[28]

Eike von Savigny fasst den Ansatz der Philosophie der normalen Sprache zusammen:

Zitat

„Ihr kennzeichnendes Merkmal ist, bei der Arbeit an philosophischen Problemen Untersuchungen unserer alltäglichen Sprache zur Basis der Argumentation zu machen. Eine Philosoph dieser Richtung, der am Problem der Willensfreiheit arbeitet, fragt sich zuerst: ‚Wie werden die Ausdrücke Zwang, ich will das tun, Entscheidung, Absicht, er ist verantwortlich normalerweise gebraucht?‘ (...) Was können solche Untersuchungen der Philosophie nützen? Sie können ihr nützen; und zwar haben sie eine vierfache Funktion: Sie können Probleme klären, Probleme beseitigen, Probleme lösen und schließlich die Lösung für Probleme finden helfen. Wir sprechen von der klärenden, therapeutischen, der beweisenden und der heuristischen* Funktion philosophischer Untersuchungen der normalen Sprache.“[29]

*Heuristik: vorläufige Annahme zum Zweck des Umgangs mit einem noch nicht hinreichend erforschten Gegenstand

Literatur

Bermers, Christian (Hg.), *Sprachphilosophie (zusammengestellte Texte) München 1999*

Holzer, Horst, Steinbacher, Karl, *Sprache und Gesellschaft, Hamburg, 2. Auflage 1975*

Krämer, Sybille, *Sprache, Sprechakt, Kommunikation, Sprachtheoretische Positionen des 20. Jahrhunderts, Frankfurt am Main 2001*

Prechtl, Peter, *Sprachphilosophie, Stuttgart 1999*

Prechtl, Peter, (Hg.) *Grundbegriffe der analytischen Philosophie, Stuttgart 2004*

Savigny, Eike von, (Hg.) *Philosophie und normale Sprache, Texte der Ordinary-Language-Philosophie, München 1969,*

---

[27] Austin, John L. Performative und konstative Äußerungen in: Bubner, Rüdiger (Hg.), Sprache und Analysis, Göttingen 1968, S. 153.

[28] Vgl. Schlieben-Lange, Linguistische Pragmatik, 2. überarbeitete Auflage 1979, S. 38.

[29] Savigny, Eike von (Hg.), Philosophie und normale Sprache, Texte der Ordinary-Language-Philosophie, München 1969, S. 7f.

Savigny, Eike von, *Die Philosophie der normalen Sprache Eine kritische Einführung in die „ordinary lanquge philosophy“*, Frankfurt am Main 1969

Schnädelbach, Herbert, *Analytische und postanalytische Philosophie, Vorträge und Abhandlungen 4*, Frankfurt am Main 2004

Wellmer, Albrecht, *Sprachphilosophie Eine Vorlesung*, Frankfurt am Main 2004

Lektüreempfehlungen

Wittgenstein Tractatus *(Vorwort und Nr. 1 und 2), Philosophische Untersuchungen (Vorwort, bis Nr. 32)*

Frege: *Sinn und Bedeutung*

Russell: *Über das Kennzeichnen*

Austin, *Zur Theorie der Sprechakte*

Carnap, *Mein Weg in die Philosophie, Kapitel, Der Wiener Kreis*

Wissenschaftstheorie 9.2

Bei der Wissenschaftstheorie handelt es sich um eine philosophische Disziplin, die zu klären versucht, was man unter Wissenschaft zu verstehen hat. Sie untersucht die Voraussetzungen, Methoden, Kriterien wissenschaftlicher Erkenntnis.

Logischer Positivismus 9.2.1

Protokollsätze

Der logische Positivismus des Wiener Kreises (Moritz Schlick 1882-1936, Rudolf Carnap 1891-1970, Otto Neurath 1882-1945, Herbert Feigl 1902-1988, Kurt Gödel 1906-1978, Friedrich Waismann 1896-1959) versucht die Philosophie auf eine Wissenschaftstheorie logischer Sätze zurückzuführen. Dabei unterscheidet der logische Positivismus, auch logischer Empirismus, Neopositivismus genannt, zwischen *logisch* wahren und *empirisch* wahren Sätzen und sucht nach einem sogenannten Verifikationskriterium (lat. *verus* – wahr und *facere* – tun, Überprüfung, Beweis der Wahrheit eines Satzes), um metaphysisch „sinnlose“ von wissenschaftlich verwertbaren Aussagen zu trennen. Wissenschaftlich ist eine Theorie, wenn sie auf Logik bzw. prinzipiell überprüfbaren Tatsachenbehauptungen, den sogenannten „Protokollsätzen“, basiert. In der Programmschrift „*Wissenschaftliche Weltauffassung – Der Wiener Kreis*“ aus dem Jahr 1929 wurde das Ziel einer naturalistischen Einheitswissenschaft ohne jegliche Metaphysikanteile formuliert.

In Carnaps Konstitutionssystem sollten alle Begriffe auf bestimmte Basisbegriffe, die wiederum Elementarerlebnissen entsprächen, zurückgeführt werden können. Aussagen könnten nur dann als „sinnvoll" gelten, wenn sie a) einer inneren Logik entsprächen oder b) sich empirisch überprüfen ließen. Es sei unsinnig, sich mit Themen wie dem Sein oder dem Nichts zu beschäftigen, da Wörter wie „sein" und „nichts" nur als Hilfsverb bzw. Adverb sinnvoll zu gebrauchen seien. Logisch sinnvoll könne der Ausdruck „nichts" nur verwendet werden, wenn es darum gehe, die Existenz eines Dinges bzw. Sachverhaltes zu verneinen, etwa zu entscheiden, ob es regnet oder nicht. „Dass es regnet" sei wiederum über einen Protokollsatz zu verifizieren. Demgegenüber führt die Substantivierung von Wörtern wie Sein und Nichts nach Carnap lediglich zu Scheinproblemen, wie er am Beispiel des Realismus-Idealismus-Streites erläutert. Suchten z. B. zwei Forscher einen Berg in Afrika, werden sie ungeachtet, ob sie die Existenz einer vom Bewusstsein unabhängigen Außenwelt philosophisch bejahen (Realismus) oder verneinen (Idealismus) bezüglich der empirischen Daten zu übereinstimmenden Ergebnissen kommen: Der Berg liegt z. B. in einem bestimmten Koordinatensystem, hat eine messbare Höhe, aus ihm entspringt eine Quelle usw. Diese Fragen ließen sich verifizieren, während sich die Frage nach der Realität der Außenwelt prinzipiell einer Verifizierung entziehe und deshalb nach Carnap „sinnlos" sei. Carnap wollte alle Begriffe auf ihre unmittelbare Grundlage in der Erfahrung zurückführen. Er glaubte an eine wissenschaftliche Einheitssprache (Idealsprache), die vollständig logisch durchkonstruiert sinnlose Phrasen eliminiere.

9.2.2 | Kritischer Rationalismus (K. Popper)

Definition

Unter dem *Kritischen Rationalismus* versteht man die vor allem von Karl R. Popper vertretene Theorie, wonach wissenschaftliche Erkenntnis nicht endgültig bewiesen, wohl aber widerlegt (falsifiziert) werden kann.

Der Begründer des Kritischen Rationalismus, Karl R. Popper (1902-94), verwirft das Prinzip der Verifikation durch Induktion (Schluss vom Einzelnen aufs Gesetzmäßige), da aus Beobachtungen keine universell gültigen Sätze hergeleitet werden könnten. Wenn man bisher nur weiße Schwäne gesehen habe, gebe das nicht das Recht, darauf zu schließen, dass alle Schwäne weiß seien: schon der nächste Schwan könne von einer anderen Farbe sein. Allgemeingültige Sätze ließen sich nicht beweisen, wohl aber falsifizieren. Popper fand in der Falsifikation ein Kriterium, das den Forschritt in den Wissenschaften erklären könne. Eine Hypothese oder Vermutung sei durch Beobachtungen niemals ganz zu verifizieren, jedoch durch Gegenbeispiele wirksam falsifizierbar. In der Wechselwirkung von Hypothesen und ihrer empirischen Überprüfung durch Fehlerelimination sieht Popper das Wesen der wissenschaftlichen Forschung.

Falsifikationsprinzip

Zitat

„Theorien sind nicht verifizierbar, aber sie können sich bewähren."[30]

Nach Popper ist jedes Verhalten von Erwartungshaltungen oder Vorurteilen geleitet, deren allgemeinste Methodologie diejenige von Versuch und Irrtum ist. Dieses Prinzip kennzeichne die gesamte Evolution und sei beim Menschen zu einem Höchststand gebracht. *„Der Hauptunterschied zwischen Einstein und einer Amöbe (...) ist der, dass Einstein bewusst auf Fehlerbeseitigung aus ist"*, heißt es bei Popper. So ergibt sich folgende Formel für den wissenschaftlichen Fortschritt: *P1 – VT – FE – P2*, wobei P für Problem, VT für Versuchstheorien und FE für Fehlerelimination steht[31]. Kennzeichen einer wissenschaftlichen Theorie sei, dass sie sich bewusst der Überprüfung stellt, indem sie Bedingungen angibt, unter denen sie als falsifiziert gelten kann. Das unterscheidet sie sowohl von der Metaphysik als auch von Pseudowissenschaften wie der Psychologie und dem Marxismus.

Literaturempfehlung: *Popper, Karl R.*, Ausgangspunkte Meine intellektuelle Entwicklung, Hamburg 1995, Kap. 8, 10, 17, 29, *Karl R. Popper Lesebuch*, Tübingen, 2000, Kap. 1,5; 1,8; 2,9; 2,13.

Thomas S. Kuhn

9.2.3

Gegen Poppers objektiv-kumulativen Fortschrittsbegriff in den Wissenschaften wendet sich Thomas S. Kuhn. Die Wissenschaft schrei-

[30] Popper, Karl R., Logik der Forschung, Wien 1934, S. 198.
[31] vgl. Popper, Karl R., Objektive Erkenntnis, Hamburg 1973, Kapitel 3 und 8.

te nicht gleichmäßig fort, sondern bewege sich in Brüchen und mitunter radikalen Veränderungen in den Auffassungsweisen. Annahmen über den Wahrheitsgehalt einer Theorie seien aus der Siegerperspektive des jeweiligen Weltbildes geschrieben. Kuhn zufolge sind das antike, das mittelalterliche und das moderne Weltbild *inkommensurabel* (nicht miteinander vergleichbar). In der Wissenschaftsentwicklung stünden sich wie in der Kunstgeschichte – Kuhn wurde nach eigenen Angaben in seiner Auffassung durch die *„Geschichtsschreibung der Literatur, Musik, bildenden Kunst, Politik und vieler anderen menschlicher Tätigkeiten“*[32] inspiriert – verschiedene Paradigma bzw. verschiedene Vernunftformen unversöhnlich gegenüber. Wenn eine bestimmte *disziplinäre Matrix* vorherrsche, spricht Kuhn von Normalwissenschaft, erfolgt ein Umbruch im Wissenschaftsstil nennt er ihn *Paradigmenwechsel.* Welches Paradigma sich schließlich durchsetze, entschieden Forscher untereinander, die dabei nicht immer vor Intrigen, Tricks und Verleumdungen zurückschreckten. Auch Generationenfragen spielten eine Rolle; oft sei es einfach so, dass jüngere einen anderen Wissenschaftsstil, andere Leitfragen, Interessensgebiete usw. als ältere Forscher bevorzugten.

Kuhns Thesen:

Wissenschaftsparadigma

1. Die Wissenschaft unterscheidet sich von der Kunst und der Philosophie dadurch, dass sich Forscher in ihrem Fachgebiet über bestimmte Standards (Paradigma) haben einigen können. Insofern sei die Ökonomie eher eine Wissenschaft als die Soziologie, weil die Ökonomen sich im Gegensatz zu den Soziologen zumindest über einige Parameter ihres Faches geeinigt hätten.
2. Die Wissenschaft hebt nicht mit der Methode der bewussten Fehlereliminierung an (Popper), sondern zuerst steuerten einzelne Forscher kreative Entwürfe bei. Erst nachdem sich eine Theorie bei einer Forschergemeinde durchgesetzt hat, kann von Wissenschaft gesprochen werden. Es ist mehr als bezeichnend, wenn von der Wissenschaft als einer Disziplin die Rede ist, da eben alles darauf ankommt, dass Forscher gemeinsam ein bestimmtes Paradigma vertreten.

---

[32] Kuhn, Thomas, S., Die Struktur wissenschaftlicher Revolutionen, Zweite revidierte und um das Postskriptum von 1969 ergänzte Auflage, Frankfurt am Main 1976, S. 220.

3. Ist das Paradigma gefunden, beginnt die Normalwissenschaft; d. h. Wissenschaftler bearbeiteten nun auf einer festen Grundlage die entstehenden Probleme. Kuhn nennt diese Arbeit eine Art Rätsellösen und vergleicht die Arbeit des Wissenschaftlers mit der an einem großen Puzzle.
4. Wird die Normalwissenschaft von einem anderen Paradigma in Frage gestellt, beginnt die Phase der wissenschaftlichen Revolution. Ob sich dabei das „richtigere" Paradigma durchsetze, sei eine rhetorische Frage, da ja in jedem Fall die Sieger des Wissenschaftsstreites ihre Argumentation als die richtigere beschreiben würden.
5. Kuhn kommt in seinem Wissenschaftsverständnis ohne den Begriff der Wahrheit oder Wahrheitsähnlichkeit aus. Wissenschaft wie Evolution schreiten zwar fort, jedoch nicht kumulativ, sondern ohne Plan und ohne Ziel, weder vorgegeben von Gott noch von der Natur.

Literaturempfehlung: Kuhn, Thomas, S., Die Struktur wissenschaftlicher Revolutionen, Zweite revidierte und um das Postskriptum von 1969 ergänzte Auflage, Frankfurt am Main 1976, Kapitel VII – X.

Paul Feyerabend | 9.2.4

Paul K. Feyerabend gilt als Anarchist unter den Wissenschaftstheoretikern. Weder die Philosophie noch die Wissenschaften seien als *„klar definiertes, homogenes Tätigkeitsfeld"*[33] definiert. In der westlichen Kultur – so Feyerabend – würden die Naturwissenschaften maßlos überschätzt und vom Staat viel zu einseitig gefördert. Überall werde auf kognitive und methodische Fähigkeiten gesetzt, während die musischen Fächer an Bedeutung verlören. Doch in Wahrheit gebe es keine allgemeingültige Methode, fast alle wissenschaftlichen Innovationen seien gerade dadurch zustande gekommen, dass geltende methodische Maßstäbe verletzt worden seien.

Feyerabends Thesen:
1. Moderne Wissenschaft folgt keineswegs einer klar umgrenzten Methode oder einer Logik der Forschung. Vielmehr legen Wissen-

[33] Feyerabend, Paul K., Die Torheit der Philosophen, Dialoge über Erkenntnis, Frankfurt am Main 1997, S. 153.

schaftler bei der Herausarbeitung und Stützung ihrer Theorie – zum Beispiel dem Falsifikationsprinzip – nur untergeordnete Bedeutung bei. *„Wenn wir den Falsifikationismus entschlossen und rücksichtslos anwenden würden, würde er die Wissenschaft, wie wir sie kennen, fast völlig auslöschen.“*[34] Anstatt sich mit Einwänden auseinander zu setzen neigten Forscher eher dazu, empirische Widersprüche hinwegzudiskutieren bzw. benutzten alle ihnen zur Verfügung stehenden taktischen und rhetorischen Mittel, um ihre eigenen Annahmen zu stützen und die Argumente konkurrierender Hypothesen zu bekämpfen.

2. In gravierenden Fällen wie bei der Ablösung des ptolemäischen durch das kopernikanische Weltbild oder Einsteins Umwandlung von Newtons Physik schafften unterschiedliche Paradigmen eine völlig neue ontologische Situation. In einem solchen Streit gehe es nicht nur um die reine Wissenschaft, sondern darüber hinaus um die Anhängerschaft zu unterschiedlichen Weltentwürfen und Anschauungsweisen. Eine Diskussion über einen irgendwie gearteten größeren Wahrheitswert der miteinander konkurrierenden Entwürfe hielt Feyerabend wie Kuhn (Inkommensurabilitätthese) für gegenstandslos.
3. Popper behauptet, dass der Ausgangspunkt bei der Erkenntnissuche ein bestimmtes die Menschen bedrängendes Problem sei. Probleme werden aber, so Feyerabend, unterschiedlich interpretiert und in der Wissenschaftsgeschichte häufig oder sogar meistens unbeantwortet beiseite geschoben. Wissenschaft entwickele sich vergleichbar mit der Kunst infolge der Innovationskraft von Künstlern und Wissenschaftlern zwar weiter, wir verfügten aber in beiden Fällen nicht über ein objektives Kriterium bestimmte Entwürfe gegenüber anderen zu privilegieren. Hinzu komme, dass ad acta gelegte Thesen (wie im Falle des Atomismus von Demokrit) irgendwann einmal wieder eine neue Strahlkraft entfalten könnten, sodass es keine Sicherheit gebe, ob ein kühner Entwurf wirklich endgültig widerlegt sei.

anything goes

Feyerabend fordert einen *Pluralismus* in der Wissenschaftsmethodologie – *„anything goes“* –, damit keine Einschränkung der Kreativität eintritt. Es sei manchmal sinnvoll, herkömmliche Regeln außer Kraft zu setzen. Wissenschaft und Kunst seien gar nicht so weit auseinander, insofern Künstler einen Kunststil und Wissenschaftler einen be-

[34] Feyerabend, Paul, Zeitverschwendung, Frankfurt am Main 1997, S. 125.

stimmten Wissenschaftsstil pflegten. „*Wahrheit ist, was der Denkstil sagt, dass Wahrheit sei.*“[35] In einer wirklich freien Gesellschaft herrsche kein staatlich verordneter Rationalitätszwang. Alle Traditionen, ob Astrologie, Voodoo-Praktiken, Therapieformen (Akupunktur u. ä.) haben in ihr ihre Bedeutung. Trotz seiner Rationalitätskritik war Feyerabend kein prinzipieller Gegner der Vernunft: „*Ich habe nie die Vernunft ‚heruntergemacht‘, was immer das heißen mag, sondern nur eine versteinerte und überhebliche Version von ihr.*“[36]

Literaturempfehlung: *Paul Feyerabend*, herausgegeben und mit einem biographischen Essay versehen von Malte Oberschelp, Freiburg 2002

Erläuterung

Kritik an der historisch-soziologischen Sicht der Wissenschaft übt der ‚Methodische Konstruktivismus‘ der *Erlanger Schule* um Paul Lorenzen (1915-1994), Wilhelm Kamlah (1905-1976) und Jürgen Mittelstrass (geb. 1936). Gegen den Relativismus hält die *Erlanger Schule* daran fest, dass man von einigen elementar unstrittigen Ausgangspunkten in unserem Sprachgebrauch wissenschaftliche Aussagen methodisch einwandfrei in einer Konsenstheorie der Wahrheit begründen kann. „*Der Beschluss alles Argumentieren noch einmal von Anfang an zu überprüfen, führt auf die Frage, wo ein Anfang zu machen sei. Als Antwort wird vorgeschlagen, bei den einfachsten Sätzen anzufangen.*“[37] So gilt für die *Erlanger Schule* zum Beispiel eine „*Elementaraussage, (...) ‚Der Vogel singt‘, (...) dann als wahr, wenn ihr jeder Sachkundige, ‚Normalsinnige‘ und Gutwillige zustimmen würde.*“[38] Wissenschaftliche Theorien haben die Aufgabe, vorwissenschaftliche Praxisformen zu erhellen und von ihnen ausgehend methodisch zirkelfreie Modelle zu erstellen. Dazu entwickelte Paul Lorenzen Regeln des vernünftigen Argumentierens.[39]

Literatur

Janich, Peter, *Kleine Philosophie der Naturwissenschaften, München 1977*

Poser, Hans, *Wissenschaftstheorie, Eine philosophische Einführung, Stuttgart 2001*

Schülein, Johann August, Reitze, Simon, *Wissenschaftstheorie für Einsteiger 2. Auflage 2005*

Seiffert, Helmut. *Einführung in die Wissenschaftstheorie, 4 Bände, München 1969ff*

Stegmüller, Wolfgang, *Hauptströmungen der Gegenwartsphilosophie 4 Bände, 3. Auflage, Stuttgart 1965, 6. Auflage 1979*

[35] Feyerabend, Paul, Wissenschaft als Kunst, Frankfurt am Main 1984, S. 77.

[36] Feyerabend, Paul, Zeitverschwendung, a. a. O., S. 182.

[37] Lorenzen, Paul, Theorie der technischen und politischen Vernunft, Stuttgart 1978, S. 21.

[38] Höffe, Otfried, Kleine Geschichte der Philosophie, München 2001, S. 299.

[39] Lorenzen, Paul, Theorie der technischen und politischen Vernunft, Stuttgart 1978, S. 4-58.

9.3 | Phänomenologie

Definition

Die phänomenologische Denkmethode betont die Bedeutung der unmittelbaren Erfahrungswelt als Ausgangspunkt für die Theoriebildung. Erscheinungen sollen ernst genommen und nicht sogleich unter abstrakt Begriffliches subsumiert werden.

9.3.1 | Edmund Husserl

Begründet wurde die Phänomenologie von Edmund Husserl, der auf eine Bestimmung Franz Brentanos (1838-1917) zurückgriff, wonach im Unterschied zu physikalischen Phänomenen Gedanken, indem sie sich auf die Gegenstände der Welt beziehen, immer schon auf etwas gerichtet seien. Brentano nannte dieses charakteristische Merkmal des Mentalen *Intentionalität*. Husserl bezeichnete solche sinnbildenden Akte mit dem Begriff der *noesis*, während er den Sinngehalt *noema* nannte (*noesis* und *noema* sind beides griechische Ausdrücke und bedeuten *Gedanke, Sinn*), wobei er glaubte, dass es im Hinblick auf die verschiedenen Gegebenheitsweisen des Gegenstandes eine sich durchhaltende Identität – einen „noematischen Kern" – gebe. Mit seinem berühmten Aufruf *„zu den Sachen selbst"* und dem Begriff *„Lebenswelt"* als Urgrund, aus dem alles Denken entspringe, versuchte Husserl möglichst unbelastet von den neuzeitlichen Wissenschaften die ursprüngliche Erscheinungsform der Dinge – die Phänomene selbst – in den Blick zu bekommen.

Intentionalität

Merksatz

„Phänomenologie lässt sich von Beginn an als Aufklärung über die wahre, tatsächliche Konstitution unseres Welt- und Selbstverständnisses im Gegensatz zu und in kritischer Absetzung von falschen theoretischen wie alltäglichen Deutungen und Auffassungen verstehen. Sie richtet sich mit ihrer Methode sowohl gegen eine falsche Wissenschaftsgläubigkeit – gegen einen szientistischen Objektivismus – wie auch gegen alle Formen des Subjektivismus z. B. in Gestalt eines Psychologismus oder Irrationalismus."[40]

Soziologismus, Psychologismus und Historismus führten gegen Ende des 19. Jahrhunderts zu einer Überbewertung des rein Faktischen. Im Unterschied dazu betonte Husserls Phänomenologie ei-

[40] Rentsch, Thomas Phänomenologie als methodische Praxis, in: Rohbeck, Johannes, (Hg.), Denkstile der Philosophie, Dresden 2002, S. 12.

nen von dem Erscheinenden unabhängigen Bereich des logisch Gültigen. Zunächst müssten die Phänomene möglichst unbefangen betrachtet werden, z. B. die Farbe Rot: *„Ich habe eine Einzelanschauung, oder mehrere Einzelanschauungen von Rot, ich halte die reine Immanenz fest, ich sorge für phänomenologische Reduktion. Ich schneide ab, was das Rot sonst bedeutet, (...) und nun vollziehe ich rein schauend den Sinn des Gedankens Rot überhaupt (...)*“[41] So bekomme man *evidente* Einsicht über das Phänomen Rot. Wichtig sei, dass das Phänomen zuerst als Bewusstseinsakt und nicht wissenschaftlich beschrieben werde.

Zitat

> „Also möglichst wenig Verstand, aber möglichst reine Intuition; (intuitio sine comprehensione); wir werden in der Tat an die Reden der Mystiker erinnert, wenn sie das intellektuelle Schauen, das kein Verstandeswissen ist, beschreiben. Und die ganze Kunst besteht darin, rein dem schauenden Auge das Wort zu lassen und das mit dem Schauen verflochtene transzendierende Meinen,(...) und ev. das durch hinzukommende Reflexion Hineingedeutete auszuschalten.“[42]

Sämtliche Existenzannahmen, die Frage nach Gott, der Materie usw. sollten in einer *epoché* (griech. Zurückhaltung) zunächst einmal ausgeklammert werden, um sich beim Philosophieren nur auf den Bewusstseinsinhalt konzentrieren zu können. Das Wesentliche versuchte Husserl möglichst intuitiv am Phänomen und nicht über mathematische Vergleichsverfahren zu erfassen. Husserls Phänomenologie wurde von vielen wie eine Befreiung vom neuzeitlichen Wissenschaftsideal, Erscheinungen kurzerhand auf physiologische, kulturelle oder sonstige determinierende Größen kausal zurückzuführen, verstanden. *„Von Husserl ist bekannt, dass er seinen Studenten in den frühen Göttinger Jahren kleine Gegenstände auf das Pult legte, die sie zu Übungszwecken beschreiben sollten. Er hielt lange Vorlesungen über einen unscheinbaren Göttinger Abhang.(...) Genaue Beschreibung ist eine (...) Grundvoraussetzung für jede ‚höherstufige‘ Form der Weltorientierung und Welterschließung: für Berichte, für journalistische und literarische Schreibarten, schließlich für alle Formen von Untersuchungen in den Natur- und Geisteswissenschaften.“*[43]

epoché

---

[41] Husserl, Edmund, Die Idee der Phänomenologie, Fünf Vorlesungen, Hamburg 1986, S. 56f.

[42] Ebenda, S. 62.

[43] Rentsch, Thomas Phänomenologie als methodische Praxis, a. a. O., S.14-19.

9.3.2 | Maurice Merleau-Ponty

In seinem Hauptwerk *Phénoménologie de la perception, Paris 1945 (dt. Phänomenologie der Wahrnehmung, Berlin 1966)* griff Maurice Merleau-Ponty (1908-1961) Husserls Ansatz auf. Wissenschaft und Technik seien im Vergleich zur Wahrnehmung und zu unserem In-der-Welt-sein sekundär; für Merleau-Ponty ist der Leib nicht Gegenstand des Bewusstseins, sondern es ist der Körper, der erst eine Welt um sich herum entwirft, er ist das eigentliche Subjekt der Weltwahrnehmung.[44] Logische und begriffliche Allgemeingültigkeit gründe nicht in a priori Formen des Verstandes, sondern sei der Tatsache geschuldet, dass wir alle gleichermaßen menschlich wahrnehmen, zum Beispiel *berühren* und *berührt werden.* Ähnlich wie Merleau-Ponty arbeitete der 1928 in Leipzig geborene Philosoph Hermann Schmitz in seinem Hauptwerk *System der Philosophie (1964-1980)* eine Phänomenologie der Leiblichkeit heraus. Phänomenologische Studien – zum Beispiel über das Wesen der Stimmungen[45] – schrieb der Tübinger Philosoph Otto Friedrich Bollnow (geb. 1903). Sein Buch *Mensch und Raum* ist ein Meisterwerk der phänomenologischen Betrachtungsweise. In ihm führt er zum Beispiel aus, wie sich bei einem Wohnungswechsel innerhalb der gleichen Stadt insofern eine völlige Umstellung der Lebenssituation vollzieht, da sich die Erscheinungen neu gliedern, Bestimmungen der Nähe und der Ferne ändern und unterschiedliche Bedeutsamkeiten entstehen.[46]

Literatur

Lyotard, Jean-Francois, *Die Phänomenologie, Hamburg 1993*

Waldenfels, Bernhard, *Einführung in die Phänomenologie, München 1992*

9.4 | Existenzialismus

Gemäß dem Existenzialismus folgt das Individuum von Hause aus keinem religiösen, geschichtlichen oder biologischen Konzept, son-

[44] vgl. Gron, Arne, Merleau-Ponty, Wahrnehmung und die Welt, in: Hügli, Anton, Lübcke Poul (Hg.), Philosophie im 20. Jahrhundert, Reinbek bei Hamburg 1992, Bd. 1, S. 479.

[45] Bollnow, Otto Friedrich, Das Wesen der Stimmungen, 7. Auflage, Frankfurt am Main 1988.

[46] Bollnow, Otto Friedrich, Mensch und Raum, 4. Auflage, Stuttgart 1980

dern es ist sich selbst Schöpfer seines Lebenswerks. Die existenzialistische Grundthese ist, dass die Freiheit sich selbst zu verwirklichen zum Wesen des Menschen gehört.[47]

Merksatz

Das Wort Existenz stammt vom Lateinischen existere und bedeutet soviel wie heraustreten, hervortreten, entstehen oder vorhanden sein, ins Leben treten. Das individuelle Dasein wird als kontingent angesehen (Faktizität des Daseins). Doch im Laufe seines Lebens vermag sich der Mensch in seinen Entscheidungen selbst zu formen. Diese existenzielle Wahl kann ihm niemand abnehmen. Wir sind verurteilt zur Freiheit, wie Sartre sagt: „(...) der Mensch ist nichts anderes als wozu er sich macht."[48]

Martin Heidegger

Martin Heidegger betont, dass der Mensch vor aller Theoriebildung zuerst ein endliches, innerweltliches und für sich Sorge tragendes Wesen sei.

Merksatz

Das kontingent in die Welt „geworfene" Individuum befindet sich immer schon in der Faktizität des In-der-Welt-seins.

In unserer konkreten Umwelt sei immer schon alles mit einer gesellschaftlichen Bedeutung ausgestattet. „Man" macht es so, „man" sieht die Dinge in einer bestimmten Art und Weise. Heidegger nennt diesen Aspekt notwendiger Anpassung *Verfallenheit des Daseins an die Welt.* Doch der Mensch gehe in der *Verfallenheit* nicht restlos auf. Heideggers Begriff *Existenz* bezeichnet eine ureigenste Dimension der Selbsterfahrung, die sich in der Grundstimmung der Angst vor dem Tode einstellt. Aus einer ontologischen Differenz zwischen Seiendem und Sein rage der Mensch in die Welt hinaus und verhalte sich *sorgend* zu seinem Dasein. *Eigentlich* zu leben bedeutet für Heidegger Seinsmöglichkeiten *entschlossen* in einem *Entwurf* zu ergreifen, um der Geworfenheit der Existenz im Entwurf eine *Wurfrichtung* zu geben.

Verfallenheit

Der Titel seines Hauptwerks *„Sein und Zeit"* bedeutet das Dasein von der Richtung her zu denken, in die es sich bewegt. Will der Mensch *eigentlich* leben oder *zerstreut* in der Massengesellschaft? Im Sammelband *Denkerfahrungen* formuliert Heidegger die Grundentscheidung in der Moderne: *„Die Sprache auf der Rennbahn in die Information, die Sprache unterwegs in die Sage des Ereignisses."*[49]

---

47 Morgenstern, Martin, Zimmer, Robert HinterGründe, Die Philosophie und ihre Fragen, München 1998, S. 30.

48 Sartre, Jean-Paul, Ist der Existenzialismus ein Humanismus? in ders. Drei Essays, Frankfurt a. Main - Berlin-Wien 1977, S. 11.

49 Heidegger, Martin, Aufzeichnungen aus der Werkstatt, in: Denkerfahrungen, Frankfurt 1983, S. 86.

Merksatz

Heidegger war kein prinzipieller Gegner der Technik, sondern wandte sich nur gegen deren überzogene Verheißungen sowie Glücks-, Sicherheits- und Heilsversprechen.

Die Sprache bezeichnete Heidegger als das *Haus des Seins* und vom Menschen sprach er als dessen *Hüter*. Technik (das *Gestell*, wie Heidegger sie nannte) ver*stelle* das Seinsverhältnis der Sorge, wenn sie suggeriere, dass das Dasein kontrollierbar und beherrschbar sei.

Heidegger gelangte in seinem Werk zu einer fundamentalen Kritik des europäischen *rechnenden* Denkens. Als Begründer der neuzeitlichen Philosophie habe sich René Descartes zu sehr an der *Vorhandenheit* von *Dingen* (und deren Messbarkeit) orientiert und dabei sowohl die ursprünglichere *Zuhandenheit* der Dinge im Hantieren und Gebrauchen sowie die Seinsfrage als solche aus den Augen verloren.

Zitat

„Heideggers Grundgedanke, das mag vielleicht überraschen, bezieht sich auf etwas völlig Unspektakuläres. Dies ist unser alltäglicher Umgang mit den Dingen der Welt. Diese Dinge sind für uns nicht Objekte in einem theoretischen Sinn, d. h. Dinge, die wir erkennen und deren Beziehungen zueinander wir unter allgemeine Gesetze zu bringen suchen. Die Dinge in der Welt sind für unseren alltäglichen Umgang mit ihnen vielmehr Träger von Bedeutungen, und diese Bedeutungen kommen ihnen aus dem Verhältnis zu, in dem wir uns als erlebende, handelnde und wertende Subjekte zu ihnen befinden. (...),Leben in der Welt' ist ,Leben in Bedeutungen', so ließe sich Heideggers Grundgedanke zusammenfassen."[50]

Faktizität des Daseins

Sein zum Tode

Der moderne Mensch lebe in Seinsvergessenheit, da er die fundamentale Frage nach der *Faktizität* seines Daseins – *Warum ist überhaupt etwas und nicht vielmehr nichts?* (Seinsfrage) – verdränge. Die Seinserfahrung wurzele in der Erfahrung des Nichts, der Vergänglichkeit und des Todes, sodass Heideggers von Sören Kierkegaard (1813-1855) beeinflusste Bestimmung des Menschen als *„Sein zum Tode"* ein Kernmotiv seiner Philosophie darstellt.

[50] Stolzenberg, Jürgen, Martin Heidegger: Sein und Zeit, in Brandt, Reinhard, Sturm, Thomas (Hg.) Klassische Werke der Philosophie Von Aristoteles bis Habermas, Stuttgart 2002, S. 262.

Zitat

„Es ist der Prüfstein für die Angemessenheit und Ursprünglichkeit jeder Frage nach dem Wesen des Lebens und umgekehrt, ob sie das Problem des Todes zureichend begriffen hat und in der richtigen Weise in die Frage nach dem Wesen des Lebens hineinzunehmen vermag. (...) Wie jeder Verlust erst den vorherigen Besitz als solchen recht erkennen und würdigen lässt, so lässt gerade erst der Tod das Wesen des Lebens aufleuchten.“[51]

Philosophie müsse sich der *Schwere des Daseins* stellen: „*Das faktische Leben hat den Seinscharakter, dass es an sich selbst schwer trägt. (...) Alles Leichtmachen (...), alles verführerische Sichanbiedern an Bedürfnisse, alle metaphysischen Beruhigungen (...) das leistet in seiner Grundabsicht schon Verzicht darauf, den Gegenstand der Philosophie je in den Blick und Griff zu bekommen (...).*“[52] Gegen innerweltliche und außerweltliche Fluchttendenzen strebte Heideggers *phänomenologische Hermeneutik der Faktizität*[53] eine grundsätzliche innerweltliche Kehre an, die er mit Begriffen wie *Gelassenheit, besinnlichem Denken* und *Seinlassen* lediglich andeutete.

Karl Jaspers 9.4.2

Als ausgebildeter Psychologe und Arzt stellte Jaspers das Sein des Menschen in den von ihm so benannten existenziellen *Grenzsituationen* (Krankheit, Schuld, Tod) in den Vordergrund. Erst in ihnen zeige sich, was für ein Mensch man sei. Unter Existenz verstand Jaspers das tiefste nicht mehr objektivierbare Sein eines jeden Individuums. Existenz könne man erzielen oder verfehlen. Angesprochen ist das wahre Selbst, das einem jeden geschenkt wurde. In Grenzsituationen frage man nach dem Grund der Existenz. Daran könne man verzweifeln oder sich auch neu orientieren. Möglich sei, dass man sich in Religionen oder Heilslehren flüchte. Man suche dann nach einem *Gehäuse;* einem Halt. Man könne aber auch in den Grenzsituationen die Chance nutzen um zum Innern seiner Exis-

---

51 Heidegger, Martin, Die Grundbegriffe der Metaphysik, Welt – Endlichkeit – Einsamkeit, Frankfurt am Main 1983, S. 387.

52 Heidegger, Martin, Phänomenologische Interpretationen zu Aristoteles, Ditzingen 2003, S. 10.

53 Ebenda, S. 29.

tenz und Freiheit vorzustoßen und in einem existenziellen Entschluss sein Leben verändern; ihm gerade im Scheitern einen neuen Sinn geben. Zudem erwache in den Grenzsituationen die Einsicht, dass es noch mehr gibt als diese Welt.[54]

9.4.3 | Hannah Arendt

Jaspers' Schülerin Hannah Arendt benutzte in ihrer Schrift *Elemente und Ursprünge totaler Herrschaft* existenzialistische Motive für ihre politische Theorie des Totalitarismus. Arendt begriff den Menschen als ein politisches Wesen mit der höchsten Bestimmung sich am öffentlichen Leben zu beteiligen und kommunikativ handeln zu können. In der Moderne habe die Arbeit, die Technik und die Konsumtion die Dimension des Politischen zurückgedrängt. Doch nicht im instrumentellen Handeln, sondern im Austausch von Argumenten in einer pluralistisch verfassten Öffentlichkeit sah Arendt die Grundlage für das geschichtlich Neue. Natalität und Pluralität sind Arendts wichtigste sozialphilosophische Begriffe.

Besonders beschäftigte sich Arendt mit dem Wesen und der Funktion der menschlichen Urteilskraft. In den modernen Massengesellschaften fehle es an Empathie sich in die Probleme und Sorgen anderer Menschen hineinversetzten zu können. Berühmt wurde ihre These von der *Banalität des Bösen*. Das Böse sei keineswegs raffiniert, sondern gerade bei angepassten „banalen" Menschen verbreitet. Arendt versuchte zu erklären, wie „brave" Familienväter zu Nazis wurden, nicht etwa aus Überzeugung, sondern weil es alle so taten. Dass der Nachbar abtransportiert wurde, dass Millionen von Menschen vernichtet wurden, interessierte diese *„banalen"* Menschen nicht. Mangels Einbildungskraft hätten sie sich nicht einmal in die Situation der Deportierten hineinversetzen können. Die moderne durch Kapitalismus und Industrialisierung entstandene Massengesellschaft sei der ideale Nährboden für totalitäre Regime.

Banalität des Bösen

9.4.4 | Jean-Paul Sartre

Nach Jean-Paul Sartre geht die Existenz der Essenz voraus. Bei einem Ding wie einem Papiermesser sei von dessen Begriff (seiner *Es-*

[54] Jaspers, Karl, Philosophie Bd. 2, Existenzerhellung, München 1994, S. 204.

senz) auszugehen. Beim Menschen sei es jedoch gerade umgekehrt. *„Was bedeutet es hier, dass die Existenz der Essenz vorausgeht? Es bedeutet, dass der Mensch zuerst existiert, sich begegnet, in der Welt auftaucht und sich danach definiert.“*[55] Der Mensch unterstelle sich einem ganz bestimmten Lebens*entwurf*, den Sartre als Folge einer von ihm nicht näher erläuterten *ursprünglichen existenziellen Wahl* begreift. Einer Partei beizutreten, eine Familie zu gründen, eine berufliche Karriere anzustreben seien bewusst getroffene Entscheidungen, denen ein grundsätzlicherer Entwurf der eigenen Lebensplanung zugrunde liege: sich nämlich politisch zu betätigen, familiär binden und eine gesellschaftliche Stellung anstreben zu wollen. Immer sei es die Subjektivität des Menschen, auf die es ankomme, und niemand könne sich damit herausreden, dass er als Einzelner nicht wichtig sei.

Sartre unterscheidet die Seinsweisen des *An-sich* der unmittelbaren Gegebenheit und des *Für-sich* des Bewusstseins. Vor dem bloßen und sinnlosen An-sich der Natur empfand Sartre stets Abscheu, während das bewusste Für-sich die Spontaneität, Freiheit und den Sinn in die Welt bringe. Für kurze Zeit füge das Bewusstsein der Welt seinen Beitrag zu, um dann wieder in besinnungs- und unterscheidungslose Nacht zu zerfallen. Angesichts der metaphysischen Sinnlosigkeit komme es für jeden Einzelnen darauf an, Solidarität mit den Leidenden und Unterdrückten dieser Welt zu entwickeln. Sartres Existenzialismus verstand sich als Humanismus, der Wesensbestimmung des Menschen weitgehend offen lässt. Für Menschen jedoch, die nur nach Konventionen lebten, empfand Sartre Verachtung. Sie lebten in der Unaufrichtigkeit (*la mauvaise foi*). Selbstbetrug sei es, wenn jemand durch Überangepasstheit die Möglichkeiten seiner Existenz verleugne: *„Beobachten wir einen Kellner im Café (...) er kommt mit einem etwas zu lebhaften Schritt auf die Gäste zu, er verbeugt sich mit etwas zuviel Beflissenheit (...).“*[56] Dass es jederzeit möglich sei, sein Leben zu verändern, ist ein Grundsatz von Sartres Theorie der Spontaneität.

Existenzialismus als Humanismus

[55] Sartre, Jean-Paul, Ist der Existenzialismus ein Humanismus? In Drei Essays Frankfurt a. Main - Berlin-Wien 1977, S. 11.

[56] Sartre, Jean-Paul, Das Sein und das Nichts, Reinbek bei Hamburg, Hg. von Traugott König, Deutsch von Hans Schöneberg und Taugott König, Reinbek bei Hamburg, 1. Auflage der Neuübersetzung 1991, S. 139.

Weitere wichtige Denker des französischen Existenzialismus waren Albert Camus (*Mythos des Sisyphos)* und der vom Gedankengut der spätantiken Gnosis beeinflusste rumänisch-französische Philosoph E. M. Cioran (*Vom Nachteil geboren zu sein)* sowie der Philosoph und Schriftsteller Gabriel Marcel (1889-1973).

Literatur

Seibert, Thomas, *Existenzialismus, Berlin 2000*

9.5 | Hermeneutik

9.5.1 | Hans-Georg Gadamer

Philosophie ist für den Begründer der modernen Hermeneutik (von griech. *hermeneuein, auslegen, interpretieren)* Hans-Georg Gadamer die Lehre von der Selbstauslegung des Menschen. Verstehend erfahren wir die Welt und versuchen ihren Sinn zu erkennen. Wilhelm Dilthey (1833-1911) fasste die Hermeneutik zunächst als geisteswissenschaftliche Methode des Verstehens und Einfühlens in die Lebensumstände anderer Menschen und versuchte sie gegenüber den die Gegenstände von außen erklärenden Naturwissenschaften abzugrenzen. Doch bei Martin Heidegger und Hans-Georg Gadamer erhielt die Hermeneutik eine umfassendere Bedeutung. Nicht nur unser Wissen über Texte und Kulturleistungen, sondern alles Wissen beruhe auf einem Vorwissen und einem ständigen Interpretieren und Verstehen. Der Mensch befinde sich als In-der-Welt-seiend immer schon in ursprünglichen Verstehens- und Aneignungsverhältnissen, die er im Laufe seines Leben weiterentwickeln, vertiefen und korrigieren müsse.

9.5.2 | Der hermeneutische Zirkel

Der von dem Theologen Friedrich Schleiermacher eingeführte Begriff des *hermeneutischen Zirkels* weist darauf hin, dass wir einen isolierten Satz zwar nur im größeren Kontext begreifen, sich aber umgekehrt der Gesamtzusammenhang nur auf der Basis von Einzelinformationen erschließt. Um etwas zu verstehen, muss man schon ein Vorverständnis von diesem Etwas haben, da sich völlig Fremdes nicht verstehen lässt.

Zitat

„Wer einen Text verstehen will, vollzieht immer ein Entwerfen. Er wirft sich einen Sinn des Ganzen voraus, sobald sich ein erster Sinn im Text zeigt. Ein solcher zeigt sich wiederum nur, weil man den Text schon mit gewissen Erwartungen auf einen bestimmten Sinn hin liest. Im Ausarbeiten eines solchen Vorentwurfs, der freilich beständig von dem her revidiert wird, was sich bei weiterem Eindringen in den Sinn ergibt, besteht das Verstehen dessen, was dasteht."[57]

Es kommt nun nach Gadamer (und Heidegger) gar nicht darauf an, aus dem Zirkel herauszukommen um möglichst objektiv zu bleiben, sondern es gehe vielmehr darum, *richtig* in den Verstehenskreislauf hineinzukommen. Wenn man schon nicht umhin komme „Vorurteile" zu haben, dann sollten es solche sein, die auf eine *ernste* und *sachgemäße* Beschäftigung mit einer Thematik hindeuten: *„Alle rechte Auslegung muss sich gegen die Willkür von Einfällen und die Beschränktheit unmerklicher Denkgewohnheiten abschirmen und den Blick ‚auf die Sachen selber' richten (...)."*[58] Es komme auf die richtige Fragestellung gegenüber dem Text an, oberflächliche seien von tieferliegenden Problemstellungen zu unterscheiden. *„Denn es gilt, den Blick auf die Sache durch die ganze Beirrung hindurch festzuhalten, die den Ausleger unterwegs ständig von ihm selbst her anfällt"*[59]. Zusammenfassend beschreibt Gadamer den hermeneutischen Zirkel: *„Er ist weder subjektiv noch objektiv, sondern beschreibt das Verstehen als das Ineinanderspiel der Bewegung der Überlieferung und der Bewegung des Interpreten. Die Antizipation von Sinn, die unser Verständnis eines Textes leitet, ist nicht eine Handlung der Subjektivität, sondern bestimmt sich aus der Gemeinsamkeit, die uns mit der Überlieferung verbindet."*[60]

57 Gadamer, Hans-Georg, Wahrheit und Methode, 6. durchgesehene Auflage, Tübingen 1990, S. 271.

58 Ebenda.

59 Ebenda.

60 Ebenda, S. 298.

9.5.3 | Die hermeneutische Methode

Die hermeneutische Methode besagt, dass es zum Verstehen keinen einzigen Schlüssel gibt, sondern dass Verständnis die Folge fortlaufender Präzisierung und Anstrengung ist. *„Hermeneutik wird überall gebraucht, wo es um systematische, strukturelle oder latente Zusammenhänge geht, die sich nicht unmittelbar in empirischen Gegebenheiten zeigen.“*[61] Für Helmut Seiffert besteht die hermeneutische Methode darin, von einem ersten Vorverständnis ausgehend immer tiefer in eine Materie einzudringen:

Zitat

> „Zunächst haben wir eine vage Alltagvorstellung, ein ‚Vorverständnis', von unserem Gegenstand. Daraufhin lesen wir unsere erste Literatur. Unser Bild des Gegenstandes nimmt hierdurch Kontur an. Die größere Klarheit über den Gegenstand führt zu weiterer Lektüre (oder Diskussion mit Kollegen), die wiederum das Bild präzisiert. So arbeiten wir uns im ständigen Wechsel von ‚Entwurf' und ‚Kenntnisnahme' bis zur weitestmöglichen, dem gegebenen Forschungsstand entsprechenden Information über unser Problem vor.“[62]

In vieler Hinsicht hat Verstehen den Charakter eines guten Gesprächs, in dem man ein gegenseitiges Interesse aneinander hat. Die hermeneutische Methode impliziert ein ständiges Einüben in die Perspektive eines Anderen. Gadamer spricht vom Verschmelzen von verschiedenen Standpunkten, von einer *Horizontverschmelzung* der Gesprächspartner. „ (...) *„Verstehen (ist) immer der Vorgang der Verschmelzung solcher vermeintlich für sich seiender Horizonte.“*[63] Will man ein richtiges Gespräch führen, dann muss man nicht nur offen für die Perspektive des Anderen sein, man muss auch offen sein für die Wendungen, die das Gespräch nehmen kann. *„Die erste Bedingung für die Kunst des Gesprächs ist, sich jeweils des Mitgehens des Partners zu versichern.“*[64] Gespräche sind nach Gadamer nicht planbar und wie in einer Konversation neue Perspektiven ent-

Horizontverschmelzung

---

[61] Schülein, Johann August, Reitze, Simon, Wissenschaftstheorie für Einsteiger 2. Auflage, Wien 2005, S. 120.

[62] Seiffert, Helmut, Einführung in die Wissenschaftstheorie, Band 2, 8. überarbeitete und erweiterte Auflage, München 1983, S. 130f.

[63] Gadamer, Hans-Georg, Wahrheit und Methode, a.a.O., S. 311.

[64] Ebenda, S. 373.

stehen, so kann man auch in der Auseinandersetzung mit der Tradition einen neuen Standpunkt oder eine neue Erfahrung gewinnen. Insofern sei die Lektüre eines Buches vergleichbar mit einem Dialog, da das Buch Fragen an den Leser stelle, ebenso wie der Leser das Buch befrage. Für Gadamer ist es schwieriger, gut zu fragen als gute Antworten zu geben. Ein Gespräch lebe davon, dass man die eigene Meinung nicht verhärte, sondern diese und sich selbst auch infrage stellen könne. In Gesprächen gehe es auch oft darum, Dinge einmal in der Schwebe lassen zu können. Das bedeute keinen Verzicht auf Genauigkeit, ganz im Gegenteil halte man sich dadurch für mögliche präzisierende Beiträge offen. *„Die Kunst des Fragens ist die Kunst des Weiterfragens, d. h. aber sie ist die Kunst des Denkens.“*[65] Fragen öffneten die Welt, sie bereiteten neue Perspektiven und Sichtweisen vor. Wer nicht mehr zu fragen verstehe, verliere an Lebendigkeit.

Literatur

Jung, Matthias, *Hermeneutik zur Einführung*, Hamburg 2002

Kurt, Ronald, *Hermeneutik Eine sozialwissenschaftliche Einführung*, Konstanz 2004

Kritische Theorie | 9.6

Horkheimer, Adorno, Marcuse | 9.6.1

Die *Frankfurter Schule* der *Kritischen Theorie* war eine Gruppe von Philosophen, Psychologen und Sozialwissenschaftlern um das von Max Horkheimer seit 1931 geleitete Institut für Sozialforschung in Frankfurt. In der Nazi-Zeit wurde das Institut nach New York ausgelagert, wo es zu einer engen Zusammenarbeit mit der Columbia Universität kam. In seiner programmatischen Schrift *Traditionelle und kritische Theorie (1937)* kritisierte Max Horkheimer die nur scheinbare Wertfreiheit der modernen Wissenschaft. In Wirklichkeit gehe es der positivistischen *instrumentellen Vernunft* um Naturbeherrschung und Macht über den Menschen. Im Unterschied dazu verfolge die *Kritische Theorie* das Ziel Machtmechanismen auf-

Instrumentelle Vernunft

[65] Ebenda, S. 372.

zudecken und ein Bewusstsein für die Befreiung vom Bestehenden zu schaffen. Die *Frankfurter Schule* lieferte in zahlreichen Einzelstudien eine soziologisch-philosophische Analyse der fortgeschrittenen Industriegesellschaft. Neben Max Horkheimer, Theodor W. Adorno und Walter Benjamin waren der Philosoph Herbert Marcuse, der Psychoanalytiker Erich Fromm, der Literaturwissenschaftler Leo Löwenthal, die Juristen Franz Neumann und Otto Kirchheimer sowie der Nationalökonom Friedrich Pollock Mitarbeiter des Instituts.

Als wichtigster Denker der *Frankfurter Schule* war Theodor W. Adorno (Hauptwerk mit Max Horkheimer, *Dialektik der Aufklärung, 1947)* der Auffassung, dass sich in der Moderne die Rationalität auf Kosten der Humanität entwickelt habe. Alles werde heute dem Tauschwertprinzip unterworfen und in Statistiken, Formularen und vorformulierten Sätzen auf den gleichen Nenner gebracht (Identitätszwang). Doch unter der Herrschaft des Funktionalen gehe das Wesentliche am Menschen, seine Individualität, verloren. Das erinnert zwar teilweise an Heideggers Technikkritik, wie er sie in seiner kleinen Schrift *Gelassenheit* formuliert*: „Stündlich und täglich sind sie an den Hör- und Fernsehfunk gebannt (...) all dies ist dem Menschen heute bereits viel näher als das eigene Ackerfeld rings um den Hof.*"[66] Doch im Gegen-

Zitat

„So wie Max Horkheimers Kritik der instrumentellen Vernunft keine Kritik des rationalen Mittelgebrauchs als solchen ist, was ja auch reichlich absurd wäre, sondern die Kritik einer Form der Vernunft, die sich nur noch in der Wahl von Mitteln für beliebige Zwecke zu äußern vermag, so gilt Adornos Kritik des identifizierenden Denkens einer bestimmten Gestalt dieses Denkens. Sie gilt derjenigen Gestalt, die auf das prädikative Identifizieren von Zuständen und Ereignissen fixiert ist und folglich unterstellt, dass Erkennen Identifizieren ist."[67]

satz zu Heidegger war Adorno nicht am Vorbild ländlicher Verhältnisse, sondern am Urbanismus orientiert. Immer gilt es zu beachten, dass die Vertreter der *Kritischen Theorie* keine grundsätzlichen Gegner der Moderne waren, sondern nur deren Pathologien aufzeigen wollten.

---

[66] Heidegger, Martin, Gelassenheit, Pfullingen 1959, 9. Auflage 1988, S. 15.
[67] Seel, Martin, Adornos Philosophie der Kontemplation, Frankfurt am Main 2004, S. 44.

Gegenüber dem Herrschaftscharakter der Begriffe formulierte Adorno eine Philosophie der „*Negativen Dialektik*", der es in bester phänomenologischer Tradition (Adorno war stark von Husserls phänomenologischer Methode beeinflusst[68]) um die Rettung des Individuellen und Sinnlichen ging. „*Die Utopie der Erkenntnis wäre, das Begrifflose mit Begriffen aufzutun, ohne es ihnen gleichzumachen.*"[69] Denn für Adorno reichen philosophische oder wissenschaftliche Theorien nie ganz an die Wirklichkeit heran. Mittels Begriffen kann man sich ihr nur nähern, es bleibt am Sein jedoch immer etwas Unergründliches, Unverfügbares und Individuelles. „*Die Anstrengung, über den Begriff durch den Begriff hinauszugelangen*"[70], wie es in der *Negativen Dialektik* heißt, zielt bei Adorno nie direkt auf die Tatsachen, sondern auf das Erfassen einer bestimmten Konfiguration bzw. Konstellation von Gegenständen und Sachverhalten. Diesen wichtigen Aspekt von Adornos Theorie hebt Martin Seel hervor: „*Worauf wir nämlich – in Theorie und Praxis – überall stoßen, sind Konfigurationen des Wirklichen, die verfehlt werden, wenn wir uns allein für das partielle, eindeutig klassifizierbare Sosein der Welt interessieren.*"[71]

Negative Dialektik

Doch was kann man dem klassifizierenden Denken entgegensetzen? Ähnlich wie Benjamin ging es Adorno um die Rettung des von abstrakten Begriffen Missachteten, Weggeworfenen und Zugerüsteten. In der Hinwendung zum Einzelnen und Individuellen sah er Ressourcen gegen den universellen *Identitätszwang* und *Verblendungszusammenhang*. „*Was ist, ist mehr als es ist. (...) Insofern wäre das Nichtidentische die eigene Identität der Sache gegen ihre Identifikation.*"[72] Das Nicht-Identische, das ist für Adorno zum Beispiel die Unverfügbarkeit der eigenen körperlichen Erfahrung, der er einen wichtigen Erkenntniswert zuspricht: „*Das leibhafte Moment meldet der Erkenntnis an, dass Leiden nicht sein, dass es anders werden solle.*"[73] Besonders in den modernen Kunstwerken sah Adorno eine sinnlich-mimetische Rationalität verkörpert, die die Dinge nicht beherrschen und zurechtstutzen will, sondern ihnen ihren teilweisen enigmatischen Eigenwert belässt (vgl. 5.5.2).

---

68 vgl. Müller-Doohm, Stefan, Adorno Eine Biographie, Frankfurt a. Main 2003.

69 Adorno, Theodor W., Negative Dialektik, Gesammelte Schriften Bd. 6, Hg. v. Rolf Tiedemann, Frankfurt am Main 1973, S. 21.

70 Ebenda, S. 25.

71 Seel, Martin, Adornos Philosophie der Kontemplation, a. a. O., S. 51.

72 Adorno, Theodor W., Negative Dialektik, a. a. O., S. 164.

73 Ebenda, S. 203.

Positivismusstreit

Im berühmten *Positivismusstreit* in der deutschen Soziologie wies Adorno in den 60er Jahren auf methodologische Unterschiede zwischen den Natur- und Gesellschaftswissenschaften hin. Ausgangspunkt aller Soziologie seien nicht Fakten, sondern die gesamtgesellschaftlichen Widersprüche und Antagonismen. Die Soziologie dürfe sich nicht als auf objektive Daten bezogene „wertfreie" und „positive" Wissenschaft verstehen, da bereits alle Einzelsachverhalte von der gesellschaftlichen Totalität durchdrungen seien und sich die Bedeutung eines Phänomens erst im Lichte einer bestimmten Sozialphilosophie erschließe. Während Poppers Sozialtechnologie des *„piecemeal social engineering"* möglichst ideologiefrei vorgehen will und nur schrittweise – revidierbare – Reformen in überschaubaren Abschnitten vorschlägt, hält Adorno an der Notwendigkeit einer allgemeinen Theorie der Gesellschaft, in der sich System und Einzelheit dialektisch durchdringen, fest. Nur vor einer solchen Folie könne darüber entschieden werden, ob und in welchem Sinn Reformen *fortschrittlich* seien.

Merksatz

„Kritische Theorie ist der Versuch, auf historischer und materialistischer Grundlage – das heißt ausgehend von den praktischen Bedingungen des modernen Lebens und ihrer Entstehung – die gesellschaftlichen Verhältnisse in ihrer Gesamtheit darzustellen, zu analysieren und auf ihre Verbesserungsmöglichkeiten hin zu beleuchten, im Sinne einer fundamentalen Umgestaltung des Gegebenen."[74]

9.6.2 | Zweite Generation der Frankfurter Schule

Theoretiker der sogenannten Zweiten Generation der Frankfurter Schule wie Jürgen Habermas geb. 1929, Oskar Negt, geb. 1934, Claus Offe, geb. 1940, Albrecht Wellmer geb. 1933 und Axel Honneth geb. 1949 streben nach einer ausgewogeneren Analyse der Moderne. Diese fördere zwar gefährliche Entwicklungen und Krisen (Umweltverschmutzung, Arbeitslosigkeit, ungerechte Verteilung), doch es bestehe ebenso Hoffnung, dass ihre negativen Züge erkannt und zurückgedrängt werden können. Oskar Negt und Alexander Kluge zielen dabei in ihrem gemeinsamen Buch *Öffentlichkeit und Erfahrung*[75] auf die Schaffung einer Gegenöffentlichkeit ab, in der sie ausgehend von einer Kritik an der Kulturindustrie alternative pädagogische und mediale Konzepte vertreten. Alexander Kluge zum Beispiel hat durch seine Fernsehsendung *Prime time* lange Zeit erfolgreich versucht gegen die kommerzielle Nivellie-

[74] Behrens, Roger, Kritische Theorie, Hamburg 2002, S. 6.

[75] Negt, Oskar, Kluge, Alexander, Öffentlichkeit und Erfahrung, Frankfurt am Main 1972.

rung anspruchsvollere Maßstäbe zu setzten. In dem gemeinsamen Werk *Geschichte und Eigensinn*[76] weisen die beiden Autoren auf die Produktivkraft *Eigensinn* (Individualität, Originalität) in der Geschichte hin.

Theorie des kommunikativen Handelns

In seiner *Theorie des kommunikativen Handelns* arbeitete Jürgen Habermas entgegen dem negativen Denken Adornos und in Anlehnung an einige Positionen der Philosophie des Deutschen Idealismus (Habermas schrieb seine Dissertation über Schelling) die *konsensorientierten* Grundlagen des menschlichen Handelns heraus. Adornos und Horkheimers *Kritische Theorie* habe es versäumt den Maßstab ihrer Gesellschafskritik offen zu legen. Demgegenüber vertritt Habermas klar das Ideal der herrschaftsfreien Kommunikation bzw. eines *„Zusammenlebens in zwangloser Kommunikation."*[77] Noch in jedem Gespräch seien als Voraussetzung von Verständigung Strukturen der Vernunft konstitutiv eingelassen. Jedenfalls sei Konsens ein in der Philosophie ernst zu nehmendes Wahrheitskriterium, da unter den Bedingungen einer pluralistisch verfassten Gesellschaft an einem an der Verständigung mit anderen orientierten Verhalten und Handeln kein Weg mehr vorbei führe. Habermas versuchte allgemeine Voraussetzungen herauszuarbeiten, unter denen konkrete Gespräche stattfinden und analysierte die intersubjektiven Bedingungen der Entstehung und der Klärung von Gedanken.

So lernten die Menschen schon im vorsprachlichen Alter *„gemeinsam mit einer Bezugsperson ihre Aufmerksamkeit auf dieselben Objekte zu richten. Die gemeinsame Perspektive, die schon im frühen Alter aus der Protobeziehung einer ersten zu einer zweiten Person entsteht, ist konstitutiv für den Abstand nehmend objektivierenden Blick auf die Welt und auf sich selbst. (...) Ohne Intersubjektivität des Verstehens keine Objektivität des Wissens."*[78] Verständigung sei nur möglich, wenn sich Aussagen als wahr oder falsch erweisen können. Ohne im Prinzip bestreitbare Geltungsansprüche verlöre jeder Diskurs seinen Sinn. Habermas unterscheidet *vier pragmatische Geltungsansprüche:* Jeder Sprachgebrauch falle unter den Anspruch der a) Verständlichkeit: dass der Beitrag im Sinne der

---

[76] Negt, Oskar, Kluge, Alexander, Geschichte und Eigensinn, Drei Bände, Frankfurt am Main 1993.

[77] Habermas, Jürgen, Theodor W. Adorno, Urgeschichte der Subjektivität und verwilderte Selbstbehauptung, in, ders., Politik, Kunst, Religion, Stuttgart 1978, S. 43.

[78] Habermas, Jürgen, Um uns als Selbsttäuscher zu entlarven, bedarf es mehr, Das Ich ist zwar sozial konstruiert, aber deshalb noch keine Illusion: Warum die Hirnforschung einen Kategorienfehler macht, wenn sie uns die Freiheit abspricht, in FAZ, 13. 11. 2004, S. 36.

Sprachrichtigkeit (Grammatik, Wortwahl) verständlich ist, b) Wahrheit: dass der behauptete Sachverhalt zutrifft, c) Wahrhaftigkeit: dass es der Sprecher ehrlich meint, d) Richtigkeit: dass er sich auf die richtigen Normen bezieht. Diese Annahmen erfolgten zunächst einmal *kontrafaktisch*, d. h. wir setzten voraus, dass unser Gesprächspartner wahrhaftig sei und keinen Unsinn erzähle. Erst wenn er es ernst meine, lohne es sich überhaupt zu fragen, ob die von ihm gestellten Geltungsansprüche zu Recht bestünden.

Zentral ist Habermas' Unterscheidung zwischen *strategischem* und *kommunikativem* Handeln. *„Strategisches Handeln ist primär erfolgsorientiert und verfolgt Ziele, ohne das Einverständnis der betroffenen anderen Personen zu suchen. Kommunikatives Handeln ist verständigungsorientiert und bestrebt, eigene Handlungspläne mit denen anderer zu koordinieren."*[79] Für Habermas ist das kommunikative Handeln das wertvollere, wenngleich das strategische Handeln in der Moderne immer mehr die Überhand gewinne.

Ausgehend von diesen Überlegungen entwickelt Habermas eine Gesellschaftstheorie, in der er zwischen System (strategischer Vernunftgebrauch) und kommunikativen Lebensformen unterscheidet. Immer mehr Bereiche in der modernen Welt würden in Form einer Kolonialisierung bürokratisch oder mittels Geld geregelt, sodass die eigentlichen symbolischen (man bedeutet sich gegenseitig etwas) zwischenmenschlichen Beziehungen sukzessive zurückgedrängt werden. *„Die These der inneren Kolonialisierung besagt, dass (...) Wirtschaft und Staat infolge des kapitalistischen Wachstums immer komplexer werden und immer tiefer in die symbolische Reproduktion (= Handeln aus Freundschaft, Liebe, Gefälligkeit R.R.) der Lebenswelt eindringen."*[80] So ist die Erziehung heute zum Beispiel keineswegs ausschließlich das Privileg der Erziehungsberechtigten, was ja im Falle elterlichen Kindesmissbrauchs durchaus berechtigt erscheint. *„Aber die Kehrseite des staatlich-rechtlichen Zugriffs zeigt sich spätestens dann, wenn, wie in den USA häufig, mit ihren Kindern schmusende Eltern sich wegen sexuellen Missbrauchs vor Gericht verantworten müssen."*[81] Habermas meint, dass die kommunikativen Beziehungen der Lebenswelt die eigentliche Ressource unseres Daseins bilden. Wenn, wie in der moder-

Kolonialisierung der Lebenswelt

[79] Anzenbacher, Arno, Einführung in die Ethik, 3. Auflage, Düsseldorf 2003. S. 244.

[80] Habermas, Jürgen, Theorie des kommunikativen Handelns, 2 Bände, Frankfurt am Main 1981, Bd.2, S. 539.

[81] Geulen, Eva, Giorgio Agamben zur Einführung, Hamburg 2005, S. 29.

nen Gesellschaft schon tendenziell erfahrbar, monetäre oder funktionale Aspekte Überhand nehmen, werde diese eigentliche Grundlage nach und nach ausgehöhlt. Deshalb fordert er eine breite öffentliche Diskussion über den Einsatz von Medien und Technologien in der modernen Welt.

Gegen Habermas' Systembegriff und Forderung nach Ausdehnung des kommunikativen Handelns formulieren der Bielefelder Soziologe Niklas Luhmann und die Berliner Medienphilosophen Friedrich Kittler und Norbert Bolz folgende Einwände. Niklas Luhmann (1927-1998) kommt in seiner Systemtheorie ohne die *wertende* Unterscheidung zwischen System (strategischem Handeln) und Lebenswelt (kommunikativem Handeln) aus.[82] Während Habermas in der *Theorie des kommunikativen Handelns* von der Lebenswelt des Menschen ausgeht, blendet Luhmann diese Instanz weitgehend aus. In *Soziale Systeme (1984)*[83] bringt Luhmann die Gesellschaft auf die Leitbegriffe *System* und *Umwelt*, wobei Systeme einen autopoietischen (sich immer wieder selbst erneuernden) Charakter aufwiesen und zur Komplexitätsreduktion neigten. Norbert Bolz, geb. 1953, stellte nach dem 11. September in einem viel beachteten *Konsumistischen Manifest*[84] die Vorteile (Universalität, Rationalität, Wertfreiheit) eines auf geldwirtschaftlichen Prinzipien beruhenden Systems heraus. Den Konsumismus begreift Bolz als *„das Immunsystem der Weltgesellschaft gegen den Virus der fanatischen Religionen."* In den auf Kommerz fußenden neuen Medien erkennt Bolz eine Art Religionsersatz. *„An die Stelle religiöser Kommunikation tritt heute Kommunikation als Religion. Totale Verkabelung, die Verstrickung im elektronischen Netz, wird der unbefangene Blick aber als profane Variante der religio – und das heißt ja eben: Rückbindung erkennen. In der Vernetzung zum integralen Medienverbund ist uns eine stabile Umbesetzung der Transzendenz gelungen."*[85] Friedrich Kittler[86], geb. 1943, lehnt Habermas' Unterscheidung zwischen einem instrumentell-strategischen und kommunikativen Vernunftge-

[82] Habermas, Jürgen, Luhmann, Niklas, Theorie der Gesellschaft oder Sozialtechnologie – Was leistet die Systemforschung?, Frankfurt am Main 1971.

[83] Luhmann, Niklas, Soziale Systeme, Grundriss einer allgemeinen Theorie, Frankfurt am Main 1984.

[84] Bolz, Norbert, Das konsumistische Manifest, München 2002.

[85] Bolz, Norbert, Tele! Polis!, in Iglhaut, Stefan, Medosch, Armin, Rötzer, Florian (Hg.), Stadt am Netz. Ansichten von Telepolis, Mannheim 1996, 143ff.

[86] einführend: Kittler, Friedrich, short cuts, Zweitausendeins, Frankfurt am Main 2002.

brauch ab. Alle Vernunft sei technisch und die Schriftsprache von je her durch Techniken geprägt. Gegen Adorno meint Kittler (wie übrigens auch Sloterdijk), dass die heutige Technik nur noch sehr wenig mit Naturbeherrschung zu tun habe. Die Informatik unterwerfe keine Natur, sondern nehme sie lediglich als Input.

Literatur

Behrens, Roger, *Kritische Theorie, Hamburg 2002*

9.7 | Strukturalismus und Postmoderne

9.7.1 | Die strukturalistische Methode

Ferdinand de Saussure

Als Vater des Strukturalismus behauptet der Genfer Linguist Ferdinand de Saussure, dass die einzelnen Zeichen in einem Sprachsystem nicht aus sich heraus gelten, sondern erst aus der Gegenüberstellung mit anderen und aus einer gesamtsprachlichen Struktur (la langue) ihren Wert bezögen. In der Folge erlangte der Strukturalismus in vielen Wissenschaften wie in der Psychologie, Anthropologie, Ethnologie, Ökonomie, Psychoanalyse, den Literatur- und Sozialwissenschaften methodologische Bedeutung. Denker wie der Anthropologe Claude Lévi-Strauss, der Soziologe Jean Baudrillard, der Psychoanalytiker Jacques Lacan, der Philosoph Michel Foucault, der Marxist Louis Althusser versuchten mittels der strukturalen Methode die Gesellschaft, die Kultur und die Geschichte zu verstehen.

Zitat

„Für Lévi-Strauss war das Subjekt nur eine Einbildung. Genau besehen sei, was den Eindruck erwecke, frei und unbestimmt zu sein, nur ein Werkzeug, mit dem sich die Natur zur Entfaltung bringe. Die Geschichte der Menschheit ist ein Naturgeschehen, in dem der Mensch nur Episode ist (...). Er war davon überzeugt, dass das Repertoire der Kultur begrenzt sei, dass Kulturen nach einem Bauplan zusammengesetzt seien, der ihre Funktionsweise bestimme. Das Repertoire der Kultur sei universell, je nach den Umständen, in denen Menschen lebten, kämen dann bestimmte Elemente in diesem Repertoire zum Vorschein."[87]

[87] Baberowski, Jörg, Der Sinn der Geschichte, Geschichtstheorien von Hegel bis Foucault, München 2005, S. 178f.

Mit dem Strukturalismus ging eine Aufwertung des Symbolischen einher. Wenn der Mensch von einem System feststehender Bedeutungen regiert wird, – wer redet, wenn wir reden, sind es womöglich die Strukturen der Sprache selbst? – dann ist jedes irgendwie geartete Aufbegehren gegen diese Festlegungen von sozialer Sprengkraft. Roland Barthes (1915-1980) übertrug de Saussures Erkenntnisse auf fast alle Lebensbereiche und Gegenstände: *„Ein Kleidungsstück, ein Auto, ein Fertiggericht, eine Geste, ein Film, ein Musikstück, ein Bild aus der Werbung (...) Was können sie miteinander gemein haben? Zumindest dies: Sie alle sind Zeichen.“*[88] Die These, dass unser Reden gar nicht so autonom ist, wie wir als Subjekte glauben, hat für die Psychoanalyse Jacques Lacan nutzbar gemacht. Dazu vermerkt der Strukturalist Louis Althusser:

Zitat

> „Wo eine oberflächliche und vorurteilsvolle Lektüre Freuds nur eine glückliche und gesetzlose Kindheit sah, (...) erweist Lacan die Wirksamkeit der Ordnung, des Gesetzes, das schon vor der Geburt eines jeden Neugeborenen harrt und sich seiner mit dem ersten Schrei bemächtigt, um ihm seinen Platz und seine Rolle und damit seine ihm aufgenötigte Bestimmung anzuweisen. Alle Etappen, die das Menschenkind durchläuft, stehen unter der Herrschaft des Gesetzes, des Code menschlichen Anweisens, der menschlichen Kommunikation oder Nicht-Kommunikation (...)“[89]

Wie Lacan in Bezug auf Freud unterzog Althusser Marx einer strukturalistischen Lektüre, die das Subjekt abwertete und den Sozialismus als optimale Strukturbeziehung von Parametern wie Konsumtion, Distribution und Produktion beschrieb. Den Gedanken von der Übermacht der sprachlichen (und sonstigen) Strukturen gegenüber dem Subjekt führt der Historiker Paul Veyne aus: *„So weiß ich im allgemeinen, wenn ich spreche, dass ich spreche und nicht in Hypnose bin; aber ich habe keine begriffliche Vorstellung von der Grammatik und wende sie instinktiv an; ich glaube mich natürlich auszudrücken und sage, was zu sagen ist, ohne zu wissen, dass ich zwingend Regeln anwende.“*[90]

---

88 Barthes, Roland, Das semiologische Abenteuer, Frankfurt am Main 1988, S. 165.

89 Althusser, Louis, Freud und Lacan, Tort, Michel, Die Psychoanalyse im Marxismus, Berlin 1976, S. 27f.

90 Veyne, Paul, Foucault: Die Revolutionierung der Geschichte, Frankfurt am Main 1992, S. 22.

9.7.2 | Michel Foucault

Für Michel Foucault beruht unsere moderne Kultur auf Ausschlussmechanismen wie gesund/krank, wahnsinnig/vernünftig, normal/anormal, die die Individuen auf bestimmte Verhaltensweisen festlegen. In seiner Subjekt- und Humanismuskritik wies er darauf hin, dass Maßstäbe für das Humane keineswegs feststünden, sondern aus bestimmten historischen Entwicklungen heraus zu begreifen seien. Im Abendland habe man damit begonnnen, unliebsame Personen systematisch *„von der übrigen Gesellschaft zu isolieren, sie abzusondern, sie nicht länger als vertrauten Aspekt des Alltags zu tolerieren (...) man schloss sie ein, man machte sie zu einem Objekt einer großen Einschließung, die nicht nur die Irren traf, sondern auch Vagabunden, Arme und Bettler.“*[91] Unsere Kultur sei nicht so tolerant, wie sie sich gerne gebe. Abweichende Verhaltens- und Denkweisen, die in früheren Jahrhunderten zum Alltag gehörten, seien in der Geschichte Europas immer weiter an den Rand gedrängt und zu Krankheiten des Geistes oder des Körpers erklärt worden. Heute bestimmten *Diskurse der Macht* und der *Disziplin* das soziale wie das individuelle Leben, so dass Foucault die westliche Welt insgesamt als *Normalisierungsgesellschaft* beschrieb. Foucaults Analysen treffen sich in vielen Punkten mit Adornos Kritik am Identitätszwang in der Moderne; doch während Adorno den Wahnsinn als Folge einer unterdrückten Natur und repressiven Gesellschaft interpretiert, begreift Foucault den menschlichen Körper aus sich heraus als beinah gestaltlos und lediglich als Projektionsfläche von Machtdiskursen.[92] Es gibt nach Foucault keine menschliche Natur a priori, sondern nur *„prädiskursive Referenten“*[93], das heißt, Virtualitäten, die vor den Diskursen noch gesichtslos sind: Alles entsteht historisch im Gefüge bestimmter Dispositive der Macht. Den Begriff Dispositiv definiert Foucault folgendermaßen:

Normalisierungsgesellschaft

[91] Foucault, Michel, Die Macht, ein großes Tier, in Dits et Ecrits, Schriften Bd. 3, Frankfurt a. M. 2003, S. 477.

[92] vgl. Honneth, Axel, Die zerrissene Welt des Sozialen, Frankfurt am Main 1990, S. 73ff.

[93] Veyne, Paul, Foucault: Die Revolutionierung der Geschichte, Frankfurt am Main 1992, S. 55.

Definition

„Was ich unter diesem Titel (Dispositiv R.R.) festzumachen versuche, ist erstens ein entschieden heterogenes Ensemble, das Diskurse, Institutionen, architekturale Einrichtungen, reglementierende Entscheidungen, Gesetze, administrative Maßnahmen, wissenschaftliche Aussagen, philosophische, moralische oder philanthropische Lehrsätze, kurz: Gesagtes eben sowohl wie Ungesagtes umfasst. Soweit die Elemente des Dispositivs. Das Dispositiv selbst ist das Netz, das zwischen diesen Elementen geknüpft werden kann."[94]

Erläuterung

Wenn jedoch überall nur Macht ist, wo bleibt dann eine Perspektive für das eigene Leben? Als Antwort des Individuums auf die Strategien der Macht entwickelte Foucault in seinen letzten Lebensjahren eine Ethik der *Sorge um sich* als der Kunst seinem Leben durch bestimmte Techniken des Selbst auch innerhalb der Machtdiskurse einen individuellen Stil zu geben. Beeinflusst von Foucault versucht der Berliner Philosoph Wilhelm Schmid dem Begriff Sorge um sich konkrete Konturen zu geben.[95] Foucaults Problematisierung der Bio- und Normalisierungsmacht wurden von dem italienischen Philosophen Giorgio Agamben[96] und der amerikanischen Philosophin Judith Butler[97] weitergeführt.

Jacques Derrida | 9.7.3

Jacques Derridas Begriff der *Dekonstruktion* bedeutet eine Methode bzw. ein Versuch mittels unorthodoxer Sprachverschiebungen unsere Kultur von ihrer Geschlossenheit zu befreien. Derrida kritisiert an der westlichen Kultur einen Logo- bzw. Phonozentrismus, das heißt ein Denken, dass der Sinn (die Bedeutung) einer Sache unmittelbar präsent sein könnte. *„Der Logozentrismus ist (...) eine ethnozentrische Metaphysik. Er ist gebunden an die Geschichte des Abendlandes."*[98] Doch nach Derrida gibt es keine absolute Selbstprä-

94 Foucault, Michel, Dispositive der Macht, Berlin 1978, S. 119f.

95 Schmid, Wilhelm, Mit sich selbst befreundet sein, Frankfurt am Main 2004, S. 89ff.

96 Agamben, Giorgio, Homo sacer Die souveräne Macht und das nackte Leben, Frankfurt a. Main 2002.

97 Butler, Judith, Psyche der Macht Das Subjekt der Unterwerfung, Frankfurt am Main 2001.

98 Derrida, Jacques, Grammatologie, Frankfurt am Main 1983, S. 140.

senz, keinen absolut klaren Gedanken (wie noch Descartes meinte); Bedeutungen seien immer nur möglich in ihrer Differenz zu anderen Bedeutungen. Metaphysische Begriffe seien blutleer und blass. Den Ansatz der Metaphysik aus konkreten Dingen ideale begriffliche Wesenheiten zu konstruieren bezeichnet Derrida als „weiße Mythologie“[99]. Der Ausdruck hat einen doppelten Sinn. Einmal meint er, dass die Metaphysik in ihren Abstraktionen – das Sein, das Wesen usw. – auf das Farblose zielt, zum anderen zielt der Begriff darauf, dass es sich bei der Metaphysik der Vernunft um eine typische Mythologie des „weißen Mannes“ handelt, die zum Ausschluss des anderen und zur Unterdrückung fremder Kulturen führe.

Weiße Mythologie

Derrida wertete die Schrift und das Zeichen (Signifikant) gegenüber dem Signifikat (Bezeichnetem) auf. Er kritisiert die Ansicht, dass die Bedeutung eines Ausdrucks evident sein könne (Phänomenologie) und wir ihm nur noch ein entsprechendes Zeichen zuordnen müssten. Es verhalte sich genau umgekehrt: ohne konkretes Zeichen (Text) gibt es keinen Sinn. Die Wiedererkennung des gleichen Gegenstandes durch den Fluss der Zeit erfordere die Hilfe des Buchstabens bzw. Zeichens. Somit schaffe erst die Schrift die Bedeutung. In der reinen Präsenz – so Derrida – sei überhaupt keine Bedeutung möglich. Das sprachliche Zeichen beziehe sich nie auf nur eine Situation, sondern synthetisiere zumindest zwei Situationen, damit schaffe es eine Distanz oder eine Differenz zwischen sich und dem Sinn. Diese Differenz sei nicht genau benennbar, da das Zeichen ja auch die Differenz synthetisiere. Derrida nennt diese Zusammenhänge in einer sprachlichen Neuschöpfung *différance*, er ersetzt also das *e* in dem franz. Wort *différence* (Unterschied) durch ein *a*. Diesen Unterschied hört man akustisch nicht, ganz wie uns ja auch entgehe, dass allen konkreten Benennungen das System der Unterscheidungen als solches vorausgeht.[100] *„Différance“* meint das Unterscheidende selbst, das die konkreten Sinnunterschiede erst eröff-

---

[99] Derrida, Jacques, „Die weiße Mythologie“ Die Metapher im philosophischen Kontext, in ders. Randgänge der Philosophie, Wien 1988.

[100] Zum Begriff *différance* erläutert der Derrida-Übersetzter Ulrich Köppen *„Der Begriff ‚différance‘ lässt sich nicht ins Deutsche übertragen. Er bezeichnet die Differenzen erzeugende ‚Tätigkeit‘ und gleichzeitig die Verzögerung und den Aufschub der Präsenz, die durch die Erzeugung bewirkt wird. Die ‚différance‘ ist folglich die substantivierte Form der beiden Verben ‚différencier‘ (Unterschiede setzten) und ‚différer‘ (aufschieben).“* Derrida, Jacques, Die Schrift und die Differenz, Frankfurt am Main, 1. Auflage 1976, S. 99, Anm. 31.

net.[101] Als *das Unterscheidende selbst* schneidet das Zeichen in eine amorphe Welt die Vielfalt der Bedeutungen. Die Zeichen produzierten Sinn, aber sie verweigern sich auch der eindeutigen Sinnzuordnung. Bezöge sich das sprachliche Zeichen unmittelbar auf ideale Gegebenheiten (z. B. Vorstellungen) wäre kaum zu verstehen, wie es immer wieder zu neuen produktiven Auslegungen von Zeichen komme. Alles deute darauf hin, dass es keine festgelegten Bedeutungen als Wesenheiten gebe, sondern sich die Bedeutungen der Wörter in einem Verweisungszusammenhang untereinander befänden, der niemals abgeschlossen sei und immer wieder neue Interpretationen ermögliche.

Postmoderne | 9.7.4

Die strukturalistische Bewegung mündete schließlich in die postmoderne Kritik an den *Großen Erzählungen* (Jean-Francois Lyotard). Ursprünglich entstammt der Begriff *„postmodern"* einer Architekturdebatte, in der sich die Baumeister der Postmoderne vom Purismus der Avantgarde (Moderne) lösten und eine Vielfalt von traditionellen und modernen Baustilen miteinander verbanden. Jean-Francois Lyotard (1924-1998) griff diese Überlegungen auf und leitete mit seinem Werk *„Das postmoderne Wissen"*[102] den *Abschied vom Prinzipiellen* (Odo Marquard) und den *Großen Erzählungen (Platon, Hegel, Marx, Freud)* ein.

Der Pariser Soziologe Jean Baudrillard (geb. 1929) zog unter strukturalistischem Vorzeichen die Lehre, dass in der Moderne sinnentleerte *Codes (Simulationen)* die inhaltliche Sprache abgelöst hätten. Baudrillard sieht einen *Aufstand der Zeichen* und eine – durch terroristische Aktionen geförderte – *Implosion* des Systems voraus. Den Denkern der Differenz Gilles Deleuze, Julia Kristeva und Luce Irigary ging es darum, Verschiedenes auf gar keinen Fall auf Identisches zurückzuführen. Philosophen wie Emmanuel Lévinas (1906-1995) und Paul Ricoeur (geb. 1913) verwiesen in ihrem Werk auf die Bedeutung des Anderen und Fremden bzw. anderer fiktiver Welten (P. Ricoeur) und Denker wie Paul Virilio, Felix Guattari und Pierre Klossowski (geb. 1905) vertraten gegen jede Totalität in der Tradition von

101 vgl. Breuer, Ingeborg, Leusch, Peter, Mersch, Dieter, Welten im Kopf, Profile der Gegenwartsphilosophie, Frankreich/Italien, Berlin 1996, S. 83.

102 Lyotard, Jean-Francois, Das postmoderne Wissen, Graz-Wien 1986.

Georges Bataille (1897-1962) eine Philosophie der Differenz und der Zerstreuung. Eines der wichtigsten Dokumente aus der Hochphase der Postmoderne war der *Anti-Ödipus*[103] von Gilles Deleuze und Felix Guattari. Darin führen die beiden Autoren aus, dass es in uns kein souveränes Ich gebe, sondern dass wir von diversen *„Wunschmaschinen"* angetrieben würden, Mit dem Begriff des *Rhizoms*[104] argumentierten Deleuze/Guattari für ein neues nicht mehr baumartig hierarchisch aufgebautes Denken. Ein Rhizom ist ein unterirdischer Spross einer Pflanze, der sich in seiner Verästelung nicht linear, sondern nach allen Seiten hin ausbreitet. *„Jeder beliebige Punkt eines Rhizoms kann und muss mit jedem anderen verbunden werden. Ganz anders dagegen der Baum oder die Wurzel, wo ein Punkt und eine Ordnung festgesetzt werden."*[105] In dem voluminösen Werk *„Tausend Plateaus"*[106] entwarfen Deleuze/Guatteri eine grandiose Apotheose des Vielen: *„Die Mannigfaltigkeiten sind die Realität, sie setzen keine Einheit voraus, gehen in keine Totalität ein. Und gehen erst recht nicht auf ein Subjekt zurück."*[107]

Wunschmaschinen

Literatur

Münker, Stefan, Roesler, Alexander, *Poststrukturalismus, Stuttgart 2000*

9.8 | Pragmatismus

9.8.1 | Die Begründer des Pragmatismus

Die Begründer des Pragmatismus Charles Sander Peirce (1839-1914), William James (1842-1910) und John Dewey (1859-1952) verband die Auffassung, dass es *„eine untrennbare Verbindung zwischen rationaler Erkenntnis und rationalem Zweck"*[108] gebe. Während Peirce die *pragmatische Maxime: „Überlege, welche Wirkungen, die denk-*

[103] Deleuze, Gilles, Guattari, Félix, Anti-Ödipus, Frankfurt a. Main 1974.

[104] Deleuze, Gilles, Guattari, Félix, Rhizom, Berlin 1977.

[105] Ebenda, S. 11.

[106] Deleuze, Gilles, Guattari, Félix, Tausend Plateaus, Kapitalismus und Schizophrenie, Berlin 1992.

[107] Ebenda, S. II.

[108] Peirce, Charles Sanders, Was heißt Pragmatismus, in Martens, Ekkehard, Pragmatismus ausgewählte Texte von Ch. S.Peirce, W. James. F. C. S. Schiller, J. Dewey, Stuttgart 1975, S. 101.

barerweise praktische Relevanz haben könnten, wir dem Gegenstand unseres Begriffs in unserer Vorstellung zuschreiben"[109] formulierte, sprach William James vom allein interessierenden *„Barwert"* der Wahrheit: *„Was ist, kurz gesagt, der Barwert der Wahrheit, wenn wir sie in Erfahrungsmünze umrechnen?"*[110] Wie Peirce und James ging es John Dewey weniger um den intellektuellen als den gesellschaftlich-praktischen Wert von Begriffsbildungen.

Neopragmatismus | 9.8.2

In jüngster Zeit beziehen sich aus der analytischen Philosophie hervorgegangene Philosophen wie Stephan Toulmin, Charles Margrave Taylor und Richard Rorty erneut auf die Ursprünge des amerikanischen Pragmatismus. So weist Stephan Toulmin im Unterschied zum allgemein logischen Anspruch der analytischen Sprachphilosophie auf die Gültigkeit spezifischer Bereichslogiken hin.

Zitat

> „Zuerst muss man erkennen, dass Gültigkeit ein bereichsabhängiger Begriff ist. Argumentationen innerhalb jedes Bereichs können durch diesem Bereich angemessene Standards beurteilt werden, und einige Argumentationen werden diesen Standards nicht genugen. Man muss sich aber darauf einstellen, dass die Standards bereichsabhängig sind und dass die von einer Argumentation in einem Bereich zu fordernden Qualitäten der Natur der Sache nach bei völlig tauglichen Argumentationen eines anderen Bereichs fehlen."[111]

Charles M. Taylor gehört zu den sogenannten *Kommunitaristen*, die eine enge Verbindung von Individualismus und Kollektivismus anstreben. Sie betonen die Notwendigkeit gewachsener Gemeinschaften (communities), in denen die Bürgertugenden des Gemeinsinns vorgelebt werden sollen. Richard Rorty versucht in seinem einflussreichen Werk *„Der Spiegel der Natur" (1979)* nachzuweisen, dass unsere wissenschaftlichen Theorien keineswegs den Anspruch erheben dürfen *objektiv* wahr zu sein, sondern dass sie Handlungscharakter besitzen, das heißt, dass sie von Menschen für Menschen für beson- Kommunitarismus

---

109 Peirce, Charles, S., Wie unsere Ideen zu klären sind, in ders. Schriften, hg. von Apel, Karl-Otto, Frankfurt 1967, S. 339.

110 James William, Der Wahrheitsbegriff des Pragmatismus in Pragmatismus, Ausgewählte Texte, Stuttgart 1975, S. 163.

111 Toulmin, Stephen, Der Gebrauch von Argumenten, Kronberg Ts 1975, S. 222.

dere Zwecke geschaffen worden sind. Für Rorty gibt es keine *„echte Wand hinter den gemalten Wänden"* ebenso wenig wie *„die echten Prüfsteine der Wahrheit im Gegensatz zu Prüfsteinen, die nur kulturelle Artefakte sind."*[112] Er vertritt das Primat des Fortschritts und der sittlichen Gesinnung vor der Wahrheit.[113] Wichtiger als die philosophische Suche nach der Wahrheit seien die praktischen Folgen der menschlichen Taten. In diesem Zusammenhang rehabilitierte er das *Kommunistische Manifest*: *„Die Kinder sollten beides lesen – Christi Botschaft von der Brüderlichkeit zwischen Menschen und den Text, in dem Marx und Engels darstellen, wie sehr der Industriekapitalismus und die freien Märkte – auch wenn sie sich längst als unentbehrlich erwiesen haben – das Erreichen dieser Brüderlichkeit behindern und erschweren."*[114]

Literatur

Breuer, Ingeborg u. a. (Hg.): *Welten im Kopf. Profile der Gegenwartsphilosophie. 3 Bände, Rotbuch Verlag Hamburg 1996*

Graeser, Andreas, *Positionen der Gegenwartsphilosophie, Vom Pragmatismus bis zur Postmoderne, München 2002*

Hennigfeld Jochem, Jansohn, Heinz (Hg.), *Philosophen der Gegenwart, Eine Einführung, Darmstadt 2005*

Hügli, Anton, Lübcke, Poul (Hg.), *Philosophie im 20. Jahrhundert 2 Bände, Reinbek bei Hamburg, 1992*

Lutz, Bernd (Hg.), *Die großen Philosophen des 20. Jahrhunderts, München 1999*

Nida-Rümelin, Julian (Hg.), *Philosophie der Gegenwart in Einzeldarstellungen von Adorno bis v. Wright, Stuttgart 1991*

Ruffing, Reiner, *Einführung in die Philosophie der Gegenwart, Paderborn 2005*

Stegmüller, Wolfgang, *Hauptströmungen der Gegenwartsphilosophie, 4 Bände, Stuttgart 1979/1989*

Stekeler-Weithofer, *Pirmin, Geschichte der Philosophie in Text und Darstellung, Gegenwart, Stuttgart 2004*

Vattimo, Gianni, *Kurze Geschichte der Philosophie im 20. Jh. Eine Einführung, Freiburg im Breisgau 2002*

Übungsaufgaben

1. Was versteht Wittgenstein unter einem Sprachspiel?
2. Welcher Philosoph beeinflusste Heideggers Bestimmung des Daseins als *Sein zum Tode?*
3. Was fällt nach Jaspers unter den Begriff einer *Grenzsituation*?

---

[112] Rorty, Richard, Kontingenz, Ironie und Solidarität, Frankfurt am Main 1989, S. 99.

[113] Rorty, Richard, Wahrheit und Fortschritt, Frankfurt am Main 2000.

[114] Rorty, Richard, Das Kommunistische Manifest 150 Jahre danach, gescheiterte Prophezeiungen, glorreiche Hoffnungen, Frankfurt a. Main 1998, S. 14f.

Übungsaufgaben

4. Erläutern Sie Arendts Rede von der *Banalität des Bösen*!
5. Was versteht Gadamer unter einem *hermeneutischen Zirkel?*
6. Erläutern Sie Poppers Sozialtechnologie des *„piecemeal social engineering"!*
7. Woraus beziehen nach Ferdinand de Saussure sprachliche Zeichen ihren Wert?
8. Erläutern Sie Jacques Derridas Wortneuschöpfung *„différance"!*

Antwortteil

Kap. 1

1. In analytischen Sätzen ist das Prädikat im Subjekt enthalten. In synthetischen Urteilen fügt das Prädikat dem Subjekt eine gehaltvolle Information hinzu.
2. Aussagenlogik: Untersuchung der logischen Beziehungen von Sätzen untereinander, Prädikatenlogik: Analyse der innere Struktur und der Reichweite von Aussagesätzen.
3. Bestimmen die Reichweite von Aussagesätzen.
4. Z. B. den Wettlauf zwischen Achill und der Schildkröte, in dem Achill der Schildkröte einen Vorsprung gewährt. Er kann sie nie überholen, da er erst die Stelle erreichen muss, von der aus die Schildkröte startet, inzwischen hat sie sich aber ein kleines Stückchen vorwärts bewegt usw.
5. Im Syllogismus haben die beiden Prämissen eine Konklusion logisch zwingend zur Folge.
6. Beweis*fehler*: die Konklusion wird als Prämisse gebraucht, man setzt das voraus, was bewiesen werden soll.
7. Korrespondenztheorie: Die Wahrheit einer Aussage besteht darin, mit der Wirklichkeit übereinzustimmen. Kohärenztheorie: Die Wahrheit einer Aussage resultiert nicht aus dem Vergleich mit der Wirklichkeit, sondern mit der Logik anderer Aussagen.
8. Wahrheit ist nicht gleich Erfolg. Auch eine Lüge kann erfolgreich und nützlich sein! Es gibt wissenschaftliche Theorien, die außerordentlich erfolgreich waren, aber dennoch falsch sind.

Kap. 2

1. a) auf der Erfahrung b) auf rationalen Strukturen, angeborenen Ideen.
2. Empirismus: John Locke, David Hume; Rationalismus: René Descartes, Baruch de Spinoza.
3. Primäre Qualitäten haften den äußeren Dingen als solchen an: „Gestalt" „Dichte", sekundäre Qualitäten (Farbe, Kälte) sind Eigenschaften, die ein Objekt bewirkt, ihm jedoch nicht erkennbar anhaften.
4. Reine Anschauungsformen.
5. Frage nach den Bedingungen (Kriterien), unter denen Erkenntnis überhaupt möglich ist = Transzendentalphilosophie.
6. Es ist falsch, aufgrund formaler Kriterien Wissen vom Irrtum unterscheiden zu wollen. Die Wahrheit entwickelt sich historisch-dialektisch weiter.
7. Griech. *Autos* und *poiein – Selbstgestaltung, Selbstorganisation,* Wahrnehmungen und äußere Einflüsse sind für die Erkenntnis weniger bedeutsam als die innere Struktur eines Erkenntnisorgans.
8. Er setzt eine an sich bestehende Struktur der Realität voraus und unterstellt, dass die Naturwissenschaft uns Auskunft über diese Realität geben könnte.

Kap. 3

1. Bücher des Aristoteles, die zufällig nach *(griech. meta)* den Büchern über die Natur *(griech. physis)* angeordnet wurden *(meta ta physika – nach der Physik)*.
2. Gott, Freiheit, Unsterblichkeit.
3. Seiendem als solchem *(to on he on)*. Der Ontologie geht es um Grundstrukturen des Wirklichen und Nichtwirklichen auf einer ganz allgemeinen Ebene.
4. Existenz, eine Beziehung zur Identität und eine Klassenzugehörigkeit.
5. 1. Formursache (causa formalis), 2. Zweckursache (causa finalis), 3. Wirkursache (causa efficiens) und 4. Stoffursache (causa materialis).
6. Spontaner Schöpfungsakt bzw. Neubeginn einer Kausalkette von Handlungen.
7. Entwicklung des Bewusstseins der Freiheit.
8. Verwechselung von Interpretation(en) mit Theorien.

Kap. 4

1. Deskriptive Ethik, normative Ethik und Metaethik.
2. Konvention = soziale Gepflogenheit, die innerhalb eines bestimmten Gesellschafts- bzw. Kulturkreises gilt. Moralische Normen – z. B. Versprechen zu halten, nicht zu lügen, in Not geratenen Menschen zu helfen – erheben einen Allgemeinheitsanspruch.
3.

	gegen sich	gegen andere
vollkommene Pflichten	Selbstmordverbot	Versprechen halten
unvollkommene Pflichten	Talente entwickeln	Hilfe in Not leisten

4. Hypothetisch: nur dann verbindlich, wenn bestimmte Zwecke vorgesetzt werden. Kategorisch: bedingungslos gültig, ohne Ansehen irgendeines bestimmten Zwecks (z. B. Lügeverbot)
5. Im *Präferenzutilitarismus* ist im Unterschied zum klassischen Utilitarismus die beste Konsequenz des Handelns nicht nur diejenige, die ihrer Tendenz nach zur Maximierung von Lust und zur Minimierung von Leid beiträgt, sondern die mit den Präferenzen der betroffenen Individuen am besten übereinstimmt. *„Beste Konsequenzen"* bedeutet, was nach reiflicher Erwägung die Interessen der Betroffenen fördert, und nicht bloß das, was Lust vermehrt und Unlust verringert.
6. Jeder Diskursteilnehmer hat die gleichen Chancen (symmetrisch) Sprechakte auszuwählen, z. B. Fragen zu stellen, Warnungen zu formulieren, Deutungen vorzunehmen usw. Jeder hat das gleiche Recht Tatsachenbehauptungen aufzustellen, Wertigkeiten zu äußern und die Gültigkeit von Normen zu kritisieren.
7. Wenn vom Sein (wie etwas ist) auf ein Sollen (wie etwas sein soll) geschlossen wird.
8. 1. Verschmelzung von Samen und Eizelle am ersten Tag, 2. Ausbildung einer biologischen Individualität des menschlichen Organismus nach Abschluss der Nidation (14. bis 16. Tag), 3. Ausbildung der menschlichen Gestalt bis zur 12. Woche, 4. Gehirnfunktionen werden ausgebildet (24-26. Woche), 5. Geburt.

Kap. 4

9. Handle so, dass die Wirkungen deiner Handlung nicht zerstörerisch sind für die künftige Möglichkeit solchen Lebens!
10. Anthropozentrismus: Der Mensch und sein Wohlergehen stehen im Vordergrund, die Pflichten gegenüber der Natur resultieren allein aufgrund ihrer Bedeutung für die ästhetischen, emotionalen und sonstigen Bedürfnisse des Menschen. Biozentrismus: fordert Achtung vor allen natürlichen Lebewesen. Pathozentismus (pathos, griech. Leid) berücksichtigt die Leidensfähigkeit von Lebewesen, also Tieren und Menschen. Wesen, denen Leidensfähigkeit zukommt, besitzen einen ethischen Eigenwert. Holistische bzw. ökozentrische Ethiken: Die gesamte Natur – meist sind darunter vom Menschen möglichst unbeeinflusste Ökosysteme gemeint – besitzt ethische Relevanz.

Kap. 5

1. Moralische Erziehung der griechischen Bürger, Reinigung von *Furcht* und *Mitleid (katharsis griech. Reinigung).*
2. Interesse verdirbt das Geschmacksurteil und nimmt ihm seine Unparteilichkeit. Wir können unser Geschmacksurteil anderern Menschen *ansinnen.*
3. Der Spieltrieb überwindet den Dualismus von Stofftrieb und Formtrieb. Stofftrieb: Abhängigkeit vom Sinnlichen, Formtrieb: Prinzip der Vernunft.
4. Die Kunst hat ihre kultischen und religiösen Funktionen abgestreift. Hegels These vom Ende der Kunst bedeutet nicht, dass es heute keine Kunstwerke mehr gibt, sondern, dass Kunst im Unterschied zu früheren Epochen ihre enge Verbindung mit der Religion eingebüßt habe.
5. *„Sinnliches Scheinen der Idee"*, der Künstler *veranschaulicht* in seiner Formensprache eine wichtige Idee; zum Beispiel die Idee der Gerechtigkeit in einem Drama.
6. *Sozialistischer Realismus.*
7. Im Gegensatz zu Benjamin misstraute Theodor W. Adorno der Massenkunst und verteidigte die Authentizität und Autonomie des Kunstwerkes. Technologische Kunst verkörperte für Adorno die Gefahr der Manipulation und des Niveauverlustes.
8. Es gibt engagierte Menschen, aber keine engagierten Schriftsteller. Der Begriff ‚Engagement' ist politisch. *„Politische Schriftsteller"* sind für Handke eigentlich keine Schriftsteller, sondern Politiker.

Kap. 6

1. Vernünftiges Lebewesen (zoon logon echon = Wort, Vernunft Geist, was im Lateinischen mit animal rationale = vernünftiges Sinnenwesen übersetzt wurde (auch zoon politikon = staatsbürgerliches Wesen).
2. Wenn es keinen Staat gäbe, befände sich der Mensch im Naturzustand eines Krieges aller gegen alle (homo homini lupus).
3. Physiologische Anthropologie: beschreibt die unveränderlichen gegebenen körperlichen Bedingungen. Pragmatische Anthropologie: hat zum Ziel, die menschliche Natur zu kultivieren.

Kap. 6

4. *Homo homini deus, (Der Mensch ist für den Menschen Gott).*
5. Mensch ist halb Tier, halb Mensch und sich selbst eine offene Frage.
6. Martin Heidegger: Mensch ist *Sein zum Tode.* Jean-Paul Sartre: Tod kann dem Leben niemals seinen Sinn geben.

Kap. 7

1. *Phänomenalen* Zustände *grün, bitter* = *Qualia* (Singular Quale = qualitativ mentale Zustände wie Sinneswahrnehmungen oder Empfindungen, die sich irgendwie anfühlen oder aussehen, erscheinen), *Intentionale Zustände* sind Hoffen, Glauben, Zweifeln, die eine Einstellung oder einen Bezug des Subjekts auf einen Gegenstand zum Ausdruck bringen (Gedanken, Ideen, Hoffnungen).
2. Konflikt unter den drei folgenden Sätzen: a) Mentale Phänomene sind nicht-physische Phänomene, b). Mentale Phänomene sind im Bereich physischer Phänomene kausal wirksam. c) Der Bereich physikalischer Phänomene ist kausal geschlossen. (...) Zwei von diesen Sätzen implizieren jeweils die Falschheit des dritten.
3. Dualismus: Geist und Gehirn sind zwei verschiedene Substanzen, die sich gegenseitig beeinflussen (Descartes, Eccles/Popper), Eliminativer Materialismus = mentale Entitäten gibt es nicht, mentalistische Aussagen, wie *ich will, hoffe, fühle* beruhen auf einer falschen „Alltagspsychologie" (Feyerabend, Rorty, Churchlands).
4. Epiphänomenalismus = Geist ist nur eine Begleiterscheinung, Epiphänomen, Abbild, Schatten, Absonderung neuraler Vorgänge ohne kausale Rückwirkung (Epikur, Lukrez, Nietzsche).
5. Gedankenexperiment: Wenn eine Maschine sich genauso verhält wie wir, dann ist es vernünftig zu sagen, sie sei genau so bewusst wie wir. Der Turing –Test, benannt nach Alan Turing, verleiht dieser intuitiven Vorstellung Ausdruck. Einer Maschine sei zum Beispiel dann Intelligenz zuzusprechen, wenn sie mit ihren Antworten die Fiktion aufrechterhalten kann, eine Frau zu sei.
6. Chinesisches Zimmer: In einem Raum sitzt ein Mann A, dem von außen Zettel mit Fragen in chinesischer Sprache zugesteckt werden. A verfügt über einen Zahlencode, wie er den chinesischen Fragen jeweils Antworten in chinesischen Zeichen zuordnen kann und reicht die entsprechenden Zettel aus dem Zimmer weiter. Dieser Mann würde zwar in korrektem Chinesisch geantwortet haben, aber er verstünde deshalb noch kein einziges Wort Chinesisch. Fazit: Eine Maschine arbeitet rein mechanisch, verfügt über keinen Geist.
7. Es kann mehrere personale Identitäten im Laufe einer Biographie geben, denn der Begriff *„personale Identität"* bezieht sich auf Parameter wie Gedächtnis und körperliche Kontinuität, beides Variabeln, bei denen die Veränderungen fließend sind.
8. Das Ich ist ein vom Gehirn erzeugtes Selbstmodell, das seine Abhängigkeit von den neuronalen Vorgängen nicht bemerkt. Nicht wir denken, sondern unser Gehirn denkt uns.

Kap. 8

1. Die griechischen Naturphilosophen versuchten die Welt aus natürlichen Prinzipien heraus und mit rationalen Mitteln zu begreifen und nicht wie vormals als Mythos zu deuten.
2. Thales: Wasser, Anaximenes: Luft, Heraklit: Feuer.
3. Der Mensch ist das Maß aller Dinge.
4. Gotteslästerer, Jugendverderber.
5. Epikureismus, Stoizismus und Skeptizismus.
6. Die realistische Position im Universalienstreit lautet, dass das allgemein Wesenhafte der Begriffe auch wirklich vorhanden sei. Die nominalistische Position behauptet, dass ein Allgemeinbegriff lediglich ein von Menschen geschaffener *terminus technicus* sei.
7. „Cogito, ergo sum" – „Ich denke, also bin ich"
8. Aufklärung ist der Ausgang des Menschen aus seiner selbst verschuldeten Unmündigkeit.
9. Das gesellschaftliche Sein bestimmt das Bewusstsein.
10. Ästhetische, ethische, religiöse.

Kap. 9

1. Sprechen ist ein Teil einer Tätigkeit, oder einer Lebensform. Sprachspiele sind u.a. Befehlen und nach Befehlen handeln, Beschreiben eines Gegenstands, Berichten eines Hergangs, Theater spielen, Witze erzählem usw.
2. Sören Kierkegaard (1813-1855)
3. Krankheit, Schuld, Tod.
4. Das Böse ist keineswegs raffiniert, sondern bei angepassten „banalen" Menschen verbreitet.
5. Isolierte Sätze sind nur im größeren Kontext zu begreifen, umgekehrt erschließt sich der Gesamtzusammenhang nur auf der Basis von Einzelinformationen. Um etwas zu verstehen, muss man schon ein Vorverständnis von diesem Etwas haben, da sich völlig Fremdes nicht verstehen lässt.
6. Schrittweise – revidierbare – Reformen in überschaubaren Abschnitten.
7. Erst aus der Gegenüberstellung mit anderen und aus einer gesamtsprachlichen Struktur (la langue) heraus.
8. Das Unterscheidende selbst, das die konkreten Sinnunterschiede erst eröffnet.

Personenregister